复旦卓越·经济学系列

经济学
基础教程（第三版）

尹伯成　主编

复旦大学出版社

内容提要

本书自2001年出版以来,深受广大读者和学者喜爱,被多所院校选用为经济学入门教程。

本次改版有较大调整:一是调整了章节结构,精心筛选了十七个主题,有助于学生对经济学基本概念的理解,更适合教学使用;二是大大充实了内容,联系我国经济发展的巨大变化,以党的十九大精神作为灵魂阐述经济学原理,解读近些年来的经济政策,分析现实经济问题。

本书深入浅出,既可作为高职院校、实践型本科经济学或其他相关专业教科书,也可作为对经济学感兴趣的普通读者的入门读物。

线上学习资料

前　　言

　　本书在 2001 年第一版，2005 年第二版，主编是伍佰麟教授和我，参加编写的有尹伯成、王世磊、石磊、伍佰麟、华民、夏晓辉、张军、袁志刚、贺学会、谢识予、路颖、戴星翼共十二位同志。这两个版本受到许多读者欢迎，但由于编写同志较多，全书各个章节风格难以统一，相互联系较少；更为重要的是，从第一、第二版以来的十多年中，我国经济形势发生了巨大而深刻的变化。为弥补以上两点不足，本书对原书作了较大修改。

　　一是调整。将第二版的二十章调整为十七章，合并删除了一些章节，不仅是为了压缩全书篇幅，也是为了加强章节之间联系，以便更好地作为教材使用。

　　二是充实。大大充实了联系中国实际的内容，尤其是党的十八大以来我国经济生活中发生的巨大变化，以党的十九大精神作为灵魂的有关内容。

　　这一版不少章节内容还是以原来的为基础，例如"开放经济"一章就如此，但大多数章节都作了较大修改和变动，并且由我完成，因此凡有差错，一概由我负责，欢迎批评指正。

　　在编写修改过程中，参考了一些文献和信息，考虑到篇幅，未一一列出，如一些观点参考了张维迎教授的《经济学原理》（西北大学出版社 2015 年版），就未注明，敬请谅解，并致谢意。

　　本版修改中得复旦出版社编辑戚雅斯同志在徐惠平同志领导下的大力配合，没有她的努力，本版问世难以实现，特此深表感谢。

尹伯成　2018 年 7 月

目　　录

第一章　经济学对象和研究方法 … 1
第一节　经济学对象 … 1
　一、经济学的对象 … 1
　二、资源配置和机会成本 … 2
　三、经济体制和市场作用 … 5
　四、微观经济学和宏观经济学 … 6
第二节　经济学研究方法 … 8
　一、实证分析与规范分析 … 8
　二、矛盾统一与均衡方法 … 9
　三、抽象方法与经济模型 … 9
　四、数学方法与边际分析 … 10
　五、理性人假定 … 11

第二章　商品、货币与价格 … 15
第一节　商品与货币 … 15
　一、商品与商品世界 … 15
　二、分工与交换的利益 … 16
　三、互利共盈和等价交换 … 18
　四、货币起源与职能 … 19
　五、货币的形态和层次 … 21
第二节　价格与供求 … 22
　一、商品价格由什么决定 … 22

二、需求及其规律 ……………………………………………… 23
　　三、影响需求的因素和需求函数 ……………………………… 25
　　四、需求弹性 …………………………………………………… 25
　　五、供给及其弹性 ……………………………………………… 29
　　六、均衡价格及其功能 ………………………………………… 31
　　七、市场经济与计划经济 ……………………………………… 34

第三章　消费与需求 ……………………………………………… 38
　第一节　效用与偏好 …………………………………………… 38
　　一、效用属性 …………………………………………………… 38
　　二、效用函数 …………………………………………………… 39
　第二节　消费约束与最优消费 ………………………………… 41
　　一、消费约束 …………………………………………………… 41
　　二、消费者均衡 ………………………………………………… 42
　第三节　影响消费者行为的一些因素 ………………………… 44
　　一、收入变化与消费需求 ……………………………………… 44
　　二、价格变化与消费需求 ……………………………………… 45
　　三、偏好变化与消费需求 ……………………………………… 45
　　四、利率变化与消费需求 ……………………………………… 45
　　五、信息变化与消费需求 ……………………………………… 46
　　六、制度变化与消费需求 ……………………………………… 46
　　七、观念变化与消费需求 ……………………………………… 46
　　八、环境变化与消费需求 ……………………………………… 47

第四章　企业、生产、成本和利润 ……………………………… 49
　第一节　企业与企业家 ………………………………………… 49
　　一、企业及其形成 ……………………………………………… 49
　　二、企业的所有制性质 ………………………………………… 50
　　三、现代企业的组织形式 ……………………………………… 50
　　四、企业的经营目标与社会责任 ……………………………… 51

五、企业家在市场经济中的地位与作用 …………………… 52
　　六、企业家的商业道德 ………………………………………… 53
　　七、成长中的中国民营企业 …………………………………… 55
第二节　生产理论 ………………………………………………… 55
　　一、生产与生产函数 …………………………………………… 55
　　二、短期生产函数与要素报酬递减 …………………………… 56
　　三、长期生产函数与规模报酬 ………………………………… 58
　　四、企业投资行为 ……………………………………………… 59
第三节　成本理论 ………………………………………………… 60
　　一、几种成本概念 ……………………………………………… 60
　　二、成本的意义 ………………………………………………… 61
　　三、成本的决定因素 …………………………………………… 62
　　四、成本函数 …………………………………………………… 64
　　五、传统成本管理与现代成本管理 …………………………… 67
第四节　利润 ……………………………………………………… 68
　　一、会计利润和经济利润 ……………………………………… 68
　　二、经济利润来源和作用 ……………………………………… 68
　　三、利润最大化条件 …………………………………………… 69

第五章　市场类型与企业经营决策 …………………………… 72
第一节　市场、厂商与行业 ……………………………………… 72
　　一、市场及其类型 ……………………………………………… 72
　　二、厂商与行业 ………………………………………………… 73
第二节　企业的产量和价格决定 ………………………………… 74
　　一、完全竞争厂商 ……………………………………………… 74
　　二、完全垄断厂商 ……………………………………………… 76
　　三、竞争与垄断的利弊分析 …………………………………… 78
　　四、垄断竞争厂商 ……………………………………………… 78
　　五、寡头垄断厂商 ……………………………………………… 80
第三节　企业的定价方法 ………………………………………… 81

一、影响产品价格的主要因素 …………………………………… 81
　　二、定价方法 …………………………………………………… 82

第六章　博弈与决策 ……………………………………………… 86
　第一节　经济决策与博弈 ………………………………………… 86
　　一、经济决策中的依存性和博弈 ………………………………… 86
　　二、博弈的基本概念 …………………………………………… 87
　第二节　静态博弈和动态博弈 …………………………………… 88
　　一、静态博弈 …………………………………………………… 88
　　二、动态博弈 …………………………………………………… 90
　　三、极大极小化策略 …………………………………………… 92
　第三节　博弈论在我国的应用 …………………………………… 93
　　一、博弈论在我国经济建设中的有用性 ………………………… 93
　　二、博弈论应用的领域 ………………………………………… 94

第七章　信息与制度 ……………………………………………… 97
　第一节　经济活动中的信息问题 ………………………………… 97
　　一、决策与信息 ………………………………………………… 97
　　二、逆向选择与道德风险 ……………………………………… 98
　　三、信号显示 …………………………………………………… 99
　　四、道德风险与激励相容 ……………………………………… 101
　第二节　经济活动中的制度问题 ………………………………… 102
　　一、经济制度与经济规律 ……………………………………… 102
　　二、经济制度的形成与作用 …………………………………… 103
　第三节　保险与社会保障 ………………………………………… 105
　　一、从制度作用看保险起源、本质与分类 ……………………… 105
　　二、从信息不对称看保险的制度设计 …………………………… 106
　　三、商业保险、社会保险和社会保障 …………………………… 107

第八章　收入分配和贫富差别 ······ 110
第一节　收入分配和要素价格 ······ 110
一、家庭收入的类型 ······ 110
二、收入是要素的报酬 ······ 111
三、收入分配由要素价格决定 ······ 112
第二节　劳动工资 ······ 112
一、劳动供求与劳动价格 ······ 112
二、工资差异的原因 ······ 113
三、工资的实质与形式 ······ 114
第三节　资金利息 ······ 115
一、使用资金为什么要付利息 ······ 115
二、利率的决定和差别利率 ······ 116
三、我国的利率市场化 ······ 117
四、中小企业资金使用成本高的原因 ······ 118
第四节　租金收入 ······ 119
一、租金和租金回报率 ······ 119
二、租金回报率水平的决定因素 ······ 119
三、准地租和经济租金 ······ 120
第五节　贫富差别 ······ 121
一、两个世界 ······ 121
二、不平等的衡量 ······ 121
三、收入分配不平等原因 ······ 122
四、社会流动性和经济活力 ······ 123
第六节　平等与效率 ······ 124
一、鱼和熊掌 ······ 124
二、兼得和兼顾 ······ 126
第七节　中国的收入分配改革 ······ 128
一、目前中国收入分配中的问题 ······ 128
二、我国收入分配改革方向 ······ 129
第八节　中国的扶贫脱贫 ······ 130

一、扶贫脱贫的重大意义 …………………………………………… 130
　　二、中国扶贫脱贫的成绩 …………………………………………… 131
　　三、中国扶贫脱贫的一些经验 ……………………………………… 131

第九章　外部性与公共物品 ……………………………………………… 134
第一节　经济生活中的外部性 …………………………………………… 134
　　一、什么是外部性 …………………………………………………… 134
　　二、解决外部性的措施 ……………………………………………… 135
　　三、我国的环境污染问题 …………………………………………… 136
第二节　公共物品 ………………………………………………………… 138
　　一、公共物品的特点 ………………………………………………… 138
　　二、准公共物品 ……………………………………………………… 139
　　三、公共资源及其保护 ……………………………………………… 139
第三节　绿水青山就是金山银山 ………………………………………… 140
　　一、良好的生态环境是最重要的公共物品 ………………………… 140
　　二、生态文明建设要靠制度保障 …………………………………… 141

第十章　政府与市场 ……………………………………………………… 143
第一节　中国经济体制改革的核心 ……………………………………… 143
　　一、改革开放前的经济体制 ………………………………………… 143
　　二、经济体制改革起步于对市场的新认识 ………………………… 144
　　三、政府和市场的明确定位 ………………………………………… 145
第二节　资源由市场配置 ………………………………………………… 146
　　一、市场决定资源配置的含义 ……………………………………… 146
　　二、为什么资源配置要由市场来决定 ……………………………… 146
　　三、市场决定资源配置的条件 ……………………………………… 146
第三节　更好发挥政府作用 ……………………………………………… 147
　　一、提出"要更好发挥政府的作用"的背景 ……………………… 147
　　二、市场经济中政府的经济职能 …………………………………… 148
　　三、市场经济中政府作用的必要性和可能性 ……………………… 149

四、简政放权和"负面清单"管理模式 …………………… 150
五、"政府失灵"和官员腐败 …………………………………… 150
六、中国的反腐败和共产党领导 …………………………… 151

第十一章 宏观经济及其衡量 154
  第一节 宏观经济学 …………………………………………… 154
    一、什么是宏观经济学 ………………………………………… 154
    二、宏观经济学的特点 ………………………………………… 155
    三、宏观经济学和微观经济学的联系和区别 ………………… 155
  第二节 国内生产总值 ………………………………………… 157
    一、GDP 的定义和有关指标 …………………………………… 157
    二、核算 GDP 的两种基本方法 ……………………………… 160
    三、正确看待我国的 GDP ……………………………………… 162
  第三节 失业和物价水平的衡量 …………………………… 164
    一、就业和失业 ………………………………………………… 164
    二、物价水平 …………………………………………………… 167

第十二章 经济增长与需求 171
  第一节 经济增长由什么决定 ……………………………… 171
    一、供给还是需求 ……………………………………………… 171
    二、三个关系 …………………………………………………… 172
    三、三驾马车 …………………………………………………… 173
  第二节 消费支出 ……………………………………………… 174
    一、影响消费支出的因素 ……………………………………… 174
    二、消费函数 …………………………………………………… 177
    三、我国的消费问题 …………………………………………… 181
  第三节 投资 …………………………………………………… 182
    一、什么是投资 ………………………………………………… 182
    二、影响投资的因素 …………………………………………… 183
    三、投资需求函数 ……………………………………………… 184

四、我国的投资问题 …………………………………… 184
　第四节　对外贸易 …………………………………………… 187
　　一、拉动经济的总需求之一 …………………………… 187
　　二、中国对外贸易依存度 ……………………………… 187
　　三、我国对外贸易发展成就、隐患与对策 …………… 188

第十三章　经济增长与供给 ………………………………… 190
　第一节　经济增长 …………………………………………… 190
　　一、经济增长及其衡量 ………………………………… 190
　　二、经济增长的源泉 …………………………………… 191
　　三、经济增长的前途 …………………………………… 195
　第二节　经济发展 …………………………………………… 197
　　一、发展中国家概念 …………………………………… 197
　　二、阻碍经济发展的因素 ……………………………… 198
　　三、发展战略 …………………………………………… 199
　　四、中等收入陷阱 ……………………………………… 201

第十四章　经济波动中的失业与通胀 ……………………… 203
　第一节　经济波动与经济周期 ……………………………… 203
　　一、什么是经济波动与经济周期 ……………………… 203
　　二、总需求-总供给模型 ………………………………… 204
　第二节　通货膨胀 …………………………………………… 206
　　一、通货膨胀及其分类 ………………………………… 206
　　二、需求拉上和成本推进的通货膨胀 ………………… 207
　　三、通货膨胀的经济效应 ……………………………… 208
　　四、通货紧缩 …………………………………………… 210
　第三节　失业 ………………………………………………… 211
　　一、失业的原因和种类 ………………………………… 211
　　二、失业的代价和充分就业 …………………………… 213
　　三、通货膨胀和失业的关系 …………………………… 215

第十五章　宏观经济政策 ……………………………………… 220

第一节　宏观经济政策及其作用 …………………………… 220
一、宏观经济政策及其目标 ………………………………… 220
二、财政政策和货币政策 …………………………………… 221

第二节　政府收支与财政政策 ……………………………… 222
一、政府的收入 ……………………………………………… 222
二、政府的支出 ……………………………………………… 228
三、财政政策 ………………………………………………… 230

第三节　货币需求、供给与货币政策 ……………………… 233
一、货币的重要性 …………………………………………… 233
二、货币需求 ………………………………………………… 233
三、银行体系与货币供给 …………………………………… 236
四、货币政策及其工具 ……………………………………… 241
五、货币政策的效果 ………………………………………… 243
六、中国的货币政策 ………………………………………… 245

第十六章　开放经济 ……………………………………………… 249

第一节　国际贸易 …………………………………………… 249
一、国际贸易的原因 ………………………………………… 249
二、贸易条件 ………………………………………………… 251
三、贸易与收入分配 ………………………………………… 252
四、贸易保护 ………………………………………………… 253
五、世界贸易组织 …………………………………………… 255

第二节　国际投资 …………………………………………… 256
一、跨国公司 ………………………………………………… 256
二、引进外资 ………………………………………………… 258

第三节　国际收支 …………………………………………… 260
一、国际收支平衡表 ………………………………………… 260
二、国际收支调节 …………………………………………… 261

第四节　汇率 ………………………………………………… 264

一、外汇市场 …………………………………… 264
　　二、汇率怎样确定 ………………………………… 264
　　三、汇率制度 …………………………………… 266
　　四、汇率变动的影响 ……………………………… 267
　　五、外汇市场干预 ………………………………… 269
　　六、人民币的开放 ………………………………… 269
　　七、人民币的稳定 ………………………………… 270
　第五节　经济全球化与中国 …………………………… 271
　　一、经济全球化 ………………………………… 271
　　二、经济逆全球化 ………………………………… 272
　　三、中国与新的经济全球化 ……………………… 273

第十七章　中国在改革开放中富起来到强起来 …………… 277
　第一节　中国在改革开放中富了起来 ……………… 277
　　一、改革开放以来的巨大变化 …………………… 277
　　二、市场化经济改革推动经济发展的原因 ……… 279
　　三、几点理性反思 ………………………………… 281
　第二节　中国要在改革开放中强起来 ……………… 283
　　一、改革开放开辟了中国特色社会主义新时代 … 283
　　二、进一步全面深化改革 ………………………… 285
　　三、推动形成全面开放新格局 …………………… 287
　　四、建设现代化经济体系 ………………………… 288
　　五、供给侧结构性改革 …………………………… 289

附录　部分章节复习思考题参考答案 ………………… 293

第一章　经济学对象和研究方法

第一节　经济学对象

一、经济学的对象

经济学研究什么？研究人类配置和开发稀缺资源以不断满足自己的欲望。

人是万物之灵。人具有追求幸福、发展自己的欲望，这是人们进行一切活动的最终目的。中国共产党人的初心也是为人民谋幸福。人和动物的根本区别在于人进行的任何活动都是有目的的，而动物的活动都只是出于本能。人活动的目的，不管是直接的还是间接的，最终都是追求幸福，满足欲望。

人类追求幸福的欲望是无止境的。一种欲望满足了，又会产生另一种更高、更大的欲望。例如，吃饱穿暖了，又想吃得更好、穿得更好，还想获得安全，要求公平正义，受人尊重等。所有欲望的满足都需要一定的手段，也就是物品和"服务"。这些物品，少数无需通过人的努力就可取得，因为其数量是无限的，如阳光、空气，可称"自由物品"，而绝大多数必须借助生产资源通过人类劳动制造出来，可称为"经济物品"。

相对于人的无穷无尽的欲望而言，"经济物品"以及生产这些物品的资源总是不足的，这就是稀缺性。这里所说的稀缺性，不是指物品和资源绝对数量的多少，而是相对于人的欲望无限性来说，最多的物品和资源也是不足的。可见,稀缺性总是相对意义上的。贫困的人的生活资料固然稀缺,亿万富翁也会感到有的东西稀缺,至少他们一天只有24小时可供享受,时间对他们来说就是稀缺的。旧中国时代千百万困苦大众生活在饥寒交迫中是稀缺,中华人民共和国成立后的二十多年中广大群众仍缺吃少穿也是稀缺。改革开放后中国经济有了巨大发展,是否就没有"稀缺"问题了呢?当然不是,否则就没有必要实现中华民族伟大复兴的"中国梦"了。总而言之,稀缺性问题是一直会存在的。

稀缺性永远存在,但稀缺性会改善。稀缺性总会存在,是因为人的欲望或者说需求无止境;稀缺性会改善,是因为人有着创造产品以及发现可利用资源的能力。这种能力既来自科学技术的不断进步,也来自社会制度的不断改进。科学技术进步会使许多新的经济物品被创造出来,例如,古代没有电灯、电话、飞机、火车,现代人都享受到了,这是科技进步的结果,而如交换和贸易促进了分工和劳动生产率提高,大大增加了可享受的物品,则是制度改进的结果。

由于稀缺性永远存在,因此为了使有限资源能更好满足人类需要或欲望,就要合理使用资源,这就是资源配置问题。稀缺性可以通过人的创造性活动改善,这就是产品及资源的开发问题。研究人类如何配置稀缺资源以及开发产品和资源以不断满足自己的欲望,就是经济学的对象。经济学的研究对象也是人们经济利益问题,如果不存在资源稀缺性,就不会存在人们经济利益问题了。

二、资源配置和机会成本

资源配置要优化,就是要按人的各种欲望的轻重缓急程度来分配有限的资源,做到合理使用。这就必然产生另一问题,即为了满足某一欲望,不得不牺牲另一种欲望的满足,或者为了生产某种物品而不得不牺牲其他物品的生产。当把一定的经济资源用于生产某种物品时所放弃的在另一些产品生产上所获得的最大的收益被称为这种产品生产的机会成本。之所以称机会成本,是因为它并不是生产这种产品所支出的实际成本,而是指为了生产它放弃了其他各种产品生产上取得收益的机会,这其中最大收益的机会就是为生产这种产品付出的代价,即成本,故称机会成本。人们从事各项经济活动,作各种经济决策,都必须考虑机会成本,以免得不偿失。举个例子说,假定某人有 10 万元资金,用来存银行一年可得利息 3 000 元,用于买债券一年可得 3 200 元,用于开小吃店,其收入扣除各种成本开支后净利润为 3 500 元,那么,他开小店的机会成本是 3 200 元。如果买债券,机会成本就是 3 500 元。任何经济活动都会有得有失,"得"就是收益,"失"就是机会成本。顾名思义,机会成本是有机会的成本,如果没有取得收益的各种机会,就不可能有机会成本的问题。市场经济越发达,经济活动中的机会越多,经济活动的机会成本会越大。

无论是个人,还是企业或者一个国家,任何一个经济活动其实都是一项资源配置活动。所谓资源优化配置,就是要以最小的机会成本来获取最大的收益,这是资源配置的目标。实现此目标,对个人或企业来说,似乎比较简单,但对一个社会(以一个国家为例)而言,就较复杂,因为社会要生产千千万万种产品。什么叫实现了资源优化配置呢?这可用一个生产可能性曲线图形来说明。

一个经济社会在一定时间内会有一定经济资源(劳力、各种自然资源以及机械设备等),要生产千万种产品。为方便起见,假定是生产 X 和 Y 两种产品。假定其生产品数量组合可如下表 1-1。

表 1-1　生产 X 和 Y 产品的生产品数量组合

可能性	X 产品	Y 产品
A	0	15
B	1	14
C	2	12
D	3	9
E	4	5
F	5	0

生产可能性曲线图 1-1 是根据表 1-1 画出的。这意思说,资源全部用于生产 Y,可生产 15 单位;全部生产 X,可生产 5 单位;各生产一些的话,产品数量组合分别如 B、C、D、E 的各种情况。从中可见,为多生产 1 单位 X 所少生产的 Y,就是多生产每单位 X 的机会成本,而且机会成本是

递增的,因此,图 1-1 这条生产可能性曲线是向原点(O)凹的,即曲线斜率递增(斜率绝对值即机会成本)。这条曲线叫生产可能性边界,指在既定的经济制度、经济资源和生产技术条件下各种资源全部利用所能生产的各种产品最大产量的组合,故又称生产可能性曲线。究竟生产哪一组合(B、C、D、E 等)取决于社会的需要,这就是资源优化配置要解决的问题,也就是资源配置目标。生产可能性曲线上的每一点都表示社会经济资源都得到了充分的有效利用所能生产的各种产品组合,如果资源未得到充分有效利用,那么,生产组合点就会落到曲线以内的范围,如图 1-1 中的 G 点,例如,中国 1958 年"大跃进"年代以及 1966 年后的"文革"时期的情况。

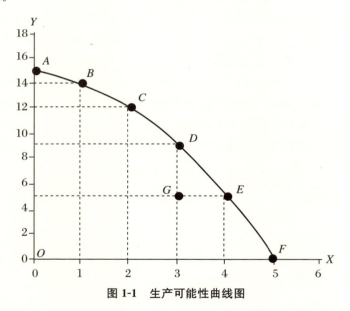

图 1-1　生产可能性曲线图

生产可能性边界会朝原点(O)方向向外或向内方向移动。向外移动表示可能生产更多产品和服务,向内移动则相反。移动有多种原因:①经济制度变动,如我国 20 世纪 80 年代初以来 40 年的改革开放,使我国生产出更多产品;②生产技术变动,如一项技术革新或引进一项先进技术,可能使产量大大增加;③经济资源变动,如发现了更丰富矿藏,就会在同样制度和技术条件下生产更多产品。任何一国经济增长实质上就是生产可能性曲线向外移动。

三、经济体制和市场作用

实现资源合理配置或利用及产品的开发，都要靠正确的方法，这通常称为经济体制问题。人类社会经济体制的演化有一个过程。人类社会初期的经济多半是自给自足的自然经济，即自己生产供自己消费，每个家庭或村落生产他们消费的大部分物品，只有少数从外界交换来，中国古代千百年来的农耕经济就是这样。这种体制经济效率低下，经济发展缓慢。后来，人们从实践中认识到分工和交换可以带来很大经济利益，于是市场经济开始发展起来。市场经济的基本特征是产权明晰，经济行为决策高度分散，资源配置和利用由自由竞争中的市场价格机制来解决，生产经营者的积极性能充分调动起来，经济效率较高。自由竞争固然推动了经济增长，但也造成了社会贫富差别严重的问题。于是世界上一些国家爆发了"革命"，建立了生产资料公有制的社会，生产资料归政府掌握，政府用计划来解决资源配置和利用问题，产品数量、品种、价格、消费和投资等均由中央政府以指令性计划决定，产品分配也由国家统一解决，想以此达到资源合理配置和利用。这种称为计划经济体制否定了市场作用，被实践证明效率低下，于是产生了社会主义国家市场化取向的经济改革开放。市场经济尽管效率较高，但在克服垄断和外部性、提供公共物品、管理信息、调节收入分配、控制经济波动等诸多方面却显得无能为力，需要国家或者说政府来起作用，于是一种市场竞争和政府适度干预相结合的所谓混合经济体制就产生了。目前这种体制为世界上绝大多数国家在不同程度上采用。

以上四种经济体制中市场经济体制效率较高，因为这种体制既有利于经济资源合理配置和利用，又有利于资源的开发和拓展。为什么？市场经济特点是产权明晰，决策高度分散，因此，从事经济活动的人既有动力积极参与各种经济活动（因为经济活动中得到的利益可归于自己），也有能力作各项经济活动决策（因为经济活动主体有权决定自己怎样行动）。所谓资源优化配置，就是要按社会需要分配资源，生产物品。当资源分配不当，产品会供不应求或供过于求。供不应求的产品价格会上涨，供过于求的产品价格会下跌。这时,生产者和消费者出于自身利益考虑,必然调整自己的生产和消费行为,使供求走向平衡,即资源配置走向合理。

市场经济不但有利于资源合理配置,还有利于资源合理和充分利用。例如,过去中国实行计划经济年代里,由于都吃"大锅饭",很少有人会去考虑如何利用荒山野林;实行了市场经济后,所有山林承包给了个人或集体,大家有了充分利用资源积极性,荒山野林得到合理充分利用,林木多了,水果多了,人们生活大大改善了。

市场经济能充分调动人们积极性,因此也有利于积极推动科学研究和技术创新。例如,有了技术创新的专利权保护制度,万众创新的积极性可充分调动,这就十分利于经济物品的开发,使生产可能性曲线向外拓展。只要市场经济能顺利发展,人类就能不断有所发现,有所发明。"发现"是人们认识原来不认识的东西。"发明"是人们创造出原来没有的东西。电能是被发现的,电灯、电话是被发明创造出来的。物质是不灭的,资源及其生产的物品是可被创造的。市场制度不但能激发人们创新积极性,而且能将创新成果转化为市场价值,为社会所承认,因而市场经济不但能有效配置既有经济资源,而且能开发潜在的资源,创造出人类需要的各种产品,拓展社会生产可能性边界。由于市场经济制度既能及时有效提供经济信息,又能激发人们从事经济活动的积极性和主动性,因此,市场经济被历史证明为人类的一种伟大创造。可以说,经济学就是研究市场经济体制如何配置、利用和开发、拓展资源和产品的一门学问。

四、微观经济学和宏观经济学

以解决经济资源配置、利用和开发、拓展为对象来划分,经济学从总体上可分为微观经济学和宏观经济学。研究微观经济即研究单个经济单位的经济活动规律的科学称为微观经济学。单个经济单位的经济活动或者行为包括:家庭如何消费,如何以有限的收入来获取尽可能大的满足;单个企业(或者厂商)如何经营,如何以有限的资源投入(或者成本)来获取尽可能大的利润;单个生产要素所有者(劳动力、资本、土地等所有者)如何提供生产要素以获取尽可能大的收入。单个经济单位的经济行为涉及的经济变量包括：供给量、需求量、价格、成本和利润等。在微观经济领域中，参与经济活动的单个经济单位主要是家庭和企业两大类。家庭一方面是企业所生产的产品的消费者或者购买者（需求者）；另一方面是企业从事生产经营所需要的生产要素（劳动力、资本和土地等）的供给者（例如，工人出卖劳动力给企业，提供资金给企业，出租土地、厂房给企业）。企业则相反，它一方面是产品的生产者（供给者）；另一方面是生产要素的需求者。微观经济学通过对这些单个经济单位的行为和单个经济变量的分析，一方面研究消费者（家庭）对各种产品的需求与生产者（企业）对这些产品的供给怎样决定各种产品的产销量和价格；另一方面也研究消费者（家庭）作为生产要素的供给者与企业作为生产要素的需求者的相互关系如何决定生产要素使用量及其价格（工资、利息、利润及租金等）。这些都涉及市场经济中的价格机制运行问题，因此，微观经济学也称为市场价格理论。微观经济学理论主要包括消费者如何购买消费品的理论，企业如何生产产品的理论以及工资、利润、利息和租金如何决定的收入分配的理论。

与微观经济学不同，宏观经济学以整个社会经济或者国民经济活动作为考察对象，研究社会总体经济问题及相应的经济变量的总量如何决定以及这些总的经济变量间的相互关系。总体经济问题包括社会经济波动、经济增长、物价水平变动、国家财政收支、进出口贸易和国际收支等。总的经济变量包括：国内生产总值（GDP）、就业量、总消费支出、社会总储蓄和投资、物价指数、利率和汇率等。宏观经济学通过对这些宏观经济问题和宏观经济变量的研究来分析一国的国民收入、就业量和物价水平怎样决定，其中，国民收入的决定和变动是一条主线，所以宏观经济学又称为国民收入决定理论。例如，当一个国家利率上升时，社会投资支出就会下降，经济增长也会相应放慢，通货膨胀率也会随之下降，而失业率可能上升。又如，一个国家汇率变动，比方说1单位本国货币能兑换更多外国货币，即本币升值时，出口可能下降，进口可能增加，这就会影响本国经济增长。这些问题都属于宏观经济学的研究范围。

微观经济学和宏观经济学是既有差别，又相互联系的。正如森林是由树木组成的一样，宏观经济总量也是由微观经济个量加总而成的。例如，如果每个家庭都增强了消费支出意愿，那么整个社会的消费支出水平就会提高。

还要注意的是微观经济学和宏观经济学不是仅从概念上就可以区分清楚的。例如，价格、产出、消费、投资、供给和需求这些概念在微观经济学和宏观经济学中都有，但含义不一样。比方说，价格这个概念在微观经济学中指单个产品的价格，如猪肉每斤15元、大米每斤3元等，而宏观经济学中的价格指价格指数或物价水平。如果以2010年为基期，价格指数为1；2011年价格指数若为1.05，或105％，则表示2011年物价总水平比2010年上升了5％。报纸上总可见到某个时期消费物价同比上升多少，指的是与上年同期相比上升了多少。可见，一些经济变量在微观经济学中是指个量，而在宏观经济学中是指总量。

第二节 经济学研究方法

研究经济学的方法很多，主要有：实证分析与规范分析、矛盾统一与均衡方法、抽象方法与经济模型、数学方法与边际分析、理性人假定等。

一、实证分析与规范分析

经济学研究经济现象。经济现象是一种社会现象，因此研究时首先要有一个立场、观点和态度问题。这种态度有两种，一种是只研究经济现象是什么，即经济现状如何，为何会如此，可能怎样发展变化，至于这种经济现象好不好，该不该如此，则不作评价，这种方法称为实证分析方法；另一种则是要对经济现象及变化作出好不好或该不该如此的判断和评价，这种方法称为规范分析方法。例如，我国改革开放以来，人们收入差距扩大，对此有两种不同的研究方法：一是分析收入差距如何，差距扩大的原因何在，变化趋势如何等，这就是实证分析；二是研究收入差距扩大好不好，该不该，是否公平等，这就是规范分析。

事实上，由于人总是有立场、观点的，因此，研究经济问题时多少总会带有规范分析的味道，但一定要注意，切不可把自己的感情、情绪和态度来代替对客观经济事实的观察和思考。例如,目前我国大城市房价高企,自己买不起就认为一定是太高,一定会向下调整。如果你认为是太高,一定会下调,就得说出其理由,不能感情用事,而要实事求是。

二、矛盾统一与均衡方法

任何经济现象内部都包含矛盾,是对立统一体。例如,市场中买者总希望价格低点,卖者总希望价格高点,这就是一对矛盾,但讨价还价结果还是会达成一致,形成均衡价格,达到对立统一。市场经济活动中都有这种交易双方矛盾对立走向统一均衡的现象,在经济学中分析这种现象的方法称为均衡分析方法。通常说来,如果经济活动的参与者在经济活动中认为达到某种状态或局面时就取得了最好的效果,那么这种局面或状态就达到了均衡。例如,某消费者用一定货币量选购商品达一定数量时感到已获取了最大满足,他就会决定购买这一定数量的商品,这就是消费者均衡。又如,某企业用一定成本生产商品达到一定数量时感到已取得最大效益(利润),它就会决定生产这一定数量的产品,这就是生产者均衡或者厂商均衡。均衡分析就是要研究什么样的条件才能达到经济均衡。均衡分析其实在我们日常生活中处处存在,例如日常讲的按劳分配、按质论价等就是均衡分析,如果不这样,我们这个世界也就不会存在了。

三、抽象方法与经济模型

研究经济现象,既不能像研究自然科学那样用显微镜,也不能用化学试剂,而要用抽象方法,即从错综复杂的现象中抽出最重要、最本质的东西来研究经济变化的规律。经济学者常用的一种方法——经济模型,就是这种方法。所谓经济模型,是指用来描述与研究的对象有关的经济变量之间的依存关系的理论结构。简单地说,把经济理论用变量的函数关系来表示就叫作经济模型。因此,一个经济模型可用文字说明(叙述法),也可用数学方程式表达(代数法),还可用几何图形式表达(几何作图法)。例如,第二章研究的均衡价格模型就是一种经济模型。

经济现象包括各种主要变量和次要变量,错综复杂,千变万化。如果在研究中把所有的变量都考虑进去,就会使得实际研究成为不可能。所以，任何经济模型都是在一些假定前提下，舍掉若干次要因素或变量，把复杂现象简化和抽象为为数不多的主要变量，然后按照一定函数关系把这些变量编成单一的方程或联立的方程组。根据建立模型的目的不同，以及要探讨的变量的相互关系不同，对同一个经济问题的研究，可以建立多个不同的模型，并且把模型涉及的变量区分为内生变量和外生变量。内生变量是模型要决定的变量，外生变量是模型外决定的变量。例如，第二章阐述的均衡价格模型中，价格和成交量就是内生变量，影响需求和供给的其他各种变量就是外生变量。这个模型表明了某种商品的买者与卖者的行为情况：价格越高，买者愿意购买量越小，卖者愿意出售量越大。当愿意购买的商品量与愿意出售的商品量相等时，价格便不再变动。这个价格就是均衡价格。这个模型还可以帮助人们预期：一切倾向于减少供给的行为，都会引起价格提高和交易量减少；一切倾向于减少需求的行为，都会引起价格降低和交易量减少。

四、数学方法与边际分析

经济现象变化中存在不少经济变量的相互依存关系，研究这种关系在很多情况下可以运用数学方法，这使数学在经济学中有了用武之地。例如，利率提高一些，企业投资成本就高一些，在其他情况不变时，投资需求量就下降一些。于是利率和投资需求间就会发生一定依存关系或者说函数关系。再如，经济学研究如何"最优"，这就使微积分中求极值的方法有了用处，经济学家经常用数学模型探讨经济问题的道理即在于此。经济分析运用数学方法在19世纪70年代欧洲产生的边际主义革命以后，更形成了潮流，产生了一种经济学数学化趋势，使不少人认为越是运用高深的数学工具的经济学就越是高级的经济学。这是不正确的。这是因为经济学研究的经济现象本身是复杂的，其变化是受多种因素制约的，并且人的经济行为也是多变的，未来具有不确定性，因此，很难建立一个确定无误的经济数学模型。再说，假定的约束条件是否符合现实，是否会变化，如果不是，就难以推导出正确的答案。总之，经济学研究需要用数学，不重视数学是不对的，但数学只是工具，它本身不是经济学。

经济学的数学分析中经常运用到一个边际分析方法，使微积分在经济学研究中大有用处。其实,经济学中所谓"边际",只是说人们作经济决策只是在边际上作选择。比方说,人们在如何花费伙食费时,只会考虑用多少钱于主食,多少钱于副食,而不会全用于主食或副食即极端的非此即彼,而是这样或者那样"多一点"还是"少一点"问题,这就是边际分析。例如,所谓行为最优时的边际成本等于边际收益,只是说行动到哪一步能达到扣除成本后的净收益(利润)能最大,而不是说不花成本或乱花成本来采取行动。

五、理性人假定

理性人假定是经济理论分析中关于人类经济行为的一个基本假定。经济学的诸多命题都是在一定的假设条件下推演出来的。作为经济主体的居民、厂商和政府,尽管在经济生活中作用不同,各具特点,但由于理论抽象需要,在理论分析中一般都被视为理性人。它意指作为经济决策的主体(居民户、厂商、政府)都充满理智,既不会感情用事,也不会轻信盲从,而是精于判断和计算,其行为符合始终如一的偏好原则。

假如在经济活动中有 X、Y 两种方案或 X、Y、Z 三种方案需要经济活动的主体加以选择的话,理性人将有如下三种行为特征:①完整性。他了解自己的偏好,或偏好 X 甚于 Y,或偏好 Y 甚于 X,或对两种偏好无差异,无论什么情况下都只能三者择其一,不可能同时偏好 X 甚于 Y,Y 又甚于 X。②传递性。倘若他偏好 X 甚于 Y,而又偏好 Y 甚于 Z,那么,他必然会合乎逻辑地偏好 X 甚于 Z。③有理性地选择。若 X 能给他带来最大的利益,在其他情况不变时,他决不会选择 Y 或 Z。这种理性人所追求的经济目标也体现着最优化原则。具体地说,消费者追求满足最大化,生产要素所有者追求收入最大化,生产者追求利润最大化,政府则追求目标决策最优化。

这种理性人,实际上就是英国古典经济学家亚当·斯密在《国富论》中所讲的"经济人"。但斯密的"经济人"是指"人",主要指资本家和企业家,而理性人假定则包括经济活动的所有参与者,既有资本家、企业家、工人、生产者和消费者,也包括政府,即理性人假定把政府也人格化了。

在理性人假定中,经济主体行为的基本动力是利益最大化,从而行为准则是既定目标的最优化，当然，这并不意味着经济活动主体在行动中就一定能实现最优目标，也不意味着这一目标一定是好的。在现实经济生活中，人们在作出某项决策时，并不总是能深思熟虑；人们在许多场合，往往是按习惯办事，受骗上当也是难免的；人们在进行经济决策时，除了经济利益外，还受到社会的、政治的以及道德等方面的影响或制约。经济分析之所以要作这样的假定，无非是要在影响人们经济行为的众多复杂因素中，抽出主要的基本因素，在此前提下，可以得出一些重要的也是公认的经济原理，主要包括以下七个方面。

(1) 由于人的经济行为的根本目的是追求幸福或利益，因此，人们在经济活动中总会对激励作出反应，有效的激励会鼓励人们刻苦研究，努力创新，认真经营，积极工作；缺乏激励就会消极怠工，应付差事。

(2) 由于人们行为最终目的是追求利益，因此，不管做任何事情，都会比较成本和收益。世上没有免费午餐，即没有不花成本或代价就能取得收益的，除非用偷窃（用趁人不知道的手法将别人财物据为己有的行为）、抢劫（用不经同意将别人财物夺占为己有的行为）、诈骗（用虚假信息使人上当手法占有别人财物的行为）、霸占（依仗权势横行无忌地占有别人财物行为）等手段，市场经济中不存在"天上掉下的馅饼"。世界上不存在不花代价就获得收益的好事，人们能做的只能是力求用尽量小的成本取得尽量大的收益。

(3) 分工和专业化使人们劳动生产率大大提高，使产品越做越好，产量越来越高，但分工必须依赖交换，否则不仅人们不能获得自己所必需的一切物品，而且无法获得分工给自己带来的利益；反过来，交换又会促进分工，使分工越来越细，人们的工作越来越专业化，从而会给自己带来更大利益。可见，分工和交换能相互促进。

(4) 市场是联系和组织人类分工和交易的纽带，不仅给经济活动提供信息，还能使经济活动主体在市场竞争中增强活力和动力，但人们在市场交换中必须自由自愿、信息透明、平等互利。否则，交易就无法正常进行，市场就不能健康发展。

(5) 利益最大化总是经济活动主体的既定目标，但由于过去是不能召回的，未来是不可知的，因此任何经济活动的成效总具有不确定性。这就是风险。这种不确定性和风险的存在,需要有一批善于判断未来并愿意承担风险的人来组织生产经营,发现未被满足的市场空间,从事技术和制度创新。这样的人就是**企业家**。企业家在市场经济社会中是十分宝贵的稀缺资源,是市场经济活动的带头人,是技术进步的引领者,是经济发展的排头兵,因此必须给他们以足够的激励。

(6)能否交易正常和市场健康全赖有一个健全、完善的制度。制度是协调人们从事有序市场经济活动必不可少的行为规则。没有规矩不成方圆。符合理性人假定要求的制度,能有效规范人们的市场经济行为,减少交易中的摩擦和成本,降低不确定性,增强可预见性。一个好的制度,能给市场经济活动中的人们带来积极性和主动性,给社会市场经济带来活力。

(7)市场要能有效运行和发展,离不开一个有为的政府。政府在市场经济中的定位必须合理,对经济活动的干预必须适度,对经济人能否切实执行制度的监督检查和处理必须到位。事实证明,产权的切实保护,制度的贯彻执行,经济的健康运行,生态环境的保护,经济发展计划的制订和落实等,都离不开政府的作用。政府要用好的制度来引导和规范人们的经济行为,以保障社会经济健康发展。

关 键 词

稀缺性　　机会成本　　生产可能性边界　　微观经济学　　宏观经济学
经济模型　　边际分析　　理性人假定

复习思考题

1. 你认为经济学对象是什么?
2. 为什么说稀缺性永远存在但可以改善?
3. 资源优化配置的含义是什么?

4. 人类社会的经济体制有哪几种？为什么市场经济体制效率较高？

5. 为什么微观经济学又可称为市场价格理论，宏观经济学又可称为国民收入决定理论？

6. 举例说明什么是经济学的实证分析和规范分析。

7. 什么是经济学中的均衡分析？

8. 应当怎样正确认识和对待数学工具在经济学中的运用？

9. 什么是经济学研究中的理性人假定？

第二章 商品、货币与价格

讨论市场经济体制如何配置资源,要从分析商品、货币与价格开始。本章说明商品与货币由来、功能以及价格形成与作用。

第一节 商品与货币

一、商品与商品世界

现代市场经济社会的财富表现为一个庞大的商品堆积。人们吃的、穿的、用的和住的,几乎没有一样不是从市场上买来的商品。不仅工农业产品是商品,而且本来不是商品的许多东西,也都打上了商品的烙印,如婚姻中的门当户对,就有等价交换的商品关系味道。甚至一些心术不正的人,把手中权力也当作商品,搞权钱交易。

什么是商品?一切用来交换的东西都是商品。商品并不一定要是实物,期货市场上期权交易的对象,就不是实物,只是一种在一定时间内买进卖出交易对象的权利。然而,经济学中所讲的商品,多半还是指用于交换的产品。这主要包括两大类:一类是像食品、衣服、设备、房子之类的物质产品;另一类是像理发、旅游、演戏以及各种金融服务类产品。这些商品有些是有形的,有些是无形的;有些是供人们直接消费的,有些是供作生产设备或原材料用的生产资料物品。此外,技术、人才等也可成为交易对象的商品。总之,一切用于交易的东西都成为商品。可见,交换是物品成为商品的原因,而交换又起源于分工。

二、分工与交换的利益

为何人们需要的东西都会成为从市场上买来的商品,而不自己劳动生产所需要的物品?

人类自己生产所需要物品的经济,称为自给自足的自然经济。古代人生活消费所需物品就大多是自己动手制造的。那时不是没有分工,但主要是家庭中男女间的自然分工。中文中"男"字表示男人主要用力气在田间耕作,而"婦"(简体字"妇"的繁体字)字表示的是女人主要做家务,"帚"是扫地用的工具。1949年前中国的广大农村家庭吃的粮是自己种的,穿的衣是自己种棉纺纱织布制成衣服的,这就是自然经济。然而,自然经济效率十分低下,因为一个人的精力总是有限的,要他自给自足,什么事都自己干,势必什么事都难做好,也做不快,技术不会越来越精,产品不会越做越好,产量也不会越来越高。事实使人们逐渐认识到,与其什么事情都自己做,还不如专门做一件事,生产一种产品,然后相互交换,这样可给自己带来更多利益。经济学家早在200多年前就清楚论述过分工对提高劳动生产率的好处。但分工必须要靠交换,因为人的需要是多方面的,如果分工使你只做一样工作,生产一种产品,你各方面生活所需产品哪里来呢?用自己产品去交换别人的产品,自己各方面的需要才能满足。用来交换的产品,就是商品。交换使产品成了商品。

交换不仅能通过互通有无解决分工带来的单一生产和人的多种需要的矛盾,还能带来由于分工和专业化可以发挥人的绝对优势和比较优势形成的利益。举一个简单例子来说明。假定湖边有张三、李四两户人家。张三擅长种粮,也会打渔。假定专门种粮,平均每天可收谷子30斤,而打渔只能捉10斤。相反,李四擅长打渔,也会种粮,若专门打渔,平均每天可打30斤,而种粮只能收10斤。如果两人分工,张三专种粮,李四专打渔,然后假定按市价1斤谷交换1斤鱼,各人以一半产品交换,则他们每天平均可得谷和鱼各15斤。而如果不分工,各人以一半精力种粮和打渔,张三只能得谷15斤,鱼5斤;李四只能得鱼15斤,谷5斤。显然,分工和交换给二人分别多获10斤鱼和10斤谷子。这个例子就是所谓绝对利益说,因为他们分别在一种产品生产占绝对优势基础上开展了分工而获利。

如果张三在种粮和打渔上都强于李四,比方说张三平均每天可收谷30斤,捕鱼20斤,而李四平均每天只能收谷20斤,打渔15斤。张三比李四在两种产品生产上都强。在这种情况下,两人是否可开展分工呢?仍可以,因为张三收1斤谷子的机会成本是2/3斤鱼,李四收1斤谷子的机会成本是3/4斤鱼,显然,生产1斤谷子的机会成本,张三比李四低(2/3＜3/4)。因此张三还是应专门生产粮,李四专门捕鱼,然后交换对双方都有利。当然1斤谷子交换1斤鱼的比例应当低于李四的机会成本,但高于张三的机会成本。比方说1斤谷换0.7斤鱼,那么对双方都会有利。如果不分工,大家各以一半精力(比方说时间)种粮和捕鱼,张三和李四分别只能获谷15斤、鱼10斤和谷10斤、鱼7.5斤,但分工交换后张三能有谷15斤,鱼10.5斤($15 \times 0.7 = 10.5$),李四能有鱼7.5斤,谷10.7斤($7.5 \times 1.43 = 10.7$)。可见,两人福利都增加了。这个例子就是所谓比较利益说,因为分工发挥了他们的比较优势。对张三而言,虽然两种产品生产上都强于李四,但分工中取了强中更强的生产,李四则取了矮中较强的生产,即俗话说的"矮子里拔长子"。

以上两个家庭生产不同产品的分工,可称水平分工。还有一种生产同一产品上从原材料生产到最终产品生产的整个链条上的分工。如一架飞机由许多工厂分工合作制成,就属于垂直分工。当然,水平分工和垂直分工也是相对而言的。大凡不同产品生产或不同行业或工种的工作都属于水平分工,而同一产品生产过程中不同工序及不同零部件生产上的分工,或者同一类工作中相关工种间的分工,属于垂直分工。随着分工发展和细化,本来的垂直分工可能后来就演变成水平分工。

分工会给人带来利益,这是一个十分重要的道理。人类最初的分工是怎样形成的?可能最初是自然形成的,比方说近水地方的人大多捕鱼,山区的人大多打猎,适合种某种农作物土壤和气候的地方就生产这种农作物。后来可能是历史文化传统因素慢慢形成某种分工,例如,瑞士的手表制作就有很长的历史传统。工业革命以后,各地的分工就可能不再由自然因素决定,而是由科学技术、社会制度或者政府推动等人为的后天因素决定了。不管什么因素形成,人类社会发展的历史从某种意义上说都是一部分工不断发展、不断深化、细化的历史。分工越来越细,行业就越来越多。有些比较复杂的产品如飞机、汽车之类甚至是由分布在世界各地的国家的许多工厂分工合作来制成的。现在世界经济已经开始全球化,就是全球范围内开展分工合作,因此我国提倡贸易自由化,开展"一带一路"合作,构建人类命运共同体。分工发展使科学研究的分门别类也越来越多。正是专业化分工的不断发展,才能推动科学技术和生产经营的不断发展。既然分工依赖交换,那么分工必须依赖市场规模。哪里市场越发达,哪里分工就会越细致。例如,在一个小镇上开一家百货店也许可以生存,如果开专卖店,就非倒闭不可,因为那里没有那么多专卖商品的需求。因此,分工需要交换,交换又促进分工。

三、互利共盈和等价交换

上面张三和李四分工和交换的例子告诉我们,人类交换都是出于自身利益考虑。交易者在交换中考虑的都是自己的利益。从某种意义上说,所有的经济活动都是交易行为,或如古人所说"天下熙熙,皆为利来,天下壤壤,皆为利往"。既然交易者都要考虑自己利益,因此,一切交易活动都必须"互利共盈",只有这样,人们才会自愿、自由地参与交换,一切强买强卖都是行不通的。

交易为什么能互相有利或获利?是因为交换双方对交易的商品的评价存在差异。比方说,我认为这商品对我的效用值5元,你认为值7元,结果也许以6元成交,从而各感到赚了1元,交换就发生了。为什么交易中有讨价还价?因为买卖者都认为不值这个价。如果讨价还价达成了一致,就成交了。如果双方对商品价值评价上不存在差异,就会感到交易对自己不会带来利益,则交易就不会发生。因此,有人认为市场经济中是"等价交换"的说法是错误的。然而,"等价交换"却是大家广泛接受的共识,难道大家都错了?其实,"互利共盈"和"等价交换"两种说法都没有错!

"互利共盈"说的是交易双方对商品价值评价存在差异,这"价值"是指商品对交易者自己效用的评价。这种评价,双方存在差异,因此双方才会认为交易会对自己有利即带来利益,否则,"交易"就没有必要发生。从这个意义上,交易确实是:正和博弈,而不是零和博弈。零和博弈说的是我盈的是你输的,我的得利是你的损失,你的得利是我的损失。战争的结果就是这样:不是你胜我败,就是我胜你败。然而,商场不是战场,交易不是交战,竞争不是战争;前者讲你死我活,我胜你负,后者讲互利共盈,正和博弈,即双方有利。

"等价交换"讲的是交易商品的价值量或者说价格总量的市场评价买卖双方必须达成一致。比方说,买者认为你这商品在市场上至多卖6元,卖者认为我这商品在市场上至少能卖到6元,这样,交易双方才会达成一致,交易才能成功。如果买者认为最多值5元,卖者认为最少值7元,交易就决不能成功。可见,"等价交换"中的"价"是市场评价,是市场供求均衡的价格,而"互利共盈"中的"价"是买卖双方对商品价值或效用的主观评价。有了"互利",交换才有"必要"发生;有了"等价",交换才有"可能"发生。交易必然发生,既要有"必要性",也要有"可能性"。如果没有"互利共盈",就不会有所谓"消费者剩余"和"生产者剩余"。(消费者剩余和生产者剩余的概念后面章节会提到。)如果没有"等价交换",就不会有市场价格或均衡价格。因此,不能将"互利共盈"和"等价交换"割裂开来或对立起来。

四、货币起源与职能

人类交换物品,最初是物物交换,即人们拿手里消费不掉的产品去换自己需要的别人的产品。无论从性质和数量上看,这种物物交换都有很大问题或者说矛盾。

从交换物品的性质或品种看,如果有人想用一头羊去换自己需要的鞋,但有鞋的人却不要羊而要弓箭,这样交易就做不成。在这种情况下,需要用羊换鞋的人先得去找一个愿换出弓箭的人。但如果换出弓箭的人也不要鞋,而要别的物品,那么交换就要更费周折才能成功。

除了上述交换物品能否正是双方所需要的物品这一矛盾,还有一个交换物品数量或者说比例上的矛盾。仍拿上例来说,即使有鞋的人也正好要羊,但有羊的人认为他这头羊至少应换四双鞋,但愿换出鞋的人却不要一头羊,而只要半头羊的肉足够了。这样,交换又做不成,因为羊和鞋数量上难以分割,交易就无法讨论还价达成。

怎么办？人们逐渐从千万次交换实践中认识到，如果市场上能有某种物品不仅大家乐意接受，而且数量上比较容易分割，又不易很快变质，那么就可以把自己要交换出去的物品先换成一定数量的这种物品，然后再用这种物品换回自己需要的物品，交易中难题就会解决。这种物品在长期交易实践中终于会出现。这种物品在商品世界里游离出来充当交换的媒介物。这就是一般等价物。这种等价物一开始往往带有地方性。有些地方是牲畜，有些地方是布，有些地方是贝壳等。其中，布和贝壳较多，因为牲畜难以分割。因此，文字中"货币"二字的"货"下面有"贝"，"币"下有"巾"（即布），就可能与此有关。交换媒介物演变到最后，固定到贵金属金银身上，因为金银具有充当一般等价物的诸多优点，如不管如何分割，质地不变，小体积中包含大量价值且便于保存等。长期以来，金银一直充当货币，以致后来纸币流通后，人们习惯上仍把货币称作金钱。今天，银行、奖金、金额等这些称呼仍有"金"或"银"字，也是这个道理。

从货币起源中可知，金银本来也是普通商品，但后来独占了充当交易中介的位置，最终成了货币。货币成了财富的代表。任何人手上只要有了货币，就可以买到一切商品。货币成了商品世界中至高无上的权威，甚至有了"钱能通神""有钱能使鬼推磨"说法。

货币充当商品交换媒介，是货币的流通手段职能。纸币就是从这个职能中产生的。由于卖出商品的人的最终目的并非获得货币，而是为了用货币去购买另一种商品，因此卖者关心的不是换进的货币是否足值，而是能否用这些货币购买到相应价值的另一种商品，于是，金银货币由具有价值符号的纸币代替也就有可能了。纸币就是由国家发行的强制使用的价值符号，国内公民可用它来依法纳税、购买商品，任何人不得拒绝，故又称法币。纸币的流通为通货膨胀埋下了根子。这点以后再分析。

货币要成为流通手段，首先必须成为衡量其他一切商品价值大小的尺度，否则商品等价交易就不可能实现。金银货币之所以具有价值尺度职能，是因为它本身有价值，就像尺子本身有长度，才可用来丈量其他物品长度。商品价值又是指什么呢？通常认为是商品生产时花费的劳动，但也有人不赞成这种理论，因为不少没有费劳动生产的东西也有价值。这一点现在不去讨论，而只要懂得，商品价值用货币来表现时，就成为商品价格。一商品和另一商品交换的比例，称为商品的交换价值。价格实际上就是交换价值的货币形式。我们知道，尺子要作为丈量工具，本身要规定一寸、一尺、一丈等的标准。同样，货币要作为价值尺度，用于衡量商品的价值数量，就要求货币自身有一个确定的计量单位作为货币单位，这种计量单位称为价格标准。如美国货币中的美元、美分，我国人民币中的元、角、分等，都就是价格标准。有了这种价格标准，就可以说商品值多少钱了。

除了上述这些职能，货币还可以作为财富的一般代表被储藏起来，亦即作为贮藏手段。但这必须是金银货币，纸币放在家里经过几年物价上升会大大贬值。纸币要作为储藏手段，必须放在银行里作为有息存款，但要利息水平超过通货膨胀水平。

此外，货币还可以用来缴纳租金及税款、发放工资等，也即执行所谓支付手段职能。

以上种种职能中，最基本的是流通手段和价值尺度，而且这两大职能是相互联系的：因为要作流通手段，所以必须要能作价值尺度，作价值尺度正是为了当好交易中介。不管货币形式如何从金属货币到纸币，再到完全是信息符号的货币，这两大职能不变。

货币的出现，大大方便了商品交换，降低了交易中麻烦和成本，从此后，物物交换变成了商品流通。

五、货币的形态和层次

货币是固定地起一般等价物作用的特殊商品。这是货币的本质。金银货币、纸币等都是货币的形态。现在又发展到无纸化货币，如银行卡、消费卡、第三方支付等。这些都是非现金支付工具。这些工具都是社会需求、技术进步和支付创新的产物，大有取代现金支付之势。当然，从现金具有的法定保障性、广泛适用性和安全可靠性等几个方面看，现金还不可能马上被取代。实际上，这些无纸化支付工具也是货币，是一种电子数字化货币。这些电子货币的价值均要以既有现金、存款为前提，是其发行者将既有货币价值放入电子化的货币，因此是以既有货币为基础的二次货币。

现在还经常看到有 M_1、M_2、M_3 这些提法。这些提法是根据流动性高低说的货币层次问题。M_1 最具流动性，通常指现金和活期存款。M_2 比 M_1 流动性差一点，通常指 M_1 加银行定期存款。M_3 流动性比 M_2 更加差一点，通常指 M_2 加其他流动性资产如债券之类。

第二节　价格与供求

一、商品价格由什么决定

如果商品价格是商品价值的货币表现，那么，价值又是由什么决定的呢？对此，经济学家主要有两种观点。一种观点认为由生产成本决定。这里成本是指生产商品时各种人力物力消耗，而不是前面所提机会成本。生产任何商品都要使用劳动力、机械设备和原材料等各种生产要素，为使用这些生产要素都得支付费用，这就是生产成本。生产出来的商品价格必须要能补偿这些成本，还要加上必要的利润，否则生产者就要退出生产。因此，价值是由生产成本决定的。这就是所谓成本价值论。

另一种观点认为，商品价值是由商品的效用决定。这里的效用既指商品给人们提供的用处，也指人们对所购商品对自己福利重要性的评价。前者可称为客观效用论，后者可称为主观效用论。对效用这两种不同解释之间是有联系的。不管何种说法，商品要能卖出去，必须要有效用，效用大，人们就认为价值大，所谓"物有所值"以及"性价比如何"，就是这个意思。这种观点可称效用价值论。

分析一下可以发觉，这两种观点中所讲"价值"，其实还是指价格，是供求均衡价格。市场经济是货币作交换媒介的经济。商品交换以货币作中介后，交换就分裂成商品—货币—商品，即卖与买两个阶段。卖是商品供给，买是商品需求。商品买卖就成为供求双方的行为。卖者即商品供给者或生产者，买者即商品需求者或购买者。商品买卖时生产者为出售一定数量商品所要求的价格称供给价格。尽管生产者或者说供给者、出卖者，总希望卖价越高越好，至少要能补偿生产成本并加上适当利润，因此，生产成本决定价格是合理的，但这个"价格"指供给价格。商品买卖中购买者为购买一定数量商品所愿支付的价格称为需求价格。尽管购买者或者说需求者总希望价格越低越好，至多不能超过所购物品能给自己带来效用的估价，否则他就不愿购买。这就是说要让他感觉"物有所值""性价比是合理的"。因此，价格由效用决定也是合理的，但这个"价格"是指"需求价格"。所谓讨价还价，实际上就是需求价格和供给价格的较量，较量结果形成一个双方都能接受的价格，这就是供求均衡价格。通常说的市场价值，实际就指这个均衡价格。

要认识均衡价格，必须对供给和需求的特点和规律作一些分析。

二、需求及其规律

经济学上讲的需求，不是指人们的欲望或主观需要，而是指有支付能力的需求，指在某一特定时期内对应于某一商品的各种价格，人们愿意而且能够购买的数量。因此，需求总涉及两个变量：商品价格及与该价格相对应的购买数量，需求就是这两个变量之间的关系。

通常说，若商品价格下降，需求量会增加；价格上升，需求量会下降。这无论对个人需求还是市场需求都如此。市场需求只是个人需求的加总。下面是一张假设的需求表（表 2-1）和需求曲线图（图 2-1）。

表 2-1　需　求　表

价格 （美元/公斤）	需求量					市场需求量 （公斤）
	个人需求量（公斤）					
	甲	乙	丙	丁	…	
6	2	1	4	…	…	60.0
5	3	2	6	…	…	62.5
4	4	3	7	…	…	67.5
3	5	4	8	…	…	77.5
2	6	5	13	…	…	90.0
1	8	7	15	…	…	110.0

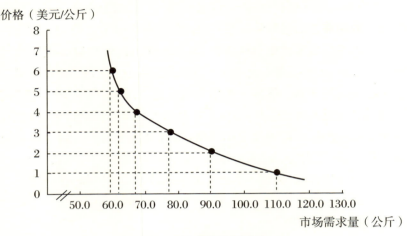

图 2-1　需求曲线(市场)

　　市场需求曲线斜率是负的,表明在影响需求的其他因素不变条件下,商品需求量与其价格存在反方向依存关系,这就是所谓需求规律。这是通常情况,也会有例外情况。一种是某些低档的生活必需品(如食品)被十分贫穷的家庭购买时,如果价格上升,他们变得更穷了,更买不起好一点食品了因此反而会增加对这种低档食品购买,而价格下跌时,需求反会减少。如 1845 年爱尔兰发生饥荒,人们收入下降,使马铃薯这种低档品价格上涨时需求量反而增加了。这是一个叫吉芬的人发现的,故这种商品称吉芬商品。另一种是某些炫耀性高档商品的价格越高,需求会越大;价格下跌,需求反而减少。这是因为这些商品购买本来不是为消费,而是为显示其富有地位,价格越低,越不能显示其地位,故需求反而下降。此外某些资产性商品,如股票、投资类房产,购买本来是为了获取买卖差价,因此,价格上涨时购买者预期会进一步上涨,因此会更多买进;相反,价格下降时,购买者反而会卖出。这就是所谓"追涨杀跌"。

　　但对一般商品而言,价格上升,需求量会下降。这是因为:第一,某商品价格上升而如果其他商品价格未变,消费者就会多买其他可替代商品消费而减少该商品消费,这现象可称替代效应。第二,某商品价格上升,表示购买者在此商品面前实际购买能力下降了,故只能少买一些,这现象可称收入效应。商品价格和需求量反方向变化通常是这两种效应共同作用结果。

三、影响需求的因素和需求函数

影响对商品需求量的因素除商品自身价格,还有其他一些因素:消费者偏好、消费者收入、相关商品的价格以及该商品价格变动的预期等。如果把影响需求量的各种因素作为自变量,把需求量作为因变量,则可以用函数关系来表达需求和影响需求因素之间的依存关系,这种函数可称需求函数,可用公式表示为:

$$Q_d = f(T, I, P, P_i, E, \cdots) \qquad (2.1)$$

式中,T、I、P、P_i、E 分别代表消费者偏好、消费者收入、商品价格、相关商品价格、对商品未来价格预期。假定影响需求的其他因素不变,只研究商品需求量和该商品价格间关系,则需求函数可记作:

$$Q_d = f(p) \qquad (2.2)$$

图 2-1 就是这种需求函数的几何图形。假定某一商品需求函数是:$Q_d = 1\,000 - 0.5P$ 或 $P = 2\,000 - 2Q_d$,这一需求函数画成需求曲线是一直线。直线形需求曲线即线性需求函数的一般形式是:

$$P = a - bQ_d \qquad (2.3)$$

式中,$-b$ 是需求曲线斜率。

如果商品本身价格变动引起需求量变化称为需求量变动,表现为需求曲线上点的移动。例如,在需求函数是 $Q_d = 1\,000 - 0.5P$ 中,价格 $P = 100$ 时,需求量 $Q_d = 950$,价格上升到 $P = 200$ 时,需求量 $Q_d = 900$。如果其他因素变化引起需求量变化称为需求变动,表现为曲线本身左右平行移动。例如上述需求函数中,价格不变但因为消费者收入增加而变为 $Q_d = 1\,100 - 0.5P$,则 $P = 100$ 时,需求量也会增加到 $Q_d = 1\,100 - 50 = 1\,050$。

四、需求弹性

影响商品需求量变化的各种因素变化时,需求量如何变化,各种商品并不一样,就是说具有伸缩性,这称为需求弹性。

1. 需求的价格弹性

需求的价格弹性,指商品需求量对其价格变化的反应程度,其弹性系数等于需求量变动百分比除以价格变动的百分比。

$$E_d = \frac{需求量变动的百分比}{价格变动的百分比} = -\frac{\Delta Q/Q}{\Delta P/P} = -\frac{\Delta Q}{\Delta P} \cdot \frac{P}{Q} \quad (2.4)$$

需求量变动与价格变动一般说是方向相反的,因此需求价格弹性系数前面有负号。由于我们只关心弹性系数 E_d 的大小,所以在公式中加负号,使 E_d 为正。

例如,某商品的价格由 20 美元/件下降为 15 美元/件($P=20, \Delta P = 15-20 = -5$),需求量由 20 件增加到 40 件($Q=20, \Delta Q = 40-20 = 20$),这时,该商品的需求弹性为:

$$E_d = -\frac{20}{-5} \cdot \frac{20}{20} = 4$$

但是,上述公式只是需求价格弹性的定义式,在实际运用中是有缺陷的。若将上例倒过来,即该商品价格由 15 美元/件升为 20 美元/件($P=15, \Delta P = 5$),需求量由 40 件减少到 20 件($Q=40, \Delta Q = -20$),则需求弹性为:

$$E_d = -\frac{-20}{5} \cdot \frac{15}{40} = 1.5$$

此时,虽然价格涨跌的幅度与需求量变动的幅度是相同的,但弹性系数却有不同的数值。这是由于计算的基础和出发点不同而造成的。为了克服这一缺陷,通常采用变动前后价格和需求量的算术平均数来计算弹性系数,其计算公式为:

$$\begin{aligned} E_d &= -\frac{\Delta Q}{(Q_1+Q_2)/2} \div \frac{\Delta P}{(P_1+P_2)/2} \\ &= -\frac{\Delta Q}{Q_1+Q_2} \cdot \frac{P_1+P_2}{\Delta P} \\ &= -\frac{\Delta Q}{\Delta P} \cdot \frac{P_1+P_2}{Q_1+Q_2} \end{aligned} \quad (2.5)$$

根据此式计算上例中的弹性系数是:

$$E_d = -\frac{-20}{5} \cdot \frac{15+20}{40+20} = \frac{7}{3}$$

由于这一公式所用的两个价格和与之对应的两个需求量,实际上代表了同一需求曲线上的两个点,从而这样计算的弹性系数实际上也就是这两个点之间的一段曲线即弧线的弹性强度,所以这公式称为弧弹性公式。弧弹性表示需求曲线上某两点之间的平均弹性。

与弧弹性相对应的是点弹性,即需求曲线上某一点的弹性。其公式可用微分的方法从公式(2.4)中导出,即:

$$E_d = \lim_{\Delta P \to 0} -\frac{\Delta Q/Q}{\Delta P/P} = -\frac{dQ}{dP} \cdot \frac{P}{Q} \qquad (2.6)$$

例如,已知需求函数为 $Q = 120 - 20P$,则

$$E_d = -\frac{dQ}{dP} \cdot \frac{P}{Q} = -(-20) \cdot \frac{P}{120-20P} = \frac{-P}{P-6}$$

这时可求出任何价格水平时的弹性系数,比如,$P = 2$ 时,$E = 0.5$;$P = 3$ 时,$E = 1$。

需求价格弹性系数的绝对值可大于1,也可小于1,当 $|E_d| > 1$,称富于弹性;$|E_d| < 1$,称缺乏弹性。通常必需品弹性较小,奢侈品弹性较大。

2. 需求的收入弹性

需求的收入弹性,指商品需求量对消费者收入变动的反应程度,是需求量变动的百分比与收入变动的百分比之比。如果用 E_m 表示需求的收入弹性系数,用 I 和 ΔI 分别表示收入和收入的变动量,Q 和 ΔQ 表示需求量和需求量的变动量,则需求收入弹性公式为:

$$E_m = \frac{\text{需求量变动的百分率}}{\text{收入变动的百分率}} = \frac{\Delta Q/Q}{\Delta I/I} = \frac{\Delta Q}{\Delta I} \cdot \frac{I}{Q} \qquad (2.7a)$$

或:

$$E_m = \frac{\Delta Q}{(Q_1+Q_2)/2} \div \frac{\Delta I}{(I_1+I_2)/2} = \frac{\Delta Q}{\Delta I} \cdot \frac{I_1+I_2}{Q_1+Q_2} \qquad (2.7b)$$

在影响需求的其他因素既定的条件下,需求的收入弹性系数可正可负。如果某种商品的需求收入弹性系数是正值,即 $E_m > 0$,表示随着收入

水平的提高，消费者对此种商品的需求量增加。该商品即称为正常品。正常品的需求收入弹性系数可等于1，大于1（奢侈品），或小于1（必需品）。

如果某种商品的需求收入弹性是负值，即 $E_m < 0$，表示随着收入水平的提高，消费者对此种商品的需求量反而下降。该商品即称为劣等品。那些低档的日用消费品，就可能具有负的收入弹性，因为随着人们收入水平的提高，人们会更多地购买较好的消费品取代它。

需要指出的是，需求收入弹性并不取决于商品本身的属性，而取决于消费者的收入水平。收入水平提高时，本来被认为是奢侈品的东西也许会被认为是必需品，本来被认为是正常商品的东西，可能会被认为是劣等品。

3. 需求的交叉弹性

需求的交叉弹性是需求的交叉价格弹性的简称，它是指一种商品的需求量对另一种商品的价格变动的反应程度，商品之间关系的密切程度可通过交叉弹性来度量。其弹性系数是一种商品需求量变动的百分比与另一种商品价格变动的百分比之比。如果以 x、y 代表两种商品，用 E_{xy} 代表 x 商品的需求量对 y 商品的价格反应程度，则需求的交叉弹性公式为：

$$E_{xy} = \frac{x \text{商品需求量变动的百分率}}{y \text{商品价格变动的百分率}}$$

$$= \frac{\Delta Q_x / Q_x}{\Delta P_y / P_y} = \frac{\Delta Q_x}{\Delta P_y} \cdot \frac{P_y}{Q_x} \qquad (2.8\text{a})$$

或：

$$E_{xy} = \frac{\Delta Q_x}{(Q_{x_1} + Q_{x_2})/2} \div \frac{\Delta P_y}{(P_{y_1} + P_{y_2})/2}$$

$$= \frac{\Delta Q_x}{\Delta P_y} \cdot \frac{P_{y_1} + P_{y_2}}{Q_{x_1} + Q_{x_2}} \qquad (2.8\text{b})$$

需求的交叉弹性可以是正值，也可以是负值，它取决于商品间关系的性质。如果商品 x、y 的需求交叉弹性是正值，即 $E_{xy} > 0$，表示随着 y 商品价格的提高（降低），x 商品的需求量增加（减少），则 x、y 商品之间存在替代关系，为互替品。其弹性系数越大，替代性就越强。如果商品 x、y 的需求交叉弹性是负值，即 $E_{xy} < 0$，表示随着 y 商品价格的提高（降低），x 商品

的需求量减少(增加),则 x、y 商品之间存在互补关系,为互补品。其弹性系数越大,互补性就越强。如果商品 x、y 的需求交叉弹性为零,即 $E_{xy}=0$,则说明 x 的需求量并不随 y 的价格变动而发生变动,x、y 既非替代品亦非互补品,它们之间没有什么相关性,是相对独立的两种商品。

五、供给及其弹性

供给是生产者和出售方问题,指生产者(厂商)在一定时期和一定价格水平下愿意出售而且能够提供的某种商品数量。和需求一样,供给也涉及供给量与价格这两个变量之间关系。供给也有个别商品的供给和市场供给(所有个别供给加总)之分。

通常说来,在生产成本等条件不变时,某商品的市场价格上升,厂商利润增加,因而会多生产,从而供给量与商品自身价格间存在正向变动关系,这就是所谓供给规律,并据此可作出供给表和向上倾斜的供给曲线。

供给曲线通常向右上倾斜,但也有例外。如电信通讯技术大发展后,尽管使用价格不断下降,供给量仍会不断增加。又如,当人们工资较低时,提高工资率(单位劳动报酬)会刺激人们多提供劳动以代替多闲暇(替代效应),但当工资收入大幅度提高后,人们会觉得文化娱乐、休息等更重要了,反而会减少劳动供给(收入效应),因此,劳动供给曲线会出现起初向上倾斜后来向下倾斜的后弯现象。

影响商品供给的因素除了商品本身价格外,还有生产技术和管理水平(水平提高会增加供给)、生产要素价格(要素价格上升使成本上升,如果产品价格不变,供给会减少)、其他商品价格(如价格变化会影响资源重新配置,从而影响该商品供给,例如,一种蔬菜涨价而另一种蔬菜价格不变,菜农就会改变种菜计划)、对该商品未来价格预期(如预期未来价格上升会引起该商品囤积居奇从而减少当前供给)等。用来表达商品供给量与影响这些因素之间依存关系的函数称为供给函数。另外,其他如气候、厂商数量、时间等因素也可能会影响供给。如果把影响供给量的所有因素作为自变量,把供给量作为因变量,则可以用函数关系来表达商品供给量和这些影响供给量的因素之间的依存关系,这种函数称为供给函数:

$$Q_s = f(P, P_i, P_j, a, E, \cdots) \tag{2.9}$$

式中：Q_s 代表某种商品的供给量；P 代表该商品的价格；P_i 代表其他商品的价格；P_j 代表生产要素的价格；a 代表生产技术、管理水平；E 代表未来的预期，等等。

在经济学中，价格是影响供给量的主要因素。假定影响供给的其他因素不变，只研究某商品的供给与其价格之间的关系，则供给函数可记作：

$$Q_s = f(P) \tag{2.10}$$

例如，假定某一具体的供给函数是：$Q_s = -50 + 0.2P$，或写成：$P = 250 + 5Q_s$，这在图形上表现为一条直线形的供给曲线。线性供给函数的一般形式可写成：$P = a + bQ_s$。

其中，b 是供给曲线的斜率。上式含义是价格 P 必须大于一定数值，即 P 必须大于 a/b 的绝对值，才会有供给 Q_s 为正值。上例中是 $P > 50$，否则 $Q_s < 0$，因为商品价格一定要高到一定程度才足以补偿成本支出并提供适当利润，否则厂商不可能生产。供给曲线纵轴表示价格，横轴表示数量。曲线向右上倾斜，表示价格越高，供给量越大，因为价格越高，在其他情况不变的条件下，利润越大，因此供给会越多。

同需求曲线情况类似，供给曲线上点的移动表示商品价格变化引起商品供给量变化，影响供给的其他因素变动则引起供给曲线本身移动。

上述各种因素变化影响商品供给量的程度对于各种商品而言也是有弹性的，但商品供给弹性通常指供给的价格弹性，即某商品供给量对其价格变动的反应程度。以 E_s 表示供给弹性系数，以 Q 和 ΔQ 分别表示供给量和供给量的变动量，P 和 ΔP 分别表示价格和价格的变动量，则供给弹性系数为：

$$\begin{aligned} E_s &= \frac{\text{供给量变动的百分比}}{\text{价格变动的百分比}} \\ &= \frac{\Delta Q/Q}{\Delta P/P} = \frac{\Delta Q}{\Delta P} \cdot \frac{P}{Q} \end{aligned} \tag{2.11}$$

同需求的价格弹性系数的计算一样，供给弹性的弧弹性公式为：

$$E_s = \frac{\Delta Q}{(Q_1 + Q_2)/2} \div \frac{\Delta P}{(P_1 + P_2)/2}$$

$$= \frac{\Delta Q}{\Delta P} \cdot \frac{P_1 + P_2}{Q_1 + Q_2} \qquad (2.11a)$$

点弹性公式为：

$$E_s = \lim_{\Delta P \to 0} -\frac{\Delta Q}{\Delta P} \cdot \frac{P}{Q} = -\frac{dQ}{dP} \cdot \frac{P}{Q} \qquad (2.11b)$$

商品的供给量与价格的变动在一般情况下是同方向变动的,因此供给弹性系数为正值。

如果 $E_s < 1$,供给缺乏弹性,即价格变动不会引起供给量大幅度变动;如果 $E_s > 1$,供给富有弹性,即价格变动会引起供给量大幅度变动。

六、均衡价格及其功能

市场上供给与需求的相互竞争必达成一均衡状态,这时的成交价格称为均衡价格,成交量称为均衡数量。如图 2-2(a) 所示,DD 线是某种商品的市场需求曲线,SS 线是该商品的市场供给曲线,DD 线与 SS 线相交于 E 点,E 点表示商品市场达到均衡状态的均衡点,E 点所对应的价格 P_E 就是均衡价格,与该价格相对应的交易量 Q_E,既是需求量,又是供给量。

均衡价格的形成,或者说某一商品市场达到均衡的过程,可用图 2-2(b) 图来加以说明。如果某一商品初始的市场价格为 P_1,高于均衡价格 P_E,那么,与 P_1 相对应的供给量 P_1G 就大于此价格水平下的需求量 P_1F,有超额供给 FG。在纯粹的市场竞争经济中,这种情况必然会导致供给方即厂商之间的激烈竞争,结果使价格逐渐下降,供给量逐渐减少,需求量逐渐增加。这个过程一直持续进行下去,直到价格降到均衡价格 P_E,需求量和供给量都等于 Q_E 时为止。

相反,如果某一商品初始的市场价格为 P_2,低于均衡价格 P_E,那么,与 P_2 相对应的需求量 P_2K 就大于此价格下的供给量 P_2H,因而有部分购买者不能买到想要的商品,存在超额需求 HK。在纯粹的市场竞争经济中,这种情况必然会导致购买者之间的竞争,结果使价格逐渐上升,需求量逐渐减少,供给量逐渐增加,直到价格上升到均衡价格 P_E,供给量和需求量都等于 Q_E 时为止。

一般说来,在纯粹的市场竞争经济中,均衡是一种趋势。通过市场供

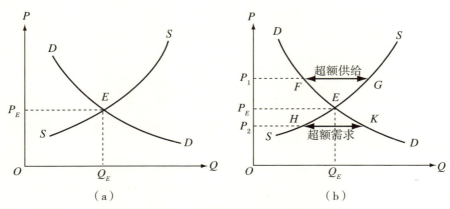

图 2-2 均衡价格的形成

求关系的自发调节,形成市场的均衡价格。而均衡价格形成后,市场价格一旦背离均衡价格,由于供求的相互作用,有自动恢复到均衡的趋势。

均衡价格和均衡产量或者交易量可以通过将需求函数和供给函数两个方程式联立求解而得到。

如果市场上供给情况不变而需求增加,就会形成供不应求的局面,卖方在交易竞争中就会有较大话语权,这种市场情况可称卖方市场,成交价格和成交量都会上升。如供给不变而需求减少,就会形成供过于求局面,买方在交易中就会较大话语权,这种市场情况可称买方市场,成交价和成交量都会下降。反过来如果市场上需求未变,而供给发生了增加或减少情况,同样会形成供过于求或供不应求的局面,从而形成买方市场和卖方市场,并使价格和成交量相应发生变化。如果供给和需求同时发生变化,价格和成交量如何变化,得由变化情况和程度而定。总之,一旦形成供过于求的买方市场,均衡价格总会趋向下跌;一旦形成供不应求的卖方市场情况,均衡价格总会趋向上升。

上述市场竞争形成均衡价格的情况在现实生活中会受到某些经济的、社会的和政治的因素的影响,使价格离开均衡状况并对经济生活产生一定影响。例如,国家为了支持某一行业(如农业)生产,对该行业产品规定高于市场均衡价格的最低价格,造成供过于求的积压,政府不得不出面收购过剩产品用于储备,或作限产,这都会付出代价。又如,为了稳定人民生活，保护消费者利益，政府对某些产品规定低于市场均衡价格的价格，结果不得采取配给制，既会造成黑市交易，又挫伤厂商生产积极性，使短缺更严重。如前几年我国政府对某些药品规定低价，造成断货，反而损害生病百姓利益。

税收也会影响均衡价格，因为税收不管以什么方式征收，总要落到产品价格上去，问题是由谁来负担或者消化。如果产品价格的需求弹性大，由征税引起的产品价格上升后，消费者就会大大减少购买，使税收负担不得不大部分由生产企业承担；反之，如果产品价格需求弹性小，由征税引起的产品价格上升后，消费者仍只能咬咬牙购买，税收负担就必然主要落到他们头上。可见，包含在产品价格中的税收负担究竟由谁承担以及承担多少，得由需求弹性情况决定。

总之，均衡价格是供求双方市场竞争的结果，也是交易双方各种利益平衡的产物。这种市场均衡价格的形成是有条件的：①交易双方的产权必须清晰，否则他们就没有动力来及时调整供给和需求。比方说，我国前几年国有钢铁企业即使亏损了仍不减产，就使库存越来越多，形成产能过剩。②交易双方都能自主作经济决策，否则市场价格和供求数量都不可能向均衡方向调整。③交易双方的竞争都必须是充分的、自由的、平等的。如果一方形成了垄断，或政府用行政力量不许自由竞争，则均衡价格也难以形成。④产品和生产要素能够自由流动。如果产品在各地市场不能自由流通，全国统一的市场不能形成，商品就不能在全国范围形成统一的均衡价格。如果生产要素不能自由流动，那么，不但要素的合理价格不能形成，而且企业无法以合理价格购得生产要素，从而会影响正常的生产和供给。

举例来说明均衡价格的作用。现在我国有很多PPP（政府和社会资本合作，public-private partnership）项目，有些项目由政府或者大型央企牵头招标，实行一种所谓"最低价中标"原则，结果标价压得非常低。当然，中标企业不会做亏本生意，办法是偷工减料、以次充好，最终导致产品和工程质量下降。可见"最低价中标"原则违背均衡价格原则，反而影响了价格应有的资源配置、传递信息和有效激励功能的发挥。

中华人民共和国成立后相当长一段时间实行计划经济，商品价格不随供求而变动,结果导致物资短缺,效率下降。后来1979年实行改革开放,计划经济转型为市场经济,商品大多实行市场定价,情况大大改善。在这里,市场价格发挥的主要功能有以下三个方面。

(1) 协调供需。商品供不应求时涨价,刺激生产,抑制需求;反之则反是,使供求走向平衡,资源配置走向社会需要的方向。

(2) 传递信息。价格涨落及时传递了市场供求及资源配置应如何变化的信息,为生产者和消费者及时提供了决策依据。

(3) 有效激励。生产者若能改进技术和管理,降低成本,提高产量和质量,则按市场价格出售后就能获利,在市场竞争中胜利。这为企业改善经营提供了不竭动力。

上述价格功能都是在市场竞争中自发实现的,也必须在竞争中才能实现。例如,某商品市场上明明供不应求,但如果市场是垄断的,其价格也不会下跌;但如果是竞争的,价格就会下跌。在竞争中,人们追求的都是自己利益,价格机制就像一只"看不见的手"指挥着全社会人们的经济行为,不断实现经济资源合理配置和劳动生产率提高。

七、市场经济与计划经济

市场价格的这些功能,是人们从长期实践中总结出来的认识。我国在过去相当长时期内,人们总把市场经济看作自发势力起作用的经济,因此,对市场价格的作用也存在不少偏见,主要有:①价值规律作为一种自发的力量,支配着商品生产者,迫使他们去追随市场行情变化而盲目扩大或缩小生产,不可避免会造成生产力的浪费和破坏。②价值规律的作用,尽管会自发刺激生产力发展,但也会产生不利于生产力发展的消极因素,如最先利用先进科技的生产者为了保持在竞争中有利地位,会实行技术保密,以免别人赶上和超过自己。③不同商品生产者在不同条件下按统一价格出售商品的自由竞争会引起商品生产者两极分化,一部分企业胜利发展的同时,许多企业失败甚至倒闭。

从现代经济学角度看,这些传统观点都是错误的,不利于社会经济发展的。

(1) 对所谓"自发势力"要正确理解。"自发势力"是指市场经济活动主体为追求自己利益而从事活动的力量。面对行情的变化和价格的波动,生产者如果不为追求利益而调整自己经济行为,市场供给和需求怎么会走向均衡,社会经济资源配置怎么会走向合理? 在此过程中,生产的扩大和缩小可能会造成一些生产力浪费和破坏,但和传统计划经济中的固定价格制度相比,市场经济中的这种浪费和破坏,实在是小巫见大巫了。在传统计划经济中,商品只能按政府规定的价格出售,明明已严重供过于求也不许降价,宁可产品大量积压在仓库内;明明已严重供不应求也不许涨价,宁可产品缺重紧缺,消费者得不到合理满足。资源配置不能在市场价格涨落信号中走向合理,才真正是生产力的浪费和破坏。在市场经济中,人们为追求利益按市场价格信号自觉行动,如果发现自己行为不当会很快自动纠正,从而才能避免社会生产力出现更大浪费和破坏。

（2）关于价值规律作用能否影响生产力发展问题,传统观点所讲的消极因素是完全不对的。最先创造和利用先进科学技术的企业的利益应当得到有效保护,否则,又有谁会去冒风险、花力气去从事科技创新活动? 在历史上,正是专利权制度的实施才导致先进的生产技术成果大量涌现,社会生产力迅速发展。难道说那些经过多年努力才取得的先进科技成果的个人和企业不应当实行技术保密,不应当首先取得在竞争中的优势地位,才是正确的、合理的吗? 在这里,衡量一种做法或制度是否合理,唯一的正确标准是能否其推动社会生产力进步。反对技术专利权保护的观点完全是一种违反社会进步的错误观点。

（3）关于市场价格会引起贫富两极分化的观点同样是反社会生产力进步的错误观点。众所周知,正是市场按统一的均衡价格买卖,才导致企业不断改进技术和管理,力争用同样成本耗费生产出更多更好能满足市场需求的产品,在自由竞争中取得胜利,并不断打败和淘汰那些不思进取、抱残守缺的落后企业。这种优胜劣汰的竞争所造成的"两极分化"并不是坏事,而正是社会经济效率能不断提高、社会经济能不断进步的大好事。用反对所谓"两极分化"来扼杀自由竞争,只会阻挠社会生产力发展。

在经济学中,价值规律实际上就是均衡价格形成和起作用的规律。均衡价格是供求双方竞争达于均衡状态的价格,也是社会唯一能认可的价格。均衡价格的功能就是市场价格的功能,就是市场经济制度的功能。

正是由于有这些功能,社会经济稀缺资源才会合理配置,并不断得到开发。

20世纪中,世界上一度曾有不少国家尝试实行计划经济体制,但后来都失败了,并被市场经济制度所取代,其根本原因就在于计划经济制度否定了市场经济的价格功能,违背了经济发展的客观规律。①市场经济以承认人们物质利益为前提,以承认人们追求利益是正当的为前提,而计划经济恰恰不承认这个前提,而要求人们都能毫不利己、专门利人。计划经济制度事实上要像指挥军队一样来治理经济,这怎么能成功呢?②计划经济制度完全否定以价格信号来协调市场供求关系,来协调一切社会经济活动,要求全国所有经济单位都能像一个大工厂里的车间和班组,行政长官凭自己意志用行政命令统一指挥生产、分配、流通和消费活动,决定产品品种、产量,统购包销,统一人们工资标准等。然而,唯有市场价格变化才是社会经济活动会怎样变动的正确信号,因为社会经济活动是所有人们的经济活动的合成,每个人想怎样行动,谁也无法知道,即使最聪明的统治者也不可能未卜先知,只有价格变动才会告诉人们什么商品生产多了或少了,去做什么会赚钱或亏本,从而使价格机制像一只"无形之手"指挥人们的经济行为。但计划经济体制完全否定了价格信号功能,必然给社会经济带来巨大损失。③计划经济制度不许人们竞争,避免有贫富差别,实际上就是拒绝任何创新,人人要吃大锅饭。然而,社会经济活力正是通过人们的竞争才能取得。计划经济制度使大家墨守成规,结果就是社会经济死水一潭。

历史证明,市场价格的功能不可抹杀,市场经济的客观规律不可违背,只有这样,社会经济才会顺利发展,生产力才会提高,人类社会才会进步。

关　键　词

商品　　货币　　商品需求　　商品供给　　需求规律　　需求弹性
供给规律　　供给弹性　　均衡价格

复习思考题

1. 略述分工与交换的关系。互利共盈和等价交换是否有矛盾？
2. 货币的出现怎样解决了物物交换中的困难？
3. 货币价值尺度与价格标准有何区别？
4. 什么是供给价格、需求价格和均衡价格？
5. 为什么一般商品价格上升时，其需求量会下降而供给量会增加？
6. 形成需求曲线上点的移动和需求曲线的左右移动的因素有何区别？
7. 什么是需求的价格弹性、收入弹性和交叉弹性？
8. 市场均衡价格有哪些主要功能？
9. 某人对消费品 X 的需求函数为 $P=100-Q$，试求 $P=40$ 时的需求价格弹性系数。
10. 在商品 X 的市场中，假定有 10 000 个相同的个人，每个人的需求函数均为 $d=12-2P$；同时又有 1 000 个相同的生产者，每个生产者的供给函数均为 $s=20P$。

(1) 推导商品 X 的市场需求函数和市场供给函数。

(2) 求均衡价格和均衡产量。

(3) 假设每个消费者的收入有了增加，其个人需求曲线向右移动了 2 个单位，求收入变化后的市场需求函数及均衡价格和均衡产量。

(4) 假设每个生产者的技术水平有了很大提高，其个人供给曲线向右移动了 40 个单位，求技术变化后的市场供给函数及均衡价格和均衡产量。

第三章 消费与需求

消费从来都是人类经济活动出发点。本章讨论人的消费行为主要包括：要消费多少，这是效用和偏好问题；能消费多少，这是消费约束问题；会消费多少，这是消费均衡问题。此外，还讨论一下影响消费行为的若干因素。

第一节 效用与偏好

一、效用属性

消费是人们消耗物品以满足自己需要的过程，不管这种需要是物质生活需要还是精神生活需要。消耗物品或劳务能满足需要就是能提供效用。效用就是人们从消费中获得的满足程度。通常说来，物品提供效用具有以下一些属性。

（1）客观属性。比如，食物可充饥，衣服能御寒，房屋可栖息，车辆能代步。显然，商品的效用首先是由其客观属性决定的。消费者不会去购买没有用途的商品。

（2）主观属性。效用是人们消费商品时感受到的满足程度，因此带有主观性。商品效用大小因人、因时、因地而异。有人好吃，有人好穿，有人嗜烟，有人嗜酒，因各人偏好而异。同样一商品其效用会因人而大不相同，也会因时、因地、因环境而异。例如，同样一点食物对饿汉和饱汉的效用就大有差别。

(3) 组合属性。人的生活需要总是多方面的,因此,人们消费的商品也不会只有一种两种,而是一个组合或集合。即使吃饭,也是主食副食搭配,荤素搭配。商品的效用往往是组合商品的效用。

(4) 递减属性。人们同一时间内持续消费某种或某组商品,其效用会随消费的数量而递减。例如,人们饥饿时吃第一块饼或面包会感到效用很大,第二、第三块效用会依次递减,如吃三块就饱了,那么吃第四块就会感觉没有效用甚至难受即效用成为负的了。同样,即使美食菜肴,也必须常变花色口味,哪怕山珍海味,如每天同样东西,必然吃厌,这就是所谓食多无味。

二、效用函数

人们从消费一种或一组商品中获得效用时,其效用的大小与所消费的商品的品种和数量有关,这种依存关系即所谓效用函数。若消费一种商品 X,则效用函数为 $U=f(x)$,若消费一组 x 和 y 两种商品,则

$$U=f(x,y) \tag{3.1a}$$

同样可有

$$U=f(x,y,z\cdots) \tag{3.1b}$$

效用大小如何衡量,起先一些经济学家认为可用1、2、3、4等具体的基数衡量,这称为基数效用论。后来一些经济学家认为,效用无法用具体数字度量,只能以第一、第二、第三等次序来衡量,这称为序数效用论。确实,效用只有大一些还是小一些的次序问题,难以有具体数字说明。

假定消费的是一种商品 X,那么同一时间内随着 X 消费量增加,X 提供的效用会递减,即每增加 1 单位 X 的消费,所增加的效用会递减。如果用 TU_x 代表消费 X 获得的总效用,用增加 1 单位 X 消费所增加的效用表示为 MU_x,这 MU_x 可称为边际效用,$MU_x=\Delta TU_x/\Delta X$。如果商品可无限分割(事实上不可无限分割),则 $MU_x=\lim\Delta TU/\Delta X=dTU/dx$。由于 X 增加(消费量)时,起初总会使总效用增加,即 $MU_x>0$,但增加到一定程度时,边际效用会成为负数即 $MU_x<0$(如吃第四个馒头或面包时),从而会使总效用反而下降。因此,边际效用为零时总效用最大。

可作一假设的表(表 3-1)和相应的图示(图 3-1)如下：

表 3-1 总效用和边际效用表

消费品数量(Q)	总效用(TU)	边际效用(MU)
1	10	>8
2	18	>6
3	24	>4
4	28	>2
5	30	0
6	30	−2
7	28	

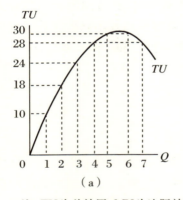
(a)

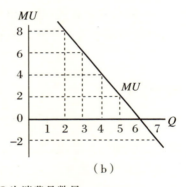
(b)

注：TU 为总效用，MU 为边际效用，Q 为消费品数量。

图 3-1 总效用和边际效用递减规律

为什么边际效用会递减？也许原因有二：①生理或心理原因。人的欲望虽多种多样，但由于生理原因，每一具体欲望满足总有限，因而随着消费某商品量增加，感觉的满足程度会递减。②物品通常有多种用途，各用途的重要程度不一，通常起初消费的用途较大，增加使用时其用途会依次递减。

人们知道，消费者会从消费各种商品中获得效用。假定消费者从消费 X 和 Y 两种商品中获得效用，获得效用的总量与消费 X 和 Y 的数量有关。这样,效用函数可写成:$TU=f(X,Y)$,TU 也可写成 U,U 对 X 和 Y 的偏导数就是 X 和 Y 的边际效用,即 $MU_X=\frac{\partial U}{\partial X}$ 和 $MU_Y=\frac{\partial U}{\partial Y}$。$MU_X$ 的含义是当 Y 不变时增加 1 单位 X 能给消费者增加多少效用。MU_Y 的含义同样如此。

第二节 消费约束与最优消费

一、消费约束

消费者为追求最大满足,当然希望能购买多一点商品,但是消费者并不是想买多少就能买多少。在一定时期内,他的收入水平和面对的各种商品的价格都是一定的,他的消费不可能超越他的收入和商品价格的制约,即预算约束。

假定某个消费者每周的收入是 600 元,他需要购买 X 和 Y 两种商品,商品 X 的价格为 150 美元,商品 Y 的价格为 100 美元。如果消费者用其全部收入购买商品 X,可得 4 单位的 X 商品,如用全部收入购买商品 Y,可得 6 单位的 Y 商品,见图 3-2 中 B、A 两点。

图 3-2 就是一条消费预算线。这条消费预算线表示,在消费者可支配收入和商品价格一定条件下,消费者所能购买的不同商品的组合。根据假设,预算线中的预算货币收入等于商品单价乘所购商品数量,即

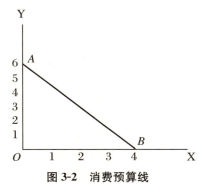

图3-2 消费预算线

$$M=P_X \cdot X + P_Y \cdot Y$$

因此,

$$Y=M/P_Y - P_X/P_Y X \tag{3.2}$$

式中：M/P_Y 是 AB 线截距，$-P_X/P_Y$ 是 AB 线斜率，AB 线向下倾斜，故 P_X/P_Y 前有负号。

假定商品价格不变，消费者可支配收入增加，则预算线向右上平行移动；收入减少，AB 向左下平行移动。P_X、P_Y 同比例下降或上升，等于实际可支配收入增加或减少，同样会使预算线向右上或向左下移动。

假定商品相对价格发生变动，则预算线会绕 A 点或 B 点发生转动。P_Y 价格不变而 P_X 上升或下跌，会使 AB 线绕 A 点作顺时针或逆时针方向转动；若 P_X 不变而 P_Y 上升或下跌，会使 AB 线绕 B 点作逆时针或顺时针方向转动。

除了预算约束，消费者还可能受一些非预算约束：（1）时间约束。除了花钱，消费还要花时间。人的时间总是有限的，如果时间不够，即使有钱，消费也会受限。

（2）身体状况约束，包括年龄、疾病体弱等都会构成人们消费约束。比方说，有些人有钱出国旅游，但年龄偏大或体弱多病就无法远行。

（3）商品约束。比方说一些消费者很想购买也有钱购买某些商品，但市场上就是缺货或担心市场上有的商品质量有问题，就无法消费这些商品。

（4）宗教信仰或风俗习惯的约束。例如，有些信佛教的人吃素而不吃荤。

构成非预算约束的因素还有不少，但一般说来，对于绝大多数消费者来说，购买能力约束即预算约束是最主要的因素。因此，下面撇开非预算约束来讨论消费者的最优消费行为。

二、消费者均衡

由于存在边际效用递减规律，因此，作为消费者，即使他只消费一种物品，也不能是无止境地消费，何况消费者消费的物品有许多种。如果这些物品的价格已定，消费者要从其所消费的物品中获得最大的效用，他就必须把有限的收入分配到他所需消费的各种物品中去。

假定某一消费者用一定量的收入购买 X、Y 两种物品，且它们的价格 P_X、P_Y 为既定，则增加 X 的购买，就必然减少 Y 的购买。购买量的变化，必然引起它们的边际效用与价格的比率的变化。物品 X 的数量增加,它的边际效用会递减,而 Y 数量的减少,其边际效用会递增。这种变化到一定的程度,会使他买进的一定量的 X 的最后一单位效用同他买进一定量的 Y 的最后一单位效用之比(它们的边际效用之比)恰好等于 X 和 Y 之价格之比,这时他买进的各种物品的总效用之和就达到极大值,他也就不再调整各种物品的购买量了,消费者的行为也就处于一种所谓均衡状态了。

消费者达到均衡的原则可用数学公式表述:

$$\frac{MU_X}{P_X}=\frac{MU_Y}{P_Y} \tag{3.3}$$

举个例子说,假定某人购买 10 单位 X 时,X 的边际效用为 20,如果 $P_X=5$ 美元,则每 1 美元购买 X 时买到的边际效用为 4。再假定他购买 14 单位 Y 时,Y 的边际效用为 12,如果 $P_Y=6$ 美元,则每 1 美元购买 Y 时买到的边际效用为 2。这时,该消费者一定会感到与其用货币买那么多 Y,不如用货币多买点 X,因为买 X 时每 1 美元可买到的边际效用为 4,而买 Y 时只有 2,即 20/5>12/6。假定他逐渐多买 X 到 16 单位时,X 的边际效用降为 15,而逐渐减少 Y 购买到只买 9 单位 Y 时,Y 的边际效用增加为 18,则该消费者就会决定买 16 单位 X 和 9 单位 Y,因为这时他用每 1 美元无论买 X 还是 Y 都会买到数量为 3 的边际效用,即 15/5=18/6。如果这时他再进一步多买 X,少买 Y,则 X 的边际效用会进一步减少,Y 的边际效用会进一步增加,从而使他的每 1 美元在买 X 和 Y 时所获得的边际效用不相等,从而使总效用减少。假定该消费者用于买 X 和 Y 的金额共 134 美元,则上述情况如表 3-2 所示。

表 3-2　消费者均衡—预算收入分配

X	P_X	$X \cdot P_X$	MU_X	λ	TU_X	Y	P_Y	$Y \cdot P_Y$	MU_Y	λ	TU_Y	TU_X+TU_Y
10	5	50	20	4	50×4 =200	14	6	84	12	2	84×2 =168	200+168 =368
16	5	80	15	3	80×3 =240	9	6	54	18	3	54×3 =162	240+162 =402

以上分析的只是经济学理论上的模型,现实生活中没有消费者真会如此做。其实,这种理论分析只是告诉人们,理性的消费者行为都是会在一定预算约束下购买自己最需要的一些产品。

本来,在传统的西方经济学理论中,说明消费者均衡时还常常用一种无差别曲线工具,本书没有这样做,一是因为不用这种工具也能说明消费者均衡;二是因为无差别曲线认为,各种消费品可以相互替代,实际上各种消费品是难以相互替代的,别说上衣和裤子无法替代,就是长裤和短裤也无法替代。所谓无差别曲线工具不过是一种理论分析工具而已。

第三节 影响消费者行为的一些因素

一、收入变化与消费需求

第二节讲述消费者均衡,说的是消费者收入和商品价格在既定情况下消费者如何根据一定偏好选购商品以求效用最大。如果商品价格未变而收入变动了,消费需求会发生变化。消费者收入及其消费量的关系,实际上是收入和消费支出的关系。十九世纪德国经济学家恩格尔的统计分析表明,随着人们收入水平提高,用于食品支出部分在他们支出中比例会下降,用于住宅和穿着方面支出比例基本不变,用于其他方面支出比例会提高。这是因为,当人们收入很低时,他们一定会首先考虑要用于食物(民以食为天),其次才是住和穿,最后才是其他。当收入提高时,用于食物支出比重首先会降低,用于其他方面支出的比例会提高。事实证明,越穷的居民,食物支出在消费总支出中比例会越高,而随着收入的提高,这一比重就会下降,因此,这一比率常用来衡量国家和地区的富裕程度。这一比率称为恩格尔系数,而食物支出在收入中比率随收入提高而下降的规律性现象被称恩格尔定律。1978年中国农村家庭的恩格尔系数高达67.7%,城镇居民家庭为57.7%。当时中国没有解决温饱的贫困人口有两亿四千八百万人。改革开放后,随着经济发展和人民收入提高,2017年全国居民恩格尔系数为29.3%,达到联合国划分的20%—30%的富足标准。党的十八大以来,中国民生改善成效显著,居民生活水平不断提高。2017年,全国居民人均可支配收入 25 974 元同比实际增长 7.3%。消费升级步伐加快。

二、价格变化与消费需求

各种商品价格不是同比例变化时,会使各种商品价格之间的比例发生变化,这就是商品价格的相对变化(以区别于某商品价格上涨或下跌多少的绝对价格变化)。为方便起见,假定其他商品价格未变,某一商品上涨,这时消费者对该商品的需求会减少,一是因为他们会在购买可替代的未涨价商品,二是因为商品涨价意味着消费者在该商品面前购买力削弱了,这就是前面讲到过的替代效应和收入效应。两种效应的作用使消费需求下降。当然,下降程度要由该商品的价格需求弹性大小决定。弹性小的需求下降少,反之则反是。

三、偏好变化与消费需求

消费者对商品的偏好是会变化的。例如,随着冰箱等冷冻设备和技术的出现和进步,人们对腌腊肉食品需求较从前就大大减少;又如,随着空气污染严重,政府大力提倡甚至禁止在城市燃放烟花爆竹,使人们自觉不自觉在逢年过节时对爆竹需求明显下降。各种原因都会使人们对商品消费的偏好发生变化。显然,这种变化会影响人们的消费需求。

四、利率变化与消费需求

市场利率的变化会引起人们现在多消费些还是以后多消费些的行为变化。通常利率提高时,人们会觉得眼前消费的机会成本提高了。如果现在节省些,可多储蓄以产生更多利息收入,以后就会更多消费些。市场利率提高会促使消费者减少当前消费,打算以后多消费来取代目前少消费的行为称利率变动的替代效应。当然,如果是已有大量存款的富人,也许会更多消费了,因为利率上升时,他们感到更富有了,这是利率提高的收入效应。但对大多数普通消费者而言,替代效应可能更为主要。

五、信息变化与消费需求

现代社会是一个信息社会,信息变化对消费者行为的影响是显而易见的。如果哪天媒体上传出某食物具有抗癌功效,需求会立即大增;如果传出某食物含致癌物质,则需求会迅速锐减。正因为信息对引导人们消费行为的作用如此重大,因此商品制造商才要不惜代价大做广告,一些不良商家才会编造虚假信息来误导消费者,政府有关部门才要越来越重视对社会信息的管理和引导。

信息变化对消费需求和其他经济生活的影响,多半与信息不对称有关,关于这一点,下面讲信息与经济活动时还会涉及(见第七章第一节)。

六、制度变化与消费需求

人们消费行为还与制度环境特别是信贷消费制度密切相关,因为信贷消费制度可打破现有收入的预算约束,实现跨时期消费,这对实现巨大价值的商品消费意义尤其重大。

例如,假定有一消费者家庭年收入只有 40 万元,却要买 800 万元一套住房,而他手头积累的现金只有 200 万元,缺 600 万。如果等积累起 800 万元才能购买,则不吃不用也还要 15 年,这显然不行。怎么办?信贷消费制度可打破这一难题。他如果首付 200 万元,再贷款 600 万元,每月归还一点本息,就可以实现这一大价值商品消费了。正因为如此,一些本来不想购房消费的人也凭借信贷杠杆去投资性购房,促使房产市场持续升温,房价节节攀升。我国政府为抑制房地产泡沫,就实行支持住房消费而抑制投机和投资性购房的政策,以促使市场平稳健康运行。

七、观念变化与消费需求

中国城乡居民和西方发达国家居民的消费观念的重大区别之一,就是后者的储蓄率通常较低,可支配收入绝大部分用于消费,而前者中绝大多数人比较节俭,虽已不是"新三年、旧三年、缝缝补补又三年",但多数人储蓄率还较高,不舍得任意花钱消费。这既与千百年来传统文化观念有关,也与社会保障制度不完善有关。在养老、失业和医疗等基本社会保障制度还不健全的情况下,普通百姓总不敢把钱用光。如果说可支配收入高低和信贷消费制度是否建立会成为居民消费"能不能"的约束,则社会保障水平会成为居民消费"敢不敢"的约束。

随着中国市场经济发展和社会保障制度的逐步建立和完善,中国城乡居民首先是城镇居民的消费观念已经开始变化。不仅年轻人乐意消费享受,中老年人也乐意花钱消费了,到外地甚至境外旅游也越来越多了。越来越多的人意识到"有钱不用,等于没有"。人们观念的变化对消费需求的增长无疑有积极促进作用。

八、环境变化与消费需求

环境变化也会影响消费需求。例如,如果其他情况并没有变化,但看到周围人都用了手机,自己也会去买一部手机用。这是消费的示范效应。再如,一种新款式的服装流行起来了,自己也往往会跟着去买了穿。

影响人们消费行为的因素还有很多,随着经济发展和社会的进步,精神和文化生活的消费将越来越为人们所重视和追求。

关　键　词

消费　　效用　　边际效用　　消费预算线　　消费者均衡
恩格尔系数

复 习 思 考 题

1. 效用有哪些属性?
2. 为什么边际效用会递减?
3. 什么是消费的预算约束?消费者收入和消费的商品的相对价格变化会怎样改变预算约束?除了预算,消费者行为还会受到哪些约束?
4. 影响消费者行为有哪些因素?

5. 假定消费者购买 X 和 Y 两种商品,起初 $MU_X P_X = MU_Y P_Y$,若 P_X 下跌,P_Y 不变,又假定 X 的需求弹性小于 1,则 Y 的购买量会如何变化?

6. 某消费者原来每月煤气开支 240 元,煤气某些用途如取暖等可用电代替,现在假定煤气价格上涨 100%,其他商品价格未变,若消费者得到 240 元的煤气价格补贴,试问他的福利改善了还是恶化了,为什么?

7. 假设某消费者效用函数为 $U = X^{0.4} \cdot Y^{0.6} = 9$,$P_X = 2$ 元,$P_Y = 3$ 元,求:

(1) X、Y 的均衡消费量。

(2) $U = 9$ 时的最小支出量。

第四章 企业、生产、成本和利润

任何产品都要靠企业为获取一定利润而生产出来,生产又必须花费成本。本章就讨论企业、生产、利润和成本问题。

第一节 企业与企业家

一、企业及其形成

企业又可称厂商,是指把投入的生产要素转化为产品的生产经营性组织。这产品包括物质产品和各种非物质的服务性产品。凡是企业,都是营利性生产经营组织。

为什么会产生企业,企业存在的理由是什么？经济学家有多种说法。一种说法是,企业可实行分工合作,实现专业化生产高效率。任何产品,如由一人从头至尾做,效率极低,由许多人分工合作完成,效率会大大提高。另一种说法是,企业可实现团队生产的规模经济,做到1加1大于2。可以说,工农业产品大批量生产成本会低好多,质量也有保证,而大批量生产只有企业才能做到。还有种说法是,企业是资源配置方式对市场的替代,市场交易通过价格机制从外部调节资源配置,企业则由企业家运用权威协调人们活动,以节省交易成本,因此,企业规模要由市场交易成本和企业内部交易成本的对比来决定。这些说法实际上都是从不同方面说明企业的功能或作用。其实,企业的产生也是经济长期演化的产物。不论中国外国,类似工商企业一类组织早在古代就已出现。雇佣若干名伙计的商店,使用若干帮工的手工业工场,不就是现代企业的前身吗?

二、企业的所有制性质

按企业归谁所有的所有制形式划分,企业可分为公有制企业和私有制企业。我国的中央国有企业、地方国有企业和各种集体所有制企业都是公有制企业,也就是公有制经济,而民营企业和个体企业都是私有制企业,也就是非公有制经济。中国现在实行的是以公有制为主体、多种所有制经济共同发展的基本经济制度。这是中国特色社会主义制度的重要支柱,也是社会主义市场经济的根基。党的十九大报告提出要毫不动摇巩固和发展公有制经济,毫不动摇鼓励、支持、引导非公有制经济发展。坚持公有制的主体地位,既是社会主义性质的要求,也是社会化大生产的要求,这有利于实现国民经济协调发展,防止两极分化,维护社会公平,促进社会和谐,推进自主创新,并为共产党执政和社会主义国家政权提供强大经济基础。多种所有制经济包括非公经济的共同发展,则有利于形成市场竞争关系,发挥市场配置资源的基础性调节作用,调动各个市场主体的积极性和主动性,提高经济活力和效率。中国改革开放 40 年的事实证明,坚持两个"不动摇",使公有经济和非公有经济共存共荣、共同发展,不但造就了中国经济增长的奇迹,而且为建设现代化经济体系提供了制度保障。

三、现代企业的组织形式

现代企业按其法律组织形式大致分成三类:

(1) 个体业主制,是一个人所有并负责经营管理的企业,盈亏都由他负责,一般规模较小,但数量极多。

(2) 合伙制,是两个或两个以上的业主合伙组成的企业,盈亏都由业主分享、分担。

(3) 公司制,是一种现代企业组织形式,具有法人资格。法人是相对自然人(如张三、李四等每一具体人)而言的,是具有独立财产并能独立承担民事责任的经济组织机构。

公司制又按所承担责任分成多种类型,主要是:①由一定人数的股东组成,股东只以出资额为限对公司承担责任,公司只以其全部资产对公司债务承担责任的有限责任公司;②由一定人数股东组成,公司全部资本分为等额股份,股东以其所认股份对公司承担责任,公司以其全部资产对公司债务承担责任的股份有限公司。

公司制企业实行法人治理结构,形成由股东会、董事会、监事会和经理层组成并有相互制衡关系的管理机制。其中,股东会是公司权力机构;董事会是股东会选出的代表股东利益和意志、对公司经营作决策的机构;监事会是公司监督机构;经理层是董事会聘任的负责公司日常经营管理的人员。

目前,股份有限公司是公司制最重要组织形式。这一形式具有利于筹资、组织大规模生产经营、分散市场风险等优点,但也存在所有权和经营权分离带来的一些缺点。例如,由于公司日常经营管理由经理人员负责,他们对公司情况清楚,而股东和董事并不很清楚,于是,经理人员有可能为了自身利益去做些不符合所有者利益的事。这种情况称"内部人控制"。

四、企业的经营目标与社会责任

企业作为生产经营性组织,总要以盈利为目标。俗话说,千做万做,亏本生意不做。追求利润极大化,是传统经济学对企业目标的一个基本假定。对于业主制和合伙制企业来说,这一目标非常明显,毫无疑问。但对股份制企业来说,这一目标似乎有些问题了。对于公司股东来说,要使红利最大化,就必须使企业经营盈利极大化。但对公司经理层来说,由于他们不是所有者,而是经营者,因此,他们直接关心的是如何把企业规模做大,实现产品销售的市场份额极大化,或者是追求他们个人效用极大化,包括他们的在职消费和个人收入等。而企业职工首先关心的则是自己的工资和奖金如何尽量高一些,等等。这样,企业经营目标似乎多元化了。然而应当指出的是,这些多元化的目标从根本上说与利润极大化这一基本目标并不是矛盾的,相反,都要受这一基本目标的制约。这是因为,第一,企业规模要做大,必须建立在盈利基础上。如果不能盈利,企业缺乏效益,即使通过筹资把规模做大了,也不能持久。不仅如此,企业扩大规模本身也是为了盈利。第二,扩大产品销售的市场份额,同样是为了盈利,即使有的企业在产品销售中一时低价亏本经销,也是为了压垮竞争者,夺取市场以最终求得利润最大化。第三,经营者和职工的收入极大,更要建立在企业经营利润极大化基础上,否则,一切都是空中楼阁。

随着现代社会经济的发展,经济学家、管理学家和社会学家越来越普遍地认识到,企业在创造利润、对股东利益负责的同时,还要承担对员工、对社会和环境的社会责任,包括遵守商业道德、生产安全、职业健康、保护劳动者合法权益、环境保护、节约资源等。这就是所谓企业社会责任。

五、企业家在市场经济中的地位与作用

企业家一词最初从法语中来,原意指"冒险事业的经营者或组织者",而现在多半指"以营利为目的而提供产品和服务的人"。在现代股份制企业中,企业家大体分为两类:一类是企业所有者企业家,他们一方面是企业所有者,另一方面也从事企业经营管理工作;另一类是受雇于所有者的职业企业家。在更多情况下,企业家只指第一类,而把第二类型称作职业经理人。

在市场经济中,企业家是最重要的人物,产品价格的决定、新产品制造、工人的就业等,都是企业家追逐利润的行为。逐利是企业家的本性,问题是什么样情况下他们能追逐到利润?必须在不确定情况下,就像地上有一笔钱被你看到了但不一定能被你捡到,因为别人同样会看到。这说明,如果事情是确定的,就不会存在获利的机会。相反,如果存在不确定性,就会产生这种机会。比方说,某产品未来价格可能上涨,也可能下跌,这种不确定性给那些看涨或者看跌的人带来了获利机会。如果看涨的人在现在买进,后来果然涨了,卖出就获利了。但如果跌了,他们就会亏损。同样,如果看跌的人现在卖出,后来果然跌了并买进,他也获利了。但如果涨了,他们也会亏损。因此,法语中才把那些为逐利愿冒风险的经营者才称为企业家。

显然,面对市场经济中充满的不确定性,不是人人都能成为企业家的,只有那些不但有逐利愿望,而且善于觉察并判断获利机会,且敢于冒风险的人才能成为企业家。举个例子说,如果有人认为某产品将来会很有市场前景,就甘愿拿出自己好不容易积累起来的一笔资金或设法借入一笔资金,筹办一个工厂来生产此产品。但此事将来能否成功,存在不确定性。如果成功是确定的,人人都要来办这样工厂,产品肯定要供过于求,获利机会当然就没有了。只有当大多数人面对不确定情况时不愿冒险,才会使极少数人成为成功的企业家。

可见,企业家对市场经济发展具有非常重要的作用:第一,要善于发现有逐利的机会,并甘愿采取冒风险的行动,从而促使市场从非均衡走向均衡。仍拿上例说,假定某产品市场价格还在跌,生产者纷纷减产,但有人判断,此商品未来会供不应求而涨价,就开始买进,后来果然涨价获利,他这种买进行为促使该产品市场从供过于求走向了供求平衡。实际上,社会上一个个厂矿商店及劳务生产单位的兴办都是企业家这样行动的结果。第二,要敢于创新,即打破原有均衡和创造新的均衡。美国经济学家熊彼得曾将创新归纳为引入新产品、引进新技术、开辟新市场、发现新材料和实现新的组织或管理方式五个方面。任何一方面创新都会打破市场上原有均衡,创造出一种新的均衡,甚至会出现一种旧产品市场完全为新产品市场所取代的现象。如汽车市场代替了原有马车市场;手机通讯代替了原有的电话电报业务。在此过程中,科学技术进步非常重要,但如果科技成果没有为企业家的创新行为所采用,仍不可能转化为新的生产力。这种转化就是创造了市场新的不均衡。通过企业家的逐利模仿行为,又走向了新的均衡。企业家这种创新行为,也并非个个都能成功,即使成功者开始时也往往会赔钱,因而创新往往需要有风险资本。在这方面,垄断性大企业具有比竞争性中小企业更大的优势,因为他们经得起成功和失败的冲击。

企业家要充分发挥作用,需要有让他们成功的制度环境,包括创业自由、产权保护、稳定的政策预期及金融体制支持等,其中有效的产权保护和稳定的政策预期尤为重要。有了这些制度环境,企业家才会获得真正的激励。

六、企业家的商业道德

优秀的企业家不但要有高度智慧,还要有良好的商业道德。从广义上说,企业家都可算商人,因为他们都是以盈利为目的而提供产品和服务的人。凡是以盈利为目标的活动都可算商业活动。

企业家良好的商业道德包括许多方面,这里强调两点:互利和诚信。互利就是互相有利。企业家的一切行为从某种意义上说都是一种交易行为。交易就是要互利,否则就不能成功。凡想成功的企业家,不但要考虑自己利益,也要考虑对方的利益,为自己着想的同时也必须设身处地为对方着想。

诚信,就是诚实守信,不欺诈,不坑蒙。市场经济是契约经济,企业家必须信守合同,取信于人。任何成功企业家的活动都决非一锤子买卖,而是能长期立足于市场的有良好声誉人的活动。企业家一旦骗了人,即使获得了暂时的利益,但败坏了自己声誉,就再别想在商场上混下去了。诚信不等于暴露商业秘密。自己的商业秘密,包括自己的专利技术,没有必要公开,这和诚信与否是两回事。

有些人总把赚钱说成是不道德行为。这是错误的。君子爱财,取之有道。赚钱本身并非不道德的坏事。凡是企业,本来就要以盈利为目的。但关键是怎么赚钱,赚什么钱。只要杜绝欺诈,杜绝假冒伪劣产品,而通过改进技术和管理,提高质量,降低成本等途径赚钱,就是能推动企业发展和社会进步的大好事。

有人常把企业获取地区差价和时间差价说成是"倒买倒卖"或"投机倒把",这也是不公道的错误说法。将商品从甲地购入贩运到乙地销售,既能为甲地产品打开销路,提高生产者收入,也能满足乙地消费者需求,提高他们福利。在此过程中,贩买商人获取合理的地区差价是一种能将资源在甲乙两地优化配置的合理经济行为。再看获取时间差价的买卖行为,如果有人看到某商品目前供不应求在涨价,但预期以后一定会供过于求而跌价,就在市场上抛出此商品,而在以后供过于求时买进,或者在相反情况下先买后卖。这样获取时间差价的买卖行为,与那些欺行霸市、囤积居奇的投机倒把行为绝不能同日而语。否则,期货市场不也成了应予取缔的投机市场?

"无奸不商"原是"无尖不高",指做粮食生意的商人在给顾客量米时总不能在"升""斗"上正好量平,而应客气地堆起一尖角,但不少商人也通过奸诈手段赚钱,故后来"无尖不商"演变成"无奸不商"这样一句并不合理的俗语。且不说所有企业家,就是专事商品买卖的商人,也并非都"奸"。正当的商业活动,对活跃市场、繁荣经济不仅必不可少,而且非常重要。因此,"无奸不商"应改为"无商不活"。

七、成长中的中国民营企业

中国改革开放以来,一大批民营企业和企业家如雨后春笋一般涌现出来。其中不乏如华为的任正非和格力电器的董明珠这样优秀的企业和企业家。他们为中国企业的成长和未来提供了许多宝贵经验,其中最主要的可能有这样三点。

(1) 不为短期暴利所诱惑,咬住青山不放松,坚持做大做强自己主业。当许多企业家认为辛辛苦苦经营自己业务一年不及炒卖一套住房所获利润而纷纷转向房地产领域或者从事其他脱实向虚游戏时,他们坚守自己主业,为做大做强中国手机和家用电器而不懈努力并终成正果。

(2) 坚持技术创新,不为政府补贴创新而创新,而是根据用户和市场需求来创新。为了创新,他们重视人才培养,营造人才成长环境;拥抱互联网,把互联网真正当做工具使用;从引进、模仿国外技术到创造出独立自主的先进技术。

(3) 坚持诚信第一,把品牌意识、精品意识渗透到企业骨髓里,绝不粗制滥造、假冒伪劣,坚持在市场上树立自身长期的企业形象和声誉。

中国政府一再强调要支持民营企业发展,落实保护产权政策,依法甄别纠正社会反映强烈的产权纠纷案件;全面实施并不断完善市场准入负面清单制度,破除歧视性限制和各种隐性障碍,加快构建新型政商关系。

第二节 生 产 理 论

一、生产与生产函数

在经济学中,生产是一切能创造或增加效用的人类活动,不管这种创造效用的是物质产品还是服务产品。生产总要投入生产要素,包括劳动(体力和脑力劳动)、资本(厂房、设备、工具等)、土地(还包括山川、河流、矿藏等)以及企业家才能等。

产品产出量与投入要素量之间的关系称为生产函数。生产函数可用列表、图形或数学公式表示。如用 x_1,x_2,x_3,…,x_n 表示第一、二、三……第 n 种投入要素量,用 Q 表示产量,则生产函数可表示为

$$Q=f(x_1,x_2,x_3,…,x_n) \tag{4.1}$$

生产函数中产量是指一定的投入要素组合所可能生产的最大产出量,即生产函数反映的是要素有效利用状况。

各种产品生产中投入的各种要素比例是技术水平决定的,因此称为技术系数。这种系数有些是固定的,如一辆非智能化的公共汽车必须配一位司机开车;有些系数是可变动的,称可变比例生产函数。对于有种生产函数,如果所有投入要素变化 λ 倍,产量也同方向变化 λ^n 倍,则称这样的生产函数为齐次生产函数。若 $n=1$,即为线性齐次生产函数。

生产函数有短期与长期之分。"短期"生产函数指时间短到厂商来不及通过调整生产规模来调整产量,而只能通过在原有生产规模下依靠多用或少用一些人工和原材料等来调整产量,如用加班加点增产来满足市场需求。而"长期"生产函数指时间长到可通过调整生产规模(扩大厂房、增加设备等)来调整产量。可见,"长期"中一切要素可变,"短期"中只有一部分要素(如劳动、原材料、能源等)可变。

二、短期生产函数与要素报酬递减

生产中最重要投入是资本(厂房、设备等)和劳动。由于厂房设备调整属于生产规模变动,需要较长时间,只有劳动投入可随时变动,故经济学传统上分析短期生产函数主要是分析劳动这种要素的最优(能带来企业利润最大)投入问题。

为研究劳动这一可变投入的最优利用问题,要区分总产量(投入一定要素所获产量总和)、平均产量(单位投入要素的产出量)和边际产量(增减 1 单位要素所带来的产量变化)三个概念。

举一例子来说明。假设某产品产出量 Q 只随劳动投入量 L 变化,生

产函数的具体形式设为 $Q=f(L)=27L+12L^2-L^3$（即可变的投入要素为劳动 L），则劳动的平均产量用 AP 表示为

$$AP=Q/L=27+12L-L^2$$

劳动的边际产量表示为

$$MP=\lim_{\Delta L\to 0}\Delta Q/\Delta L=dQ/dL=27+24L-3L^2$$

根据上边的计算式，投入的劳动量与总产量、平均产量和边际产量可用表 4-1 表示。

表 4-1　总产量、平均产量和边际产量

L	$TP_L(Q)$	$AP_L(Q/L)$	$MP_L(dQ/dL)$
0	0	—	—
1	38	38	48
2	94	47	63
3	162	54	72
4	236	59	75
5	310	62	72
6	378	63	63
7	434	62	48
8	472	59	27
9	486	54	0
10	470	47	−33

* 注：这里的空缺不能根据平均产量函数和边际产量函数计算得到，因为 $L=0$ 时，不可能有产量 AP 和 MP。

根据表 4-1，可画出总产量、平均产量和边际产量的曲线，如图 4-1 所示。

表 4-1 和图 4-1 表明，劳动使用量增加时，三种产量都是先增后减，并且平均产量和总产量的变化是边际产量变化引起的。当边际产量等于平均产量时，平均产量最高；边际产量为 0 时，总产量最高。边际产量之所以会递减，是因为固定要素有一个容量问题。可变要素增加时，会使固定

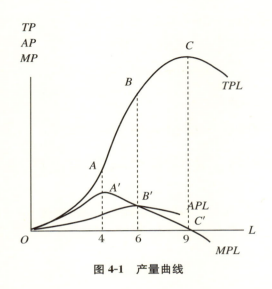

图 4-1 产量曲线

要素和可变要素关系失调,可变要素显得太多,固定要素显得太少,从而使可变要素的边际产量递减。不仅劳动投入如此,一切可变要素投入都会发生这种现象,即在一定技术条件下,若其他要素不变,连续增加某要素投入量,在达到某一点后,总产量增加会递减,使产出增加比例小于投入增加比例,这就是生产要素报酬递减规律,也称边际收益递减规律。当然,这一规律发生作用是有条件的:①要保持其他要素不变,只增加某可变投入量。②技术水平不变,若技术水平提高,边际收益不一定递减。③所增加的可变投入都有同样效率。如果增加的第二单位可变投入比前一单位更有效率,边际收益就不一定递减。

三、长期生产函数与规模报酬

在传统经济理论中,说长期生产函数时总免不了讲等产量曲线及边际技术替代率、等成本线等概念与理论,其实这些纯理论分析与现实经济生活并不符合。任何产品生产时所需要的各种要素的比例,都是生产性质和技术水平决定的,并不存在生产同样产量可以多用些这种要素来取代另一种要素的所谓等产量曲线的情况,不论短期、长期生产函数都是如此。比方说,在一定技术条件下,为生产五万吨钢可以任意多用工人来代替必要的机械设备吗？难道工资低就可用工人取代设备吗？

实际上，长期生产函数理论中有意义的是，当生产规模变动时，产量会如何随各种要素按一定比例变动而变动，也就是规模报酬变动问题。规模报酬变动通常有三种情况：

（1）规模报酬递增，即产出的变化比例大于投入的变化比例。其原因可能有多方面，包括生产规模扩大可能提高生产分工和专业化程度从而提高了生产率，还可能更容易实行现代化管理，提高了要素使用效率，取得所谓规模经济效益等。规模经济指随着规模扩大，产品平均成本下降的情况。相反的情况称为规模不经济。

（2）规模报酬不变，即产出数量变化比例等于要素投入变化比例。其原因可能是规模报酬递增的因素吸收完毕，某种生产要素组合的调整受到了技术上限制，除非改用更先进技术设备，否则同比例增加工人和设备时产量只会与投入同比例变化。

（3）规模报酬递减，即产出变化比例小于投入变化比例。其原因主要是规模过大反而造成管理效率下降，管理与指挥系统失灵。

四、企业投资行为

企业扩大生产必然涉及企业投资行为。企业投资是指企业投入财力，以期望在未来获取收益的一种行为。这种投资既包括如购买股票、债券等金融行为，也包括增加机器设备、建造厂房等生产行为。这里讨论的是后者。

企业作为投资主体必须具备四个条件：①有一定的资金来源，包括以一定量的自我积累资金或以银行贷款、发行债券、发行股票等形式融入资金，保证投资活动顺利进行。②有独立的投资决策权，自主决定是否投资，向什么方向投资，采取什么形式投资，投资额度的大小等。③是投资收益的获得者。④是投资责任和风险的承担者。

投资是现在的事，投资取得收益是将来的事，因此总有风险，包括政治风险(如战争、国内政治动荡、政策变化)等、利率风险(利率的涨落)、市场风险(如市场购买力变动、市场转移)、经营风险(如企业经营亏损、破产等)、购买力风险(如供求、物价变化)、投资决策风险(如决策的基础数据不准确，规模、时机选择不恰当)等。如果出现重大风险,就可能在竞争中失败。

第三节 成本理论

一、几种成本概念

产品生产所耗费要素的市场价值就是生产成本,这是厂商为得到一定数量产品所付出的代价,它等于投入要素数量与要素单位价格乘积的总和。

但成本一词在不同场合有不同含义。

(1)机会成本和真实成本。真实成本指上述生产经营中真实耗费的代价。机会成本指这些代价如果用到其他地方能取得的最大收益。从机会成本角度考虑问题,要求人们必须把资源用于最佳用途(取得最佳效益)上。

(2)显性成本和隐含成本。企业经营中实际发生的真实成本常含两部分:一部分是要用货币从市场购买原材料、燃料、能源和付给工人薪酬等费用,以及支付的利息、保险费、广告费、税金和提取的折旧等等,都会反映到会计账册上,这些都是显而易见的成本,又称会计成本;另一部分是企业使用自有生产要素所花费成本,这些成本看起来没有花钱,但不等于没有成本,因为这些自有要素如果不自用而供给别人用也会有收益,这些成本都是隐藏地包含的,故称隐含成本。

(3)沉淀成本,又称沉没成本,指已经付出且不可能收回的成本。如花钱装修了一理发店,开张一年因生意太差关门了,装修费用就是沉没成本。一辆自行车买后用了几个月打折卖了,买卖差价即沉没成本。企业决策时应排除沉没成本干扰,否则可能造成更大损失。例如,花钱买了电影票,看了发觉实在不想再看下去,就应离开,如因心疼票价硬头皮看完则反而造成了浪费时间的更大损失。此即所谓"沉没成本谬误"。

还有其他一些成本概念。比如,生产领域发生的成本称生产成本,销售领域中发生的成本称销售成本;短期中支付在固定要素上的成本叫固定成本,支付在变动要素上的成本叫变动成本;支付给全部要素的费用叫总成本,平摊到每单位产品上的成本叫平均成本,每增加一单位产品所增加的成本叫边际成本等。

以上讲述的还是企业生产经营方面的成本。如果涉及企业生产经营以外,还有私人成本和社会成本。在下面讲外部性和微观经济政策时还要专门讲。

二、成本的意义

1. 商品价格的基础

影响商品价格的因素很多,但基础的东西是成本。提供到市场上来的产品与劳务的价格,说到底取决于产品的成本。为什么一瓶汽水不可能卖得比一辆小汽车更贵呢?成本在起作用。根据产品的平均成本加上一定比率的赚头(利润),这就是众所周知的成本加成定价。如果成本降低,企业就有可能在不损失利润的情况下降低价格,在价格战中居优势。若许多产品成本居高不下,或步步上升,物价上涨就不可避免。成本推进的通货膨胀就是这样发生的。高成本带来的高价格,不仅损害消费者利益,也不利于企业、行业甚至整个社会经济的发展。

2. 企业效益的源泉

成本降低了,如果产品价格不变,就直接增加了利润,如果产品价格随之下降,就可以增加产品销路,扩大市场份额。可见,不管产品价格变不变,降低成本都会增加企业经济效益。相反,成本上升,必然影响企业效益。因此如何通过改革,加强管理,降低成本,是提高企业效益的重要任务。

3. 经济决策的重要依据

企业使用生产要素必须考虑机会成本,这实际上是要求对资源作优化配置,即把资源使用到效率最高的用途上。其实,不仅企业和政府决策时要考虑成本,任何一个有理性的人做任何一件事情都会考虑成本问题,只是各人对成本及其大小有不同理解而已。例如,一个普通家庭妇女面对不同价格的鸡蛋摊位时,并不会毫不犹豫地选购便宜货,而一定会想一想便宜的蛋为什么会便宜,值得不值得买,买 4 元钱 1 千克的蛋可能不如买6元钱1千克的,因为4元1千克的蛋若很不新鲜,其中1/2基本上不能吃了的话,从购买成本看就不免太高了。

4. 可持续发展的保证

经济可持续发展要求当代人的发展不损害未来世代人的利益。从可持续发展的要求看,一些事从局部看可行,从全局看不行,从眼前看可行,从长远看不行。例如,围湖造田,从一时和局部地区看,成本很低,效益很高,实际上从全局和长远看,成本极高,危害很大。过度砍伐林木造成的损失也同样如此。

三、成本的决定因素

1. 要素价格

成本是对投入生产要素的价值补偿,因此要素价格就成为决定产品成本最直接的因素。同样一杯咖啡在星级宾馆要比普通咖啡馆贵得多,是因为宾馆的投资成本必须分摊到每一杯咖啡成本中去。一个城市中心地区的房价会比周边地区高几倍,是因为中心地区地价要高得多。产品原材料涨价,劳动工资上升,各种税费增加,都会作为成本反映到产品价格中来。

2. 自然条件

自然条件会影响劳动生产率,使同样多的投入会生产出更多或更少的产品,从而影响产品成本和价格。任何国家在工业化过程中,农产品之所以有不断上升趋势,原因是随经济和城市人口增长,对农产品需求不断增加,社会不得不耕种越来越差的土地或在原有耕地上不断追加投资,土地报酬递减规律的作用使单位农产品消耗的投入(劳动和资本)会增加,使农产品生产成本上升。不仅土地,气候的条件也会影响农产品成本。风调雨顺使同样多投入会生产出更多产品,使成本保持在一个较低水平上。反之,如果发生严重自然灾害因而农业歉收,则单位农产品成本就会大大上升。

3. 科学技术

任何生产总是在一定技术条件下进行。同样的投入与不同技术相结合,不仅产品质量,而且成本也会大不相同。我国1995年千克能源GDP

(国内生产总值)产值仅 0.6 美元,而韩国在 1993 年就达 2.6 美元,日本为 9.3 美元,分别相当于我国的 4.3 倍和 15.5 倍,这样,从产品的能源成本看,我国就会比韩国和日本高许多倍。在市场经济中,各企业之所以热衷于采用新技术,包括新设备、新工艺、新材料、新设计等,一方面是为了产品更新换代;另一方面,也是为了降低成本,以便在竞争中立于不败之地。我国之所以要对外开放,引进先进技术和管理,也是为了赶上和超过世界上发达国家,成为社会主义现代化强国。

4. 管理水平

除了技术,管理是经济发展的又一车轮。改进管理是提高劳动生产率的重要途径,是提升投入要素生产率的重要手段。改进管理,不是改变生产要素投入的数量和质量,而是使这些要素结合和利用得更有效。管理的改进包括生产管理、人事管理、金融管理、财务管理、市场管理等各个方面。大量事实表明,企业缺乏科学的管理,即使有先进的设备,也不可能有效率。改进管理,可使同样多投入生产出更多更好产品,从而使成本下降。我国企业在管理方面大有潜力可挖。传统计划经济体制下的企业管理与市场经济体制下的企业管理要求不相适应。"干活大呼隆,分配大锅饭",是传统管理体制弊病的写照。当前我国企业改革的重要内容和要求之一是实行科学管理,向管理要效率,降低成本,提高产品质量,这也是我国实现经济增长方式转变的重要途径之一。

5. 企业规模

企业规模与企业产品成本有密切关系。在现实生活中,有不少行业只有大批量生产才能达到最低平均成本。这就是所谓规模经济。据估算,在美国吸尘器行业,一家吸尘器厂的产量只有达到全国总需求量的四分之一,才能使产品成本最低。电视机、钢铁、汽车、石油加工、卷烟、半导体等行业也有这种情况,原因是生产规模扩大以后,企业能利用更先进的技术,生产分工能更合理和专业化,生产批量扩大使产销过程更稳定,顾客对产品依赖心理更强,库存也可相对减少,人数较多的技术培训和一定规模的生产经营管理开支可以节省等。当然,企业规模也不是越大越好。过大的话,内部机制难以协调,管理与指挥系统会变得过于庞杂,上下沟通更难,决策和办事可能贻误时机,形成规模不经济。从我国实际情况看,主要问题是企业规模过小。在低水平上重复建设,大而全,小而全,是我国传统经济体制带来的一大顽症。在全国统一的市场尚未形成时,各地都追求自己的利益,见什么赚钱就一窝蜂上什么,结果形成低水平重复建设的小规模生产,成本高,质量差,档次低,缺乏市场竞争力,生产越多,压库也越多,亏损也越大。这种局面必须切实得到改变。

四、成本函数

成本和产出量有关。产出数量和相应成本之间的依存关系称为成本函数,可记作 $C=f(Q)$。成本函数和成本方程不同,后者说的是成本等于投入要素价格总和。假定生产只使用劳动(L)和资本(P)二要素,则成本方程可记作

$$C = L \cdot P_L + K \cdot P_K \tag{4.2}$$

成本函数取决于两个因素:生产函数和投入要素价格。生产函数有短期和长期之分,因此,成本函数也有短期和长期之分。

为何要研究成本函数?因为企业决定生产多少,要比较收益和成本以求最大利润,而成本和收益都会随产量变动,所以必须研究成本和产量关系。

成本函数有短期成本函数和长期成本函数之分。在短期中,投入要素分不变要素和可变要素。支付在不变要素上成本就是固定成本(FC),不管产量为多少,即使停产也要支付,如贷款的利息,租用厂房、设备的租金、固定资产折旧费、停工减产期间无法解雇的雇员(如总经理、总会计师、总工程师等)的薪金及保险费等。购买可变要素的费用支出是可变成本(VC),它随产量变动,包括随时可解雇的工人的工资、原材料、燃料、水电和维修费等。变动成本加固定成本等于总成 TC,可用公式表示为

$$TC = VC + FC \tag{4.3}$$

或:

$$TC = \varphi(Q) + b \tag{4.4}$$

式中:$\varphi(Q)$ 为可变的成本 VC;是产量 Q 的函数;b 表示固定成本 FC;是一常数。

为说明上述三种成本之间的关系,我们举一个假设的例子。假定有一成本函数为

$$TC=Q^3-12Q^2+60Q+40$$

在这个成本函数中,$VC=Q^3-12Q^2+60Q$,$FC=40$,产量 Q 变化时,VC、FC 和 TC 将有表 4-2 中(1)列、(2)列、(3)列的关系。

表 4-2　一个假设的短期成本

产量 Q	(1) VC	(2) FC	(3) TC	(4) $MC=\dfrac{\Delta TC}{\Delta Q}$	(5) $MC=\dfrac{\mathrm{d}TC}{\mathrm{d}Q}$	(6) $AFC=\dfrac{FC}{Q}$	(7) $AVC=\dfrac{VC}{Q}$	(8) $AC=\dfrac{TC}{Q}$
0	0	40	40	—	—	—	—	—
1	49	40	89	49	39	40	49	89
2	80	40	120	31	24	20	40	60
3	99	40	139	19	15	13	33	46
4	112	40	152	13	12	10	28	38
5	125	40	165	13	15	8	25	33
6	144	40	184	19	24	7	24	31
7	175	40	215	31	39	6	25	31
8	224	40	264	49	60	5	28	33
9	297	40	337	73	87	4	33	37

表中(5)是(4)的微分求导。

根据表 4-2,我们可作成本曲线图如图 4-2。

图 4-2(a)中三条曲线分别为固定成本曲线(FC)、可变成本曲线(VC)和总成本曲线(TC)。固定成本曲线 FC 是一条水平线,表明固定成本是一个既定的数量(图上为 40),它不随产量的增减而改变。

将 FC、VC、TC 分别除以产量 Q,则得平均固定成本(AFC),平均变动成本(AVC)和平均成本(AC)。$AC=AFC+AVC$。在图 4-2(b)上,AFC 是一条无限趋近于纵轴和横轴的等轴双曲线,因为产量极小或极大时,分摊到单位产品上的固定成本越来越大或越来越小。AVC 曲线形状为 U 形,平均可变成本随产量增加先递减后递增,原因是可变投入要素的边际生产率先递增后递减。AC 曲线形状也是 U 形,原因与 AVC 曲线相同。

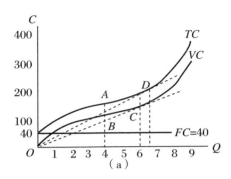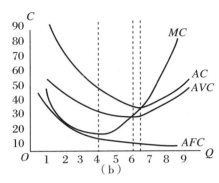

图 4-2 成本曲线

边际成本(MC)是每增加一单位产量所增加的成本。边际成本是总成本时产量的导数或总成本曲线的斜率。MC 曲线也是 U 形,原因是可变要素的边际收益率递增或递减。边际成本只和可变成本有关,因为产量增减时固定成本总不变。

厂商长期决策不同于短期决策,短期决策是在既定生产规模下,即资本要素数量和质量不变前提下来决定投入多少可变要素量以求最大利润的最优产出率问题,而长期决策是寻找一个最佳生产规模来生产事先确定的产量问题,因此所有生产要素都可变。对于计划产量,厂商要选择总成本最低的那个规模。

长期成本函数说的是长期中产量与成本的关系,这种关系实际上只是成本与规模报酬的关系。在通常情况下,规模报酬可能出现递增、不变和递减三种情况。规模报酬递增时,长期平均成本(单位产品成本)就会递减;规模报酬递减时,长期平均就会递增,而规模报酬不变就是从规模报酬从递增到递减的转折点,那时长期平均成本最低,因此,长期平均成本曲线也会呈 U 形,但这种 U 形的原因和短期平均成本曲线呈 U 形的原因不同,前者是规模报酬的变动,后者是要素报酬的变动。

导致长期平均成本下降的原因,除规模报酬递增外,还有另一原因是厂商管理者和工人在长期生产工作中通过"干中学习"不断积累了经验,提高了效率。例如,工人的操作会越来越熟练,管理人员会不断改进管理,设计人员设计会越来越合理等,都会使产品平均成本随产出增加而下降。

五、传统成本管理与现代成本管理

成本管理是企业经营中的一个永恒主题。目前经济学理论所叙述的成本理论多半还是工业经济时代的传统成本理论,是一种传统成本管理理论。现代经济环境要求有现代成本管理理论。传统成本管理与现代成本管理有什么区别?

(1) 从成本管理目标看,传统成本管理诞生于工业经济条件下的大规模社会化生产,是一种"生产导向型"的成本管理,只考虑如何将产品的成本降到最低,以争取在收益既定情况下使利润极大,而现代成本管理则从战略高度对产品成本结果与成本行为做全面了解、控制和改善,寻求企业长期竞争优势,因为企业竞争说到底是产品质量竞争,只有不断创新,提高产品质量,创造出更加能使顾客满意的产品,才能在竞争中取胜。

(2) 从成本管理对象看,传统的成本管理局限于产品的生产(制造)过程,产品的成本控制只与产品的直接成本相关,包括直接人工成本和应分摊的制造费用,而将其他费用归入管理费用或者业务费用范畴。现代成本管理则从产品生命周期的战略高度,将成本管理的对象由内部因素扩展到了外部环境,将视野向前延伸到产品的市场需求分析、相关技术的发展态势分析,以及产品的设计,向后延伸到顾客的使用、维修及处置等方面,把整体产品成本分摊为制造成本、经营成本、顾客使用成本与社会成本四个阶段。制造成本,包括原材料成本、人工成本及制造费用等;经营成本,包括产品策划、开发,以及营销等成本;顾客使用成本,包括产品使用生命周期内的全部维修成本;社会成本,包括对环境或者其他利益相关者的影响。将顾客使用成本与社会成本纳入现代成本管理的范畴是现代成本管理的最重要特征之一。

(3) 从成本管理的效果看,传统方法主要是通过减少支出、降低成本,在某些情况下可能会导致产品质量和企业效益的下降,从而"捡了芝麻,丢了西瓜"。例如,如果企业为控制成本,盲目地缩减研发预算,就可能使企业的产品失去技术优势,还有可能会导致产品质量下降、退货增加,最终影响产品的销售。现代成本管理固然要减少不必要的支出环节,但最重要是要重视价值链分析,以市场和客户需求为导向,以价值链的整体价值增值作为根本目标,以获取企业竞争力、市场占有率、客户满意度等全部效果。

第四节 利　　润

一、会计利润和经济利润

利润是总收益与总成本的差额。当总收益超过总成本时,此超过额为厂商利润;当总成本超过总收益时,此超过额为厂商亏损。总收益超过总成本最大时,利润极大;总成本超过总收益最小时,亏损最小。设利润为 π,则有

$$\pi = TR - TC \tag{4.5}$$

要注意,这里说的利润是指经济利润或超额利润。在此,重要的是有两个利润概念要区分:①会计利润,指销售总收益(TR)与会计成本的差额;②经济利润,指销售总收益与企业经营的机会成本或者说经济成本的差额。经济成本不仅包含显性成本,还包含隐含成本。由于经济活动中不单隐含成本要符合机会成本原则,显性成本也要符合机会成本原则,故通常把会计成本加隐含成本作为经济成本。但我们还是应记住,经济成本是企业经营中使用的各种要素(不管自有与否)的机会成本的总和。举个例子,假定某企业从一项经营活动中获得的销售总收益是 100 万元,会计成本是 60 万元,则会计利润就是 40 万元;若机会成本是 90 万元,则经济利润就是 10 万元。这里还有一点要注意,由于机会成本中包括企业主到社会上就业能取得的收入,因此,这 90 万元中也包含有企业主在此项经营活动中管理服务活动应得的收入,而经济利润中则不包括此收入。

二、经济利润来源和作用

作为销售收益和机会成本之差的经济利润来源,在第一节讲企业家时已涉及,即来自发现不均衡和创造不均衡。发现不均衡就是跨地区套利(如地区间返运货物)、时间上套利(类似期货之类的获取时间差价)和

要素配置上的套利。这要素配置上套利是生产企业最普遍行为,即企业发现某产品价格大于其机会成本,就来生产此产品,办此类企业。创造不均衡即各类创新活动,包括运用新技术、生产新产品、开拓新市场等。办企业也好,创新也好,面对的都是未来,未来总有不确定性(市场不确定、环境不确定、政策不确定等)带来的风险,成功了就能获利,失败了就要亏损甚至破产、倒闭,经济利润从本质上看都是承担风险的报酬。

此外,经济上的垄断也能带来经济利润。第五章就会讲到,企业如果企业处在完全竞争市场中,产品价格等于平均成本和边际成本,销售总收益等于总成本,绝无经济利润可言;如果企业是垄断企业,在相当长时间如能维持垄断地位,则产品价格可高于平均成本,获垄断利润。这利润也是经济利润。

获取经济利润,对市场经济发展的作用极大。市场从不均衡走向均衡,再走向新的不均衡,经济资源从配置不合理走向合理,新产品的不断涌现,人类新需求的不断被满足和创造,社会生产力的不断发展,都是企业(其人格化即企业家)追逐经济利润的结果。"文化大革命"以前相当长一段时期中即计划经济年代一直批判"利润挂帅"和"物质刺激",完全是错误的、有害的。批判企业"唯利是图",也是偏面的、错误的。如果企业不盈利,谁还会办企业呢? 在这里,重要的不是该不该获利,而是用什么手段获利。

三、利润最大化条件

这里的利润指经济利润,即总收益超过总成本的余额。由于企业经营成本通常会符合机会成本原则,因此,这里的余额就是经济利润。由于总收益指产品数量(这里产量也指销售量)和产品单价的乘积,因此总收益和产出量及价格有关。总收益和产量关系称总收益函数。同时,总成本又与产量有关,此关系即成本函数。因此,作为总收益和总成本差额的利润就和产量也有关,称利润函数。用数学公式表示是

$$\pi(Q) = TR(Q) - TC(Q) \qquad (4.6)$$

厂商从事经济活动目的,在于求经济利润极大,因此,厂商在决定产

量时,一方面要考虑增加产量能增加多少收益,即边际收益(MR);另一方面,要考虑增加产量会增加多少成本,即边际成本(MC)。只要$MR>MC$,厂商就会增加生产,反之则会减少生产,直到$MR=MC$时为止,这时利润达到最大或亏损极小。因此,生产会定在$MR=MC$的产量水平上,不再有变化趋势。因此,$MR=MC$可定义为利润极大化的必要条件,它适用于任何类型厂商的行为。在任何市场类型中求厂商获利润最大的均衡产量和价格,就是求MR和MC相等的产量和价格。

关 键 词

企业　　企业家　　生产　　生产函数　　要素报酬　　规模报酬
机会成本　　隐含成本　　沉淀成本　　成本函数　　会计利润
经济利润

复习思考题

1. 经济学家对企业产生的原因有哪些说法?
2. 规模报酬和要素报酬的含义有何区别?规模报酬递增的厂商是否会面临要素报酬递减?
3. 企业的经营目标与社会责任是否矛盾?
4. 企业家对市场经济发展有哪些重要作用?
5. 成本函数和成本方程有什么区别?
6. 短期平均成本和长期平均成本呈U形的原因是否相同?
7. 传统成本管理和现代成本管理有什么区别?
8. 会计利润概念和经济利润概念有什么区别?
9. 略述经济利润的来源。
10. 假定某企业使用的要素投入是x_1、x_2,其生产函数是$Q=10x_1x_2$

$-2x_1^2-8x_2^2$,求 x_1 和 x_2 的平均产量函数和边际产量函数。

11. 假定某企业将生产一件价格为 100 元的产品,生产该产品的固定总成本为 50 000 元,该产品每件的变动成本是 50 元,问该产品生产多少时正好无盈亏?

第五章 市场类型与企业经营决策

上一章说明了企业的生产、成本与利润问题,而企业都属于一定市场类型,不同类型的企业的产量和定价决策是有一定差别的。本章来分析企业的生产与定价的经营决策问题。

第一节 市场、厂商与行业

一、市场及其类型

市场(market)一般指一种货物或劳务买卖的场所,买卖双方在市场上决定商品交换的价格。每一种商品都有一个市场。商品在同一市场上通常只有一个价格,可称一价法则。一个市场不一定是甚至通常不是一个单一的地点,而是一个区域。它可能有固定场所,也可能通过电话、电传买卖成交。例如,黄金、宝石及政府担保的金边债券具有世界范围的市场,而一些价值低、重量大的商品,如砂、石、砖等,其市场往往缩小到地区或地方范围。

市场可按不同方法分类,经济学家通常按照竞争程度这一标准,从厂商数目、产品差别程度、厂商对产量和价格的控制程度及厂商进入市场的难易程度这些特点,将市场和市场中厂商分为四类:完全竞争、完全垄断、垄断竞争和寡头垄断。这四种类型的市场和厂商的特点可见表5-1。

二、厂商与行业

企业在经济学中也称厂商。厂商(firm)是指根据一定目标(一般是利润最大化)为市场提供商品和劳务的独立经营单位,不管它采取独资经营、合伙经营,还是股份公司形式,也不管它的经营范围或业务内容是从事生产制造,还是从事物品与劳务的销售。

表 5-1　市场类型及分类

市场结构类型	厂商数目	产品差别程度	个别厂商控制价格程度	厂商进入产业难易	现实生活中接近的行业
完全竞争	很多	无差别	没有	完全自由	农业
垄断竞争	较多	有些差别	有一些	比较自由	零售业
寡头垄断	几个	有或没有差别	相当大	困难	汽车制造业
完全垄断	一个	唯一产品无替代品	很大,但常受政府管制	不能	公用事业

行业或产业(industry)是指生产或提供同一产品或类似产品或劳务的厂商的集合,如纺织业、机器制造业、食品加工业,而纺织业又可分为棉织业、针织业、丝织业等。

厂商与行业是成员与集体的关系,在经济分析中必须区分厂商与行业。例如,对产品的需求是指对整个行业产品的需求,还是指对某一厂商产品的需求,要加以区分。一家农户粮食产量增加时,大概不会影响粮食的价格,但所有农户粮食增产时,如果其他情况不变,粮价必然下降。行业这个概念有时也和"部门"一词的含义基本相同。

市场和行业这两个概念有区别。市场包括供求双方,而行业是从供给角度谈的。

第二节　企业的产量和价格决定

一、完全竞争厂商

完全竞争厂商是完全竞争市场中的一个企业。完全竞争是不包含有任何垄断因素的市场,其特征如第一节所述。这类市场是一种理论上的理想市场,实际生活中并不存在,只有农产品市场近似地符合完全竞争市场的条件。尽管如此,分析完全竞争市场及其厂商的理论有助于对资源配置的效率作出比较准确的判断,也可以通过对完全竞争模型所作的苛刻假定条件不断作出修改补充,对不完全竞争市场结构中产品的产量和价格的决策作出更符合现实情况的描述。

那么,完全竞争市场中的企业会怎样作出生产多少产量的决策呢？可不可以把产量扩大到工厂生产能力允许的最大限度呢？不可以,因为产量扩大时,成本会上升,当成本上升到收益以上时,从经济上说,就不合算了。那么,究竟应当生产多少呢？从理论上说,这个厂商应当把自己的产量决定在边际成本等于产品价格的水平上,即 $MC = P$。这是因为,可以假定厂商生产经营的主要目标是利润极大,而利润(π)是销售总收益(TR)和总成本(TC)的差额,即

$$\pi = TR - TC \tag{5.1}$$

要使总利润极大,边际利润应当等于零,即

$$\pi' = \frac{d\pi}{dQ} = \frac{dTR}{dQ} - \frac{dTC}{dQ} = MR - MC = 0 \tag{5.2}$$

在完全竞争市场中,厂商个数极多,而每个厂商规模都很小,因而其产量在该竞争行业中只占极小的市场份额,这使得每个厂商都只是市场价格的接受者,就是说,不管该厂商成交量有多大,都只能按统一的市场均衡价格出售产品,多销售一单位产品所得到的收益(边际收益)只能等于该产品的单位价格,即 $MR = P$。因此,上述公式(5.2)就成为

$\pi' = \dfrac{\mathrm{d}\pi}{\mathrm{d}Q} = P - MC = 0$，这就是说，当完全竞争厂商把产量增加到或减少到 $P = MC$ 时，利润就最大，现在举个例子来说明这一点。

假定有一个完全竞争的厂商，其成本函数为 $TC = 2Q^3 - 5Q^2 + 10Q + 25$，这一成本函数表示该厂商生产的产品的成本随产量而变动。再假定由市场供求关系决定的这一产品的价格是 $P = 66$（元），试问这一厂商的最优产量决策如何？

从题目假定中可知，$MC = \dfrac{\mathrm{d}TC}{\mathrm{d}Q} = 6Q^2 - 10Q + 10$。然后，令这一边际成本函数等于价格，可得 $6Q^2 - 10Q + 10 = 66$，从而得 $Q = 4$ 以及 $Q = -\dfrac{14}{6}$（舍去）。可见，厂商生产量 $Q = 4$ 时，利润最大，读者自己可以证明，当 $Q \gtreqless 4$ 时，利润都不能极大化。在这个例子中，极大化利润 $\pi = TR - TC = 66 \times 4 - (2 \times 4^3 - 5 \times 4^2 + 10 \times 4 + 25) = 151$（元）。

利润 $\pi = TR - TC$，即总收益与总成本之差额，可见，$TR > TC$ 时，$\pi > 0$，即有盈利；$TR < TC$ 时，$\pi < 0$，即有亏损。而总收益又是产品价格与产量之乘积，即 $TR = PQ$；总成本是产品平均成本与产量之乘积，即 $TC = AC \cdot Q$。因此，$\pi = TR - TC$ 又可表达为 $\pi = (P - AC)Q$。当 $P > AC$ 时，有盈利，即 $\pi > 0$；$P < AC$ 时，有亏损，即 $\pi < 0$；$P = AC$ 时，盈亏平衡，即不盈不亏，$\pi = 0$。

一般说来，在竞争性市场中，价格易随市场供求而变动，但成本在短期内是不容易变动的，因此，P 与 AC 不可能经常相等，厂商在短期内可能盈，也可能亏。当出现亏损时，厂商是否就要立即停产？不能。如果价格低于平均成本，但如果还高于平均可变成本，则厂商生产不但可补偿全部可变成本，还可收回部分固定成本，使亏损总额减少一些。举个例子说，如果价格为 10 元，平均成本为 12 元，其中固定成本为 4 元，可变成本为 8 元，则产品出售后，不但可收回可变成本 8 元，还可收回固定成本 2 元，因此，尽管亏本 2 元，但还应生产，生产了，可以少亏损 2 元。在短期内，如果价格低于最低平均可变成本的话，就不能再生产了。只要价格高于最低平均可变成本，就应当生产。当然，这是指短期。在长期，价格不能低于平均成本，否则，企业一定会因长期亏损而破产。

二、完全垄断厂商

完全垄断的厂商是某一特定市场区域内某种产品的唯一供应者,其产品没有替代品,也没有其他厂商和它竞争。这种情况其实在现实生活中也很少存在,只存在一些近似完全垄断的例子,如一些公用事业产品像供电、供水部门等,就有很强的垄断性。有些垄断是经营上规模经济的需要,例如,假定一个城市存在几家供电、供水、供煤气的厂商,就会造成线路、管道的重复铺设带来的浪费,因此,通常把公用事业部门中一些垄断称为自然垄断;有些垄断是技术上专利权保护造成的,还有些是对资源控制导致的垄断。

垄断厂商根据边际成本等于边际收益的基本原则来决定最优产量(利润最大的产量),现在举个假设的例子来说明这一点。

假定有一个垄断企业,市场对其产品的需求量和该产品价格之间关系(需求函数)是:$Q = 30 - 2.5P$,产品的成本函数是 $TC = 0.6Q^2 + 4Q + 5$,该厂商决定最优产量时要根据 $MR = MC$ 的基本原则。从需求函数 $Q = 30 - 2.5P$ 中可知 $P = 12 - 0.4Q$,总销售收益函数和边际收益函数分别是 $TR = 12Q - 0.4Q^2$ 和 $MR = 12 - 0.8Q$,再从成本函数 $TC = 0.6Q^2 + 4Q + 5$ 中得边际成本函数为 $MC = 1.2Q + 4$,当 $MR = MC$ 时,即 $12 - 0.8Q = 1.2Q + 4$ 时,$Q = 4$。这时,产品价格 $P = 12 - 0.4Q = 12 - 0.4 \times 4 = 10.4$,利润 $\pi = TR - TC = PQ - (0.6Q^2 + 4Q + 5) = 10.4 \times 4 - 30.6 = 11$。读者不难证明,当产量 $Q > 4$ 时,利润 π 一定小于 11。可见,边际成本和边际收益相等是垄断厂商产量决策的一条基本原则。

然而,垄断企业的产量决策却使社会福利受到了损失,这是因为,如果不是按垄断产量决策的原则而是按竞争企业产量决策的原则决定产量的话,产量还可以大些,而价格会低些。例如,在上例中,这个企业如果是竞争性企业的话,会按边际成本等于价格的原则决定产量,即

$$P = MC$$

亦即 $12 - 0.4Q = 1.2Q + 4$

得 $Q = 5$,$P = 12 - 0.4 \times 5 = 10$,显然,产量增加了,价格下降了。

为什么会出现这种情况?这是由于在完全竞争市场上,企业的需求曲线是水平的,即由于每一个企业的产销量只占市场整个产销额一个极小的份额,从而每个企业都只能按市场均衡价格出售产品,不管卖多卖少,都按此价格交易,因而需求曲线是水平的,企业多售一单位产品所多得到的收益即边际收益就等于产品的单位价格,即 $MR = P$,然而,在完全垄断市场中,垄断企业是这个市场上的唯一卖者,它就代表市场,因而其产品需求曲线就像市场需求曲线一样是向右下方倾斜的,垄断者要增加一单位产品销售时,就必须降低它对所销售的每一单位产品的价格,这种价格的下降会减少它已经卖出的各单位的收益,结果,垄断者的边际收益小于其价格,边际收益曲线位于需求曲线以下。既然如此,按 $MC = MR$ 原则决定的产量就会小于按 $MC = P$ 原则决定的产量。这种情况,也可以通过图形一目了然地看出来(见图 5-1 所示)。

从图 5-1 中可见,当企业按 $MC = MR$ 原则定产量时,产量为 Q_1,价格为 P_1,当企业按 $MC = P$ 原则定价时,产量为 Q_2,价格为 P_2。显然,$Q_1 < Q_2$,$P_1 > P_2$,图中用斜线表示的小三角形面积就是垄断企业产量决策给消费者造成的损失。

由于垄断会给社会福利带来损失,因此,政府常常会对企业的垄断加

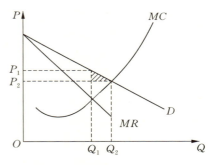

图 5-1 垄断企业的产量决策

以限制,例如,用法律手段禁止企业合并成垄断企业,或强令垄断企业分拆成几个企业。

然而,如上所述,有些垄断是出于经营上规模经济的需要,如公用事业中的自然垄断,取消这种垄断在经济上是不合算的。在这种情况下,政府并不是取消垄断,而是对垄断企业的价格加以管理。例如,可规定它们按边际成本或平均成本来定价即让 $P = MC$ 或 $P = AC$,而不是按 $MR = MC$ 原则来定价。

有时候,政府还干脆由自己来直接经营某些垄断行业,尤其是公用事

业，如供水、供电等。问题是：政府的垄断经营常常会带来经营效率低下，使顾客和纳税公民受到损失。

三、竞争与垄断的利弊分析

通常认为，竞争与垄断相比，有更高的经济效率，因为垄断厂商是在价格高于边际成本处生产，从而垄断产量比竞争产量低，而垄断价格比竞争价格高。于是，垄断使消费者受到了损失，在现实生活中，确实也存在这种现象。例如，1998 年前加拿大电话被几个大公司控制，国内外话费异常昂贵。如著名的贝尔公司线路，打到中国的话费每分钟 1.2 加元（当时合人民币 6.72 元）。后来，加拿大引入竞争机制，几家公司竞相降价争夺客源。贝尔公司无奈地也推出话费新方案。话费从每分钟 1.2 加元下降到 0.08 加元（合人民币 0.556 元）。可见，竞争增加了消费者福利。

然而，如果就此认为垄断就绝对不如完全竞争，那就错了。

一方面，大企业垄断市场的局面有利于发挥规模经济的优势，因而使产品价格下降而不是提高。大批量生产的企业与小批量生产的企业相比，成本更低，质量更稳定，这是众所周知的。

另一方面，技术进步的需要也许是垄断存在的一个更重要的理由。正如美国经济学家约瑟夫·熊彼特所说，经济发展的本质在于创新，而垄断实际上是资本主义经济技术创新的源泉。这是因为，投资于开发和研究常常有很大风险，只有大企业才能承担这种风险，才有能力筹措投资所需巨额资金。当然，它们必须有权利在一段时间内独享技术创新的成果，这就是专利权之所以成为导致垄断存在的一个重要因素。在熊彼特看来，垄断的缺陷——产量不足——完全可以通过用垄断利润来进行的研究与开发所带来的好处得到弥补。

可见，对垄断和竞争的利弊得失及功过是非问题，不能作过分简单的结论，具体问题还得具体分析。

四、垄断竞争厂商

在现实的经济生活中，完全竞争和完全垄断是两种较少的特殊情况，而较多的是介于完全竞争和完全垄断之间的一种情况：有某些竞争特点

又有某些垄断特点的市场,它被称为垄断竞争市场。这种市场一般有这样四个特点:

(1) 有许多生产企业,争夺同样的顾客群体,例如,有许多品牌的牙膏生产厂商在争夺消费者。

(2) 每个企业生产的产品与其他企业生产的产品略有差别。"略有"表明产品之间有某种替代性,从而有竞争性;"差别"表明各种产品还是有一定垄断性。

(3) 企业可以自由地进入或退出这个市场。

(4) 企业对产品价格略有影响力,即厂商有一些定价权,但这种定价权十分有限。它提高价格时会失去一部分但不是全部顾客,降价时会得到更多顾客但不是全部顾客。

这些特点决定垄断竞争市场的厂商的行为规则。由于垄断竞争既非完全竞争又非完全垄断,因此垄断竞争厂商面临一条向右下倾斜但斜率较小的需求曲线,既不像完全竞争厂商需求曲线那样是水平的,也不像完全垄断厂商需求曲线那样陡峭。其产量和价格决策的基本原则同样是使边际成本等于边际收益,在短期,均衡的图形与垄断企业的均衡颇相似,若价格高于平均成本,有超额利润(经济利润);若低于平均成本,则会亏损,见图5-2所示。

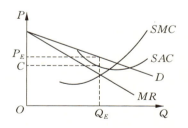 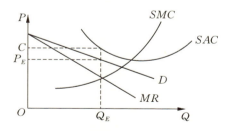

图5-2(a) 盈利垄断竞争厂商均衡　　图5-2(b) 亏损垄断竞争厂商均衡

在长期内,由于垄断厂商进出比较自由,若获利,新厂商进入行业,与原来行业内厂商竞争,使原厂商市场份额缩小,产品价格下降,直到超额利润消失;反之,若亏损,行业内一些厂商逐渐退出,未退出的厂商的市场份额增加,产品价格上升,直到不亏损为止。因此,垄断竞争厂商长期均衡时,产品价格和平均成本相等,如图5-3所示。

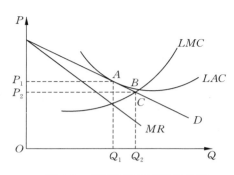

图 5-3 垄断竞争厂商长期均衡

从图 5-3 可见,垄断竞争厂商长期均衡时,不但要求 $MR = MC$,还要求 $P = AC$。

从图 5-3 中还可看到,垄断竞争厂商长期均衡必然处于平均成本曲线最低点左边,即 A 点处于 B 点左边,而如果该厂商要按完全竞争厂商均衡条件那样行动,则均衡点应在 C 点(LMC 和 D 的交点)而不是 A 点,即价格应是 P_2 而不是 P_1,产量应是 Q_2 而不是 Q_1。从 Q_2 到 Q_1 这段距离表现出垄断竞争厂商没有被利用的"超额生产力",它是价格超过边际成本而造成的效率损失。看起来,这是垄断竞争市场结构的一个缺陷。但是,由于垄断竞争市场上产品有些差别,因而上述损失或缺陷也许可以为产品差别给广大消费者能带来多样化满足所抵消。

由于垄断竞争厂商的产品间有一定替代性,因而厂商控制价格的能力受到很大限制,即厂商自由斟酌定价幅度较小。这样,它们开展价格竞争的利益不大。这使垄断竞争厂商更看重于产品变异、改进服务、广告宣传等非价格竞争。

(1) 产品变异指变换产品色样、品质、做工等,改变原有产品,提高质量以吸引消费者。

(2) 售后服务是重要竞争手段,更周全的售后服务对扩大产品销路有重大作用。

(3) 广告宣传对增加产品知名度,让消费者认识产品并增加购买欲望同样有很大作用,可以大大扩大产品的影响及销路。

五、寡头垄断厂商

寡头垄断是指少数厂商垄断了某一行业的市场,控制了这一行业的供给,其产量在该行业中占有很大比重的市场结构。其基本特点是:①厂商数目很少,新厂商加入该行业较难,因为它们已控制了市场。寡头垄断行业形成与产品性质有关。汽车制造、航空服务,这类产品制造和服务提供的企业一般是寡头企业,因为它要求企业规模大,资金实力强,一般企业不易进入,从而企业不会多。②厂商间存在激烈竞争,但又相互依存,相互影响,每个厂商决策时都必须考虑到这一决策对竞争对手的影响,每个厂商的价格和产量的变动都会影响到对手的产量和利润。因此,任何一个厂商作出的决策,其结果如何,自己往往不能左右,而取决于竞争对手的反应。这种反应是决策厂商难以预测的,这就是厂商行为的不确定性。尽管这些厂商决策时,目的总要使利润极大,并依据 $MR = MC$ 原则来办,但如何决策是一个相当复杂的问题。有时,这些厂商会单独行动,有时,它们又会以明的和暗的方式相互勾结起来行动。单独行动时,如果厂商势均力敌,则厂商通常会考虑对方产量情况来决定自己的最优产量;如果厂商力量悬殊,则居优势的大厂商往往会先决定自己的最优产量,然后较小的厂商跟从了再决定自己的产量。当然,主导厂商决定自己产量时,也会考虑到其他厂商的生产情况。在寡头厂商相互勾结时,有时会公开勾结,结成如卡特尔的形式,通过协商,根据利润最大化要求,决定统一价格并分配产量定额。这种形式勾结也并不稳定,厂商力量变化时,勾结也会变化。当然,寡头间的勾结有时会较隐蔽,例如,一个大的或有影响力的寡头定了一个价格,其他寡头跟了这个"领头羊"也定这个价格。

第三节 企业的定价方法

以上讨论了四种不同市场类型的厂商在根据边际成本与边际收益相等的总原则决定产量和价格时的一些区别。这是一种理论上分析。实际上,所有企业在给产品定价时,还是有些通常的做法。

一、影响产品价格的主要因素

要弄清企业如何作价格决策,首先要弄清影响产品价格的主要因素。影响商品价格的因素甚多,主要有以下三个。

(1)成本。包括产品的开发成本、生产成本、销售成本和储运成本等。企业在对产品定价时首先会考虑补偿这些成本。

（2）市场供求情况，如果某种产品供不应求，价格可适当定高些；反之，则应低一点。

（3）产品自身属性，例如，一般性用品应以低廉（相对于功能而言）些的价格吸引顾客，而炫耀性消费品不宜低价，因为这类商品的高价本身是消费者地位和身份的象征。又如，某种产品在其生命周期中处于投入期或成长期，价格会高些，而处于衰退期，价格就会低一些。

二、定价方法

企业给产品定价的方法甚多，主要有以下几种。

（1）以成本为中心的定价，这是一种从卖方意图出发的商品定价方法，以下两种定价方法都属于以成本为中心的定价。

一是成本加成定价，指按产品的成本加上若干百分比的预期利润来确定商品价格。公式为：单位产品价格＝单位产品总成本（1＋加成率），而总成本包括固定成本和变动成本。例如，假定某企业年产产品 X 为 1 000 件，总固定成本 30 000 元，总变动成本 10 000 元，企业预期毛利率（加成率）为 15％，则该产品价格确定应是

$$单位产品变动成本\ AVC = \frac{10\ 000}{1\ 000} = 10(元)$$

$$单位产品固定成本\ AFC = \frac{30\ 000}{1\ 000} = 30(元)$$

$$单位产品价格\quad P = (30 + 10)(1 + 15\%) = 46(元)$$

二是目标收益定价法，又称投资目标收益定价法，其方法是先按企业的投资总额确定一个目标收益率（资金利润率），然后算出目标利润，最后根据总成本和计划销售量及目标利润算出产品价格。例如，假定一企业对某产品生产投资为 5 000 万元，预期长期税前年均利润率为 15％，产品年生产能力为 100 万单位，则定价时，先要定一个标准产量或正常产出率。一般定在生产能力的 2/3—4/5，这里，假定为 3/4，则正常产量为 75 万单位。然后，计算目标利润：5 000×15％＝750（万元）。因此，每单位产品中平均利润为 750/75＝10（元），接下来还要估算单位产品的平均成

本($AC=AFC+AVC$),假设$AC=60$元,最后,计得产品价格为70元。

一般说来,以成本为中心的定价方法适用于市场占有率较高或具有垄断性的企业,它只考虑企业利益而很少考虑现实市场需求和竞争情况。

(2) 以市场需求为中心的定价方法。产品定价会影响市场需求,因此企业定价时必须考虑需求因素。以需求为中心的定价方法就是在市场(消费者一边)导向观念指导下,从消费者对商品价值的理解来考虑定价。

一般说来,消费者对每种商品的性能、用途、质量、外观及价格都会在心目中形成一定的认识和评价,这就叫理解价值。然后根据这一理解价值来确定商品价格。

(3) 以竞争为中心的定价方法。这是指企业根据竞争者的定价来制定本企业产品价格的方法。一般所说随行就市就是这种方法。这种定价方法比较稳妥,风险较小,也容易与同行和平相处。这种定价方法特别适合于那些对市场需求茫然无知又非价格领导的企业。实行这种定价方法的企业就是现行价格的追随者。

(4) 多元市场中的差别定价法。以上所讲过的几种定价方法都是针对一个销售市场制定一个统一的销售价格,但现实生活中,一种产品可能面对不同的市场,这些市场可以相互分割,并且有不同的需求弹性。在这种情况下,生产企业,这里指的是垄断性生产经营企业,可以对同一种产品,按不同的市场、不同的顾客,采取不同价格的定价方法。例如,假定不同市场或市场的各个部分可以有效分割开来,则实行差别定价时,顾客就无法集中在低价市场采购转向高价市场出售,至于哪一个子市场上实行高价和低价,要由这些市场上的需求弹性大小而定。需求弹性小的市场,可以高价,因为价格高些,消费者也会买;弹性大的市场,价格要低些,因为若定价高,消费者就会不买。下面举一个例子来说明这一点。

假定有一垄断企业在一个分割的市场上出售产品,产品成本函数和两个市场的需求函数分别为:$TC=Q^2+10Q$, $Q_1=32-0.4P_1$, $Q_2=18-0.1P_2$,如果该厂商要在这两个市场上实行差别价格,则应当这样求解:

从 $TC=Q^2+10Q$

得 $MC=2Q+10=2(Q_1+Q_2)+10$

$$= 2Q_1 + 2Q_2 + 10 \tag{5.3}$$

从 $Q_1 = 32 - 0.4P_1$

得
$$P_1 = 80 - 2.5Q_1$$
$$TR_1 = 80Q_1 - 2.5Q_1^2$$
$$MR_1 = 80 - 5Q_1 \tag{5.4}$$

从 $Q_2 = 18 - 0.1P_2$

得
$$P_2 = 180 - 10Q_2$$
$$TR_2 = 180Q_2 - 10Q_2^2$$
$$MR_2 = 80 - 20Q_2 \tag{5.5}$$

让(5.3)和(5.4)、(5.5)联立：$MC = MR_1$

得
$$2Q_1 + 2Q_2 + 10 = 80 - 5Q_1$$
$$7Q_1 + 2Q_2 - 70 = 0 \tag{5.6}$$

由于 $MC = MR_2$

得
$$2Q_1 + 2Q_2 + 10 = 180 - 20Q_2$$
$$22Q_2 + 2Q_1 - 170 = 0 \tag{5.7}$$

将式(5.6)、式(5.7)联立求解得

$$Q_2 = 7, Q_1 = 8$$
$$P_1 = 80 - 2.5 \times 8 = 60, P_2 = 110$$

如果不实行差别价格，而实行统一价格，即令 $P_1 = P_2$，则 $Q_1 + Q_2 = 32 - 0.4P + 18 - 0.1P = 50 - 0.5P$，从这一需求函数中求得 $TR = 100Q - 2Q^2$，$MR = 100 - 4Q$，令 $MR = MC$，即 $100 - 4Q = 2Q + 10$ 得 $Q = 15$，$P = 70$。

读者可以自己证明，虽然实行差别定价和实行统一价格，市场上总销售量都是15，但实行差别价格比实行统一价格可使企业获得更多利润。读者还可以证明，第一个市场上的需求弹性比第二个市场上的需求弹性（用弹性系数的绝对值来衡量）要大得多，因此，第一个市场上的定价比第二个市场上的定价也低得多。

关 键 词

完全竞争　　垄断竞争　　寡头　　完全垄断　　厂商　　行业
成本加成定价　　差别价格

复习思考题

1. 按照竞争程度,市场结构可分为哪几种类型?
2. 什么是厂商与行业?两者关系如何?
3. 设一完全竞争企业的成本函数(短期成本函数)为 $TC = Q^3 - 6Q^2 + 30Q + 40$,成本用美元计,产品的市场价格为66美元。

(1) 求利润极大时的产量及利润。

(2) 如果市场供求关系发生变化后产品价格变为30美元,试问在新的价格水平上该厂商是否发生亏损?

4. 设某垄断厂商产品的需求函数为 $P = 12 - 0.4Q$,成本函数为 $TC = 0.6Q^2 + 4Q + 5$,试求:

(1) Q 为多少时利润最大?这时价格、总收益及利润各为多少?

(2) Q 为多少时总收益最大?此时价格、总收益及利润各为多少?

5. 为什么垄断竞争厂商更看重的是非价格竞争?

6. 某垄断厂商的产品在两个分割的市场出售,产品成本函数和两个市场的需求函数分别为 $TC = Q^2 + 10Q$ 和 $Q_1 = 32 - 0.4P_1$ 以及 $Q_2 = 18 - 0.1P_2$。

(1) 假设两个市场能实行差别价格,求利润极大时两个市场的售价和销售量。

(2) 假如两个市场只能索取相同价格,求利润最大时的售价、销售量和利润。

7. 什么是成本加成定价和目标收益定价?两者有什么差别?

8. 什么是以市场需求为中心的定价和以竞争为中心的定价?

第六章 博弈与决策

像第五章讲的寡头市场中的经济活动主体之间的相互依存关系其实存在于现代市场经济体系中的任何经济活动主体之间,如生产者之间、生产者和消费者之间、政府和公民之间以及国家与国家之间等。相互依存的经济主体在作经济决策时必须考虑自己的决策会给对手造成什么影响,对手会作出什么反应,自己又该如何应对,好像下棋时每走一步都要考虑对方可能作出什么反应一样。于是,经济学家越来越重视用博弈论(又称对策论)来研究相互依存的经济主体的决策行为。

第一节 经济决策与博弈

一、经济决策中的依存性和博弈

经济活动中充满各种决策问题,包括个人的消费选择、储蓄决策和职业选择,企业的价格决策、产量决策、投资决策、产品选择、产品技术开发,国家的财政政策、税率、关税,等等。这些经济决策显然非常重要,决策是否科学正确,对于决策者本身,以及其他相关的个人、企业,整个社会的利益和前途,都有至关重要的影响。

值得注意的是,经济决策的正确与否和效果如何,常常不仅取决于决策者自身的策略,还与对手或者伙伴的策略有关。例如,寡头市场中一个厂商的利润不但取决于自己的产量,还取决于其他厂商的产量,最佳产量也要根据其他厂商的产量调整;对于先开发或占领某个市场的厂商,当其他厂商进来竞争时,接纳竞争者要被分走一部分市场份额和利润,而阻止竞争者进入,常常取决于潜在进入者的反应,如果潜在进入者知难而退,阻入策略就成功了,但如果潜在进入者知难而上,就很可能两败俱伤;在投标拍卖问题中,其他参加者的反应的影响更加直接和明显,因为如果其他参加者竞争不激烈,你可能以较低的价格中标,但当竞争很激烈时,即使你出价相当高,也可能仍然得不到想要的东西。

这些例子说明经济决策者之间常常存在相互牵制和影响,决策者必须考虑其他企业或个人的策略选择或对自己策略的反应。这就是"经济决策的相互依存性"。由于经济决策存在"相互依存性",经济决策就不仅仅是个人面对不变情况的策略选择,更是不同决策者之间的策略对抗,类似于各种竞赛,因此这种经济决策活动被称为"博弈",英文即 game,意思是比赛、竞技或者游戏。对具有策略依存性的决策问题的研究产生了博弈论。由于现代经济活动的规模越来越大,经济决策的对抗性、竞争性,或者说"博弈性"越来越强,因此博弈论在现代经济分析中的作用越来越大。

二、博弈的基本概念

博弈即一些个人、队组或其他组织,面对一定的环境条件,在一定的规则下,同时或先后,一次或多次,从各自允许选择的行为或策略中进行选择并加以实施,各自取得相应结果的过程。规定或定义一个博弈,必须设定下列四个方面:

(1) 博弈方或称局中人,即在博弈中独立决策、独立承担结果的经济主体。只要在一个博弈中统一决策、统一行动、统一承担结果,不管一个组织有多大,哪怕是一个国家,甚至是由许多国家组成的联合国,都可以作为博弈中的一个博弈方。

(2) 博弈方的策略,即每个博弈方在进行决策时,可以选择的方法、做法或经济活动的水平、量值等。在不同博弈中可供博弈方选择的策略的数量很不相同,在同一个博弈中,不同博弈方的可选策略的内容和数量也常不同,有时只有有限的几种,甚至只有一种,而有时又可能有许多种,甚至无限多种可选策略。

(3) 进行博弈的次序。有些博弈中的博弈方必须同时选择,因为这样能保证公平合理,而很多时候各博弈方的决策有先后之分,而且一个博弈方还可能作不止一次的选择。因此,进行一个博弈必须规定其中的次序,次序不同一般就是不同的博弈,即使博弈的其他方面都相同。

(4) 博弈方的得益或称收益。对应于各博弈方的每一组可能的决策选择,都应有一个结果表示该策略组合下各博弈方的所得或所失。由于博弈分析主要通过数量关系的比较进行,因此博弈一般都有数量的结果或可以量化为数量的结果,例如收入、利润、损失、个人效用和社会效用、经济福利等,称为各博弈方在相应情况下的"得益"。

第二节 静态博弈和动态博弈

一、静态博弈

静态博弈指局中人同时决策或虽非同时决策,但后决策者不知道先决策者采取什么策略的博弈。上策均衡是静态博弈论中的经典例子。假定有甲乙两个作案嫌疑犯分别被关押审讯。如果两人都坦白,各判 3 年;都抵赖,各判 1 年(也许因无实据);一人坦白一人抵赖,坦白者释放,抵赖者判 6 年。这些结果可列一矩阵,如表 6-1 所示。

表 6-1 囚徒困境

		乙	
		坦白	抵赖
甲	坦白	−3,−3	0,−6
	抵赖	−6,0	−1,−1

在表 6-1 中,甲、乙两囚犯就是博弈方,坦白或者抵赖的行动就是策略。博弈方可能采取的行动方案总和称为策略组合,在本例中是"都坦白""都抵赖"以及"甲坦白、乙抵赖""甲抵赖、乙坦白"这样四种策略组合,在每种组合中人采取特定策略得到的结果就是收益,即判 3 年、6 年、1 年

及释放,有时也称报酬或支付。

甲、乙各有两种策略——坦白或抵赖。表中每一格内的前后两个数字分别代表甲、乙的得益。显然,不管乙坦白还是抵赖,甲最好的策略是坦白。这是因为,乙如果坦白,甲坦白判 3 年,而抵赖要判 6 年;乙如果抵赖,甲坦白可不判刑而释放,而抵赖要判 1 年。对乙来说,情况同样如此。结果,甲、乙都坦白。这种策略组合称为上策均衡。在此,上策指不管其他局中人采取什么策略,某一局中人都采取自认为对自己最有利的策略。均衡指博弈中所有局中人都不想改变自己策略的一种相对静止状态。上例中的均衡,由于是不管其他局中人采取什么策略,每个局中人都选择了对自己最有利的策略所构成的一个策略组合,因此称为上策均衡。

囚徒困境中的均衡(坦白,坦白)是上策均衡,也是纳什均衡。

纳什均衡是美国数学家纳什于 1951 年提出来的一种均衡理论。这种均衡是指参与博弈的每一局中人在给定其他局中人策略的条件下选择上策所构成的一种策略组合。例如,乙坦白时,甲最好也坦白;乙抵赖时,甲最好也是坦白。乙的情况同样如此。故双方都坦白不但是上策均衡,也是纳什均衡。所有上策均衡都是纳什均衡,但不能反过来说所有纳什均衡都是上策均衡。例如,假定甲、乙二人在博弈中有如表 6-2 的收益矩阵。

表 6-2 纳什均衡

		乙	
		策略 A	策略 B
甲	策略 A	2,1	0,0
	策略 B	0,0	1,2

显然,该博弈没有上策均衡,因乙选 A 时,甲最好也选 A(2>0);乙选 B 时,甲最好也选 B(1>0),不存在不管乙采取策略 A 或 B,甲总应采取某一策略的情况。对乙来说,同样如此。总之,在本例中,只存在给定对方某一策略时,甲或乙才能有正确的策略。这种策略组合构成纳什均衡。例中的左上(策略 A,策略 A)和右下(策略 B,策略 B)都是纳什均衡,但不是上策均衡。

上策均衡和纳什均衡在经济生活中大量存在。例如,卡特尔的价格和产量协议就是一个类似囚徒困境的上策均衡。卡特尔是寡头垄断厂商用公开或正式的方式进行勾结的一种形式。它是一个行业的独立厂商之间通过就有关价格、产量和市场划分等事项达到明确的协议而建立的垄断组织。卡特尔的主要任务,一是为各成员厂商的产品规定统一的价格;二是在各成员厂商之间分配总产量。

假定甲、乙厂商组成一个卡特尔,结成价格和产量协议,它们在不同策略组合下的收益矩阵如表6-3所示。

表6-3 卡特尔的困境

		乙	
		合作	不合作
甲	合作	1 800,1 800	1 000,2 000
	不合作	2 000,1 000	1 500,1 500

在表6-3中,甲乙合作(守约),各得利1 800;一方合作,另一方不合作(例如扩大产量)时,不守约一方可得利2 000,守约一方只能得1 000。由于双方都想欺骗对方以获更多利润,结果大家不守约,卡特尔瓦解,大家只能各得利1 500。从这里可看到合作的集体利益与不合作的个体利益之间存在矛盾。

二、动态博弈

上述囚徒困境和卡特尔例子中的博弈都是一次性博弈。如果博弈重复多次,结果就会不同。若一方欺骗了另一方,会受到另一方"以牙还牙"的报复和惩罚。例如,在卡特尔例子中,一方毁约会受到其他局中人的报复从而不仅得不到毁约好处,还可能利益受损。为了长期利益,局中人可能会选择合作以免受报复。这样,双方就有可能都得利1 800而不再是1 500。但是,如果一旦他们知道了博弈的次数(例如价格和产量联盟的年份),就可能在最后一次博弈中采取欺骗即不合作的策略,因为它们认为,反正对方再没有机会惩罚自己了。可见,无限重复博弈和有限次重复博弈的结果不一样。

上述重复多次的博弈是动态博弈的一种特殊情况。动态博弈是相对于静态博弈而言的。上面说过,静态博弈指局中人同时决策或虽非同时决策,但后决策者不知道先决策者采取什么策略的博弈。动态博弈指局中人决策有先有后,后决策者能观察到先决策者决策情况下的博弈。例如上例中,卡特尔各方都知道对方欺骗了自己,就采取报复性策略。下面再举个例子来说明这种动态博弈。假定某寡头市场上已占领市场的在位者甲,面临一个想进入市场的竞争者乙。若进入者先行一步,则双方博弈结果可用图 6-1 所示的博弈的扩展形式来表示。

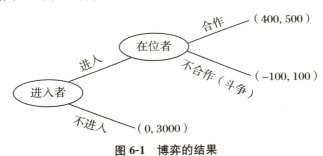

图 6-1　博弈的结果

进入者有进入和不进入两种策略。如果进入,在位者有合作和斗争两种策略。括号中前后两个数字分别表示进入者和在位者的收益。显然,只有进入者作出了进入或不进入策略后,才有在位者作出合作还是斗争的策略。一种对策导致另一种对策,是动态的,有先后次序的序列博弈,其结果像一棵枝又生枝的树,称博弈树。在本例中,进入者肯定会进入,因为不进入收益为 0。进入后,在位者会选择合作策略(因为 500＞100),于是(进入,合作)是一个纳什均衡点。

在上例中,在位者希望进入者最好别进入,以坐收 3 000 的垄断性收益,问题是他能否有效阻止对方进入。在位者可能威胁说,你若进入,我会采取断然措施(如扩大生产规模以大削价)使你血本无归。进入者会不会相信这种威胁呢?在位者要使进入者相信这一威胁并不是空头恐吓,就必须作出承诺。承诺是在位者使自己的威胁策略变成可以置信的行动。例如,在位者事先采取扩大生产的准备性措施,作出你进入我就大规模增加生产以大削价的姿态,从而进入者会感到进入实在不值得。当然,潜在的竞争者究竟进入还是不进入,取决于进入者对进入的成本和收益的估计。在本例中,在位者斗争的威胁不可信,因为斗争的收益(100)比合作(500)要小。

三、极大极小化策略

以上所讨论的对策均衡均假定局中人都具有追求最大利益的理性。但实际决策中,一些局中人可能会犯不理性的错误。假定有表 6-4 所示的一个博弈收益矩阵。

表 6-4 一个假设的收益矩阵

A		B	
		策略 1	策略 2
	策略 1	−20,−30	900,600
	策略 2	100,800	50,50

从表 6-4 看,A、B 间博弈尽管无上策均衡,但有纳什均衡,即左下(策略 2,策略 1)和右上(策略 1,策略 2)。然而,如果 B 在选策略 1 时,A 没有选策略 2,或者 A 在选策略 1 时,B 没有选策略 2,这时 A 和 B 的损失就可惨了:A 的收益会是 −20,B 的收益会是 −30。为了避免这类最大的损失,一些局中人往往采取比较保守的策略,即不管对方选择何种策略,我总选择自己所能选择的最坏策略中最好的策略,即首先找出各策略中自己能获得的最小的收益,然后选择其中最大者作为自己的策略。这被称为极大极小化策略。在本例中,从 A 的收益看,策略 1 的最小收益是 −20,即 $\min a_1 b_j = a_1 b_1 = -20$,同理,$\min a_2 b_j = a_2 b_2 = 50$,因此极小收益中的极大收益是 $\max\min a_i b_j = a_2 b_2 = 50$;同理可知,$\max\min b_j a_i = b_2 a_2 = 50$。因此,双方极大极小化策略的均衡解是(策略 2,策略 2)。这一均衡解虽不是利益最大,但可确保不是损失极大。显然,与假定局中人都是理性人的纳什博弈均衡解相比,这种极大极小化的策略是一种比较保守的策略,因为无论哪一个纳什均衡,A 和 B 的收益均大于 50。在这里要再次强调,双方选择(策略 2,策略 2)是因为彼此都不清楚对方的选择。如果 A 确切知道 B 要选策略 2,他就一定要选策略 1,然而,这样一来,它们

的策略组合就会回到(策略 1,策略 2)的纳什均衡了。如果 A 确知 B 要选策略 1,则势必选策略 2,于是出现另一纳什均衡(策略 2,策略 1)。

第三节 博弈论在我国的应用

一、博弈论在我国经济建设中的有用性

博弈理论的基本出发点是具有个体理性的经济人追求自身利益的行为,主要研究在行为和利益方面都有相互依存性的经济个体的决策问题,包括决策的原则、方式和效率等。因此,博弈论的思路和方法与承认个体利益和局部利益,承认人们追求自身利益合法权利的市场经济相容性较强,特别适用于分析市场经济中人们的经济行为、经济关系和社会经济活动的效率。

计划经济强调集体利益、国家利益,追求的直接目标是集体利益最大化,因此博弈论与计划经济的相容性较差。当然,这并不是说计划经济中不存在博弈关系,由于计划经济中也存在个体利益和部门、地方的局部利益,如工作任务的轻重,福利享受的先后等等,因此同样存在博弈关系。不过在公有制和计划经济的架构中个体利益和局部利益居于次要和服从地位,追求这些利益会被认为思想觉悟不高,因此计划经济时代经济活动的竞争性较小或根本谈不上,博弈理论不可能有用武之地,即使我们了解这种经济决策的工具。

市场经济改革的实质就是承认个体利益和部门利益,以此调动劳动者、经营者的积极性,达到提高经济效率,推动经济发展的目的。市场经济改革使个体利益和部门利益有了合法的地位,劳动者和经营者可以正当追求自身利益,这为博弈论的应用提供了基本的前提条件。

我国是一个经济内容丰富、结构复杂的经济大国。市场经济改革以来,经济活动的内容和形式更加广泛。随着经济的发展和改革的深化,人们在经济活动中的相互依存和相互制约作用越来越强,即经济决策的博弈性越来越强,需要用博弈论进行分析的问题越来越多。由于我国不是纯粹的市场经济国家，而是一个公有经济占主体，政府对经济活动的影响很大的社会主义市场经济国家，在市场架构中始终有很强的政策力量在起作用，经济关系的复杂性更胜于一般的市场经济国家，人们在进行经济决策时，除了需要考虑竞争对手或合作伙伴的利益和反应以外，还必须经常注意政府的反应和政策变化，经济活动的博弈性比一般的市场经济国家更强，博弈理论在我国比在其他市场经济国家更有用武之地。

二、博弈论应用的领域

博弈论可以揭示众多经济问题的内在规律和根源，帮助人们认识经济现象，分析经济关系，评判经济效率，指导人们进行科学的经济决策，无论对企业等实际经济部门的经营活动，还是对政府的管理和政策制定，博弈论都有重要的指导意义。在我国经济从计划经济向市场经济转轨的阶段，遇到的许多问题都可以用博弈论的原理和方法进行研究。

改革使政府不能再直接通过计划或行政指令使企业或地方完全按照政府的意愿行事，因为在市场经济条件下，企业和地方都有自身的经济利益，在不违反国家政策法规的前提下，企业和地方有很大的自主权。如果政府要对经济加以调控，实现特定的宏观经济目标，必须通过市场的方式去影响企业和地方，而且在制定政策时必须考虑企业和地方的反应（即通常所说的"上有政策，下有对策"）。也就是说，政府要有与企业和地方博弈的意识，否则政策的效果往往与政策的目标有很大偏差。如果政府能够用博弈论的思路来对待政策制定和实施，就能在存在企业和地方对政策的反应的前提下，使政策取得更有效的效果。

博弈论可以解释经济中许多低效率现象的根源，找出导致低效率的制度性原因，从而帮助政府制定、修改政策，完善交易制度和提高经济效率。如博弈论可以说明人们之所以会不顾后果地破坏自己赖以生存的环境，商业竞争中之所以频繁爆发导致两败俱伤的商战，都是因为人们处于一种囚徒困境式的博弈地位。例如在商业竞争中，商家明知道相互拆台会两败俱伤，但因为害怕竞争对手以自己的损失为代价获得利益，只能采取进攻性的姿态，从而导致一轮又一轮商战。由于分散决策的个人自身无法摆脱这种困境，要避免这种损害社会经济效率的现象的发生，政府必须对企业或地方的行为加以适当的限制,或者调整企业和地方的利益或利益来源。

动态博弈中的可信性问题和重复博弈问题,都揭示了经济环境和经济秩序的长期稳定性,对经济效率的提高有十分重要的作用。这就是说,政府在决定经济政策时,要尽量保持政策的长期有效性,以及有利于培养企业和其他经济组织的长期行为,对改善社会经济效率非常重要。

对于企业经营者来说,博弈论的指导作用更是不言而喻。在价格和产量决策、经济合作和经贸谈判、引进和开发新技术或新产品、参与投标拍卖、处理劳资关系,以及在处理与政府的关系和合作等众多方面,博弈论都是企业经营者的十分有效的决策工具,或者至少是比较科学的决策思路。囚徒困境和激励的悖论等众多博弈论的基本模型或命题都为企业经营者揭示了许多经济问题的实质和导致这些困难的机制,他们掌握经济活动的规律,提高经济决策的效率很有参考价值。

关 键 词

博弈　　囚徒困境　　上策均衡　　纳什均衡　　静态博弈
动态博弈　　博弈树　　极大极小化策略

复 习 思 考 题

1. 为什么要重视用博弈论来研究市场经济中经济活动主体的决策行为?
2. 上策均衡和纳什均衡有什么联系和区别?
3. 设两厂商 A、B 间博弈的收益矩阵是:

		B	
		1	2
A	1	100,40	70,50
	2	80,90	60,80

(1) A、B间有无上策均衡？

(2) A、B间有无纳什均衡？

(3) 如果A、B间不是静态博弈，而是动态博弈，且B先行一步，试画出博弈的扩展形式，并找出该序列博弈的纳什均衡点。为什么静态博弈中不存在纳什均衡而在序列博弈中存在纳什均衡？

4. 下面是两个厂商选择的策略所依据的收益矩阵：

		B的策略	
		遵守协议	违背协议
A的策略	遵守协议	A的利润 500万美元 B的利润 500万美元	A的利润 −200万美元 B的利润 800万美元
	违背协议	A的利润 800万美元 B的利润 −200万美元	A的利润 200万美元 B的利润 200万美元

试问：(1) 哪一种策略使A的最大可能损失为最小？B的是哪一种？

(2) 如果你是A，你会选择哪一种策略？为什么？如果A采取欺骗手段，B会做什么？如果B采取欺骗手段，A会做什么？

(3) 这一对策最可能出现的结果是什么？为什么？

5. 为什么博弈论与计划经济的相容性比市场经济要差得多？

第七章 信息与制度

人们从事任何经济活动时的决策就是决定要不要做,怎样做。例如,居民在购买消费品时要决定买还是不买,什么价位买,究竟买多少。企业及居民在投资活动时要决定投还是不投以及投资多少等。这些决策都会有一定风险,而风险大小与掌握的信息有关。为降低风险,稳定收益,提高交易效率,需要有规则和制度。为此,本章想把看似关联不太紧密的信息与制度问题放在一起讨论并以保险和社会保障为例加以说明。

第一节 经济活动中的信息问题

一、决策与信息

现代商品经济与从前自给自足经济不同。在自给自足的农耕社会,人们在经济活动中掌握一点天气变化知识以及本地自然条件情况就够了。但在现代商品经济时代,人更多的不是与自然打交道,而是与人打交道。在经济活动中,要掌握人的信息比掌握自然界变化的信息要困难得多,复杂得多,难捉摸得多。实际上,商品经济中的任何一项经济活动,都有交易双方的人在交易,或者说在博弈。例如,商品买卖中的买者与卖者,投资活动中的投资者与项目方,银行信贷中的贷款方与借款方,保险活动中的投保人与保险公司,企业招聘活动中的招聘方与应聘方,等等。双方掌握有关的经济信息通常不一样多。这在经济学上称为信息不对称或信息非对称。交易双方中一方掌握而另一方不掌握的信息称为私人信息,掌握私人信息的一方称为代理方,另一方则称委托方。例如,商品买方中买者是委托方(委托人),卖者是代理方(代理人),意思是买者把所要购买的商品质量、数量以及由此带来的消费商品的效用(即满足)等都委托给了卖者。在投资活动中,投资人是委托人,项目方则是代理人;员工在企业中就业工作,企业就是委托人,员工是代理人;银行贷款中,银行是委托人,贷款人是代理人,等等。

信息不对称产生的原因,从委托方看主要有两点。一是认识能力有限。人们不可能知道有关经济活动的全部情况和所有知识。尤其在社会分工越来越细的时代,每个人都只从事一方面工作,不可能成为什么都懂的"百科全书"。二是掌握信息的成本太高。人们要把与自己经济活动有关的信息都掌握,并非完全不可能,但与掌握这些信息后的收益相比,成本太高了。例如,购买商品的人要到生产厂家去了解商品生产所用原材料,工艺流程等所有知识;保险公司要时刻弄清参加保险的汽车司机是否当心开车,就必须派人天天跟着汽车走。诸如此类,成本实在太高了。

从代理人方看,也有两点:一是他们所处的地位决定了他们掌握较多私人信息,比方说饭店老板知道所售饭菜质量,投资的项目方清楚项目的真实风险,借贷人比银行更加了解自己还贷能力,工厂员工比厂方更明白自己工作能力和态度等;二是机会主义倾向,代理方有时为了自己私利,会故意隐瞒一些对委托人不利的私人信息。

二、逆向选择与道德风险

在信息不对称条件下,参与交易的一方隐瞒只有自己所掌握的信息(私人信息)而造成对自己有利而使对方受损的现象称为逆向选择。由于隐瞒信息发生在交易合同签订之前,因此,逆向选择也可说是合同签订前的不对称信息所产生的欺骗行为。为什么称逆向选择?因为委托人总是想选择好的代理人,结果来了一批差的代理人,和委托人意愿方向逆向而行了。例如,在人寿保险市场上,投保人对自己健康状况比保险公司更清楚,身体越差的人越想投保,而保险公司最希望健康的人来投保,因为健康人投保越多,保险公司赔付会越少。这种例子在各行各业交易活动都会存在。

道德风险不同于逆向选择,是交易合同签订后代理人一方的行为不易为委托方觉察而造成自己利益受损的现象。在这里,不易为委托方觉察的行为也是私人信息,是私人行为信息。掌握私人行为信息的一方隐藏了自己行为的信息而欺骗交易另一方,是一种损人利己行为。这种情况之所以称为道德风险(有时也称败德行为),是因为受损者的风险是交易合同成立以后由隐瞒行动的代理方的行为变得不道德,不合理所引起的。例如,买了车险的人不再非常当心保管自己的车子,买了医疗保险的人总要医生多开些贵重药品,得到了贷款的人不再十分谨慎使用所贷资金等。

由信息不对称而产生的逆向选择和道德风险问题可以说在经济生活中经常出现并阻碍市场对资源的优化配置。例如,企业向银行申请贷款时,银行很难弄清每个借贷者的还贷能力。怎么办?一个办法是提高利率以补偿一部分贷款得不到偿还的损失。这样就使一些信用好、风险低的借款人退出信贷市场(因为嫌利率高),这就是逆向选择。银行提高利率的行为会诱使一些借贷人选择有更高收益但同时有更高风险的投资项目,这就是道德风险。结果都会使银行的平均风险上升,降低预期收益。在这种情况下,银行宁可采用另一种办法:选择那些只愿接受较低利率但风险较小的客户贷款,而不选择在高利率水平上满足所有借款人的申请,这就是所谓信贷配给。这样,用利率这一市场手段实现对资金的优化配置就受到了阻碍。

三、信号显示

信息不对称所引起的逆向选择问题会使人们眼花缭乱,迷失方向。或如《红楼梦》上所说,"假作真时真亦假"。假冒伪劣产品混进市场以后会使市场上的真货受到很大伤害。正规商品生产者必须设法让消费者认识自己是真货而非假货,怎么办?一个办法就是通过某种能观察到的情况或行为向缺乏信息的一方(例如消费者)传递一定信息,这就是信号显示或发信号,让人们识别真假。例如,旧车市场上高质量车卖主乐意给买主试车;优质产品上设置防卫标记,或给消费者承诺产品质量有问题可以包退、保修、包换即"三包",人才应聘市场上应聘者显示自己的学历证书、资格证书或经历证书等都属信号显示。

　　为什么这些信号显示可让人们识别真假呢？拿质量"三包"承诺为例说，只有真货正品才敢如此承诺，因为他们质量本来没有问题。假冒伪劣产品就不敢如此承诺。这样，质量"三包"承诺就成了一个信号显示器。

　　信号显示理论可以用来解释实现经济生活中许多问题。例如，为什么一些大公司经理要开高档汽车呢？一方面固然是他们有经济实力用这样的车；另一方面，也是为了显示自己有实力，从而容易赢得有关人员（如银行、做生意客户等）的信任。如果开一辆"蹩脚车"去银行要求贷款，银行经理很可能会怀疑他的还贷能力；如果和客户谈业务，对方可能怀疑是否有能力执行合同。同样，许多大公司要不惜一切代价在一个城市最繁华地区租用办公大楼，目的之一也是要显示自己有强大经济实力。

　　信号显示方式除了上述这些，还常有以下一些。

　　（1）宣传广告。对于那些新产品而言，刚刚问世，不为人所知，通过电视、报纸等媒体手段作些广告宣传，让大家知道它的产地、功效、性能、包装等，无论对消费者还是生产者，都有必要。消费者可以认知这种商品，激发消费欲望；生产者可以将此产品推向市场，扩大销路，进一步增加生产。当然，宣传广告需要真实，防止虚假性、片面性等欺骗性东西。

　　（2）品牌和声誉。品牌和声誉对商家、生产企业来说，是最重要、最宝贵的无形资产。它给广大消费者以无限信任和承诺。正因为品牌对商家如此重要，因此，商家必须十分珍惜这块牌子，维护这一品牌的良好声誉。什么叫声誉？就是名声和信誉。名声大了，信誉好了，一座丰碑就在消费者心目中树立起来了。为此，任何一个真想做大做强的企业，一定要像爱护眼珠一样爱护自己的品牌，像珍惜自己生命一样珍惜自己的声誉。

　　（3）学历和能力。学历对于一个人来说，也是一种能力的信号显示器。对于一个人来说，要能取得一定学历，必须要有一定智力，要付出一定努力。若没有这种智力和努力，一个人就不可能取得某种学历。

　　然而，学历确实不等于能力。能力主要在工作实践中培养。实际上，不少招聘工作的单位，不仅看学历，还看经历。看重一个人的学历和经历，都是非常必要的。

四、道德风险与激励相容

上面所说这些信号传递办法，都是用来对付逆向选择的。那么，对付道德风险问题用什么办法呢？用激励相容的制度设计。

由于道德风险是事后（交易合同签订之后）隐瞒行动引起的，因此，要解决道德风险问题，缺乏信息的一方（委托人）就需要在事先设计出一些有效的制度，来激励掌握私人行为信息的一方（代理人）有动力来克服道德风险倾向，即不发生败德行为或者说不合理、不道德行为。例如，为防止参加车辆保险后用车人不当心保管和使用车子问题，保险公司可设计和实行一种由保险公司和车主双方共同承担事故损失的保险合同。再如，为了克服股份公司中经理人员损害股东利益的所谓"内部人控制"行为，可设计和建立一种机制，使经理人员为自己利益行为作努力也正好是满足委托人（投资者或股东）的利益和要求。这就是所谓"激励相容"的机制。例如，设计和实行多种多样使经理人员的收入与公司经营业绩挂钩的制度（如工资奖金制度）。

激励相容是委托代理理论中一个重要概念，基本意思是说，委托人要设计和选择一种办法或者说制度，使代理人能选择一种也能是委托人利益最大化的行为。激励相容必须满足这样条件，那就是经理人员签订这样一份制度性合同以后，照了去做所得到的利益要比不签订这样的合同以及不按合同去做能得到的利益肯定要大，否则就不足以激励代理人（经理人员）去努力，也约束不了他们的行为。这就是说，一份合同或制度，必须既能满足委托人最大利益要求，又能满足代理人最大利益的要求，才会是一种真正有效率的制度设计。下面我们举一个有名的典型案例来说明这一点。18世纪末，英国为了开发澳洲，需要大批英国人移民到那里。政府决定将犯了罪的英国人发配到澳洲。一些私人船主承包了运载犯人去那里的任务，并以所运犯人数支付船主费用。船一旦离岸开出，船主就拿到了钱。一些船主为了降低运送费用，故意在路上断粮断水，让好多犯人死去。后来，政府给每条船派了医生以及监督的官员，还对犯人在船上的生活费标准作了规定。但所运送犯人的死亡率还降不下来。船主还贿赂监督官员。如果官员不配合，就把他们也掉进海里。于是，一些官员和医生不明不白死掉了。后来,政府把船主召集起来培训教育。要求他们珍惜犯人生命,理解移民是国家开发澳洲的长远之计。但这些办法无济于事。后来,政府听从有人的合理建议,不按上船犯人数计酬,而按犯人到达澳洲的上岸人数付费用。这样,船主不但不随意将犯人害死,还主动请医生跟船,准备各种药品,改善犯人生活,以便让他们能活着上岸。按上岸人数支付报酬,就把船主利益和政府利益捆绑起来了。船主把犯人安全运送到澳洲是国家的要求,现在能变成他们自己利益的自觉行动。这一故事说明,一项好的制度想要单靠对人们的说服教育,或者单靠考监督检查,都无济于事,还得看制度本身是否完善可行,是否有威慑力,是否能调动执行制度的人从自己利益考虑而产生的自觉性、主动性和积极性。

正常的市场经济制度本身就是一种最重要、最根本的激励相容的制度。商品生产者为了在经营中能取得最大的利润,必须生产出能让购买者最满意的产品,这不是激励相容吗?下面就进一步来讨论制度问题。

第二节　经济活动中的制度问题

一、经济制度与经济规律

这里讲的经济制度,不是指社会主义经济制度或资本主义经济制度那种政治和宏观意义上的,而是指约束人们经济行为的各种规则,包括产权制度、合同制度、借贷制度等。

与经济制度有联系但又有区别的另一个概念是经济规律。所谓经济规律,是指经济变化中有关经济现象之间的内在的、普遍的、必然的联系。例如,某商品供不应求时价格必涨,供过于求时价格必跌。这就是商品市场上的供求规律。在这里,价格变动和供求变动这两种经济现象间存在普遍的必然联系。经济规律同自然规律一样是不以人的意志为转移的客观存在,人们可以发现它、利用它、但不能废除、改造或创造它。然而,经济制度是人们制定的,具有主观性。如果经济制度能正确反映客观经济规律的要求,那么,这种经济制度才会有效力,对经济运行和经济发展起促进推动作用,否则会对经济发展起阻碍作用。例如,计划经济年代的"大锅饭制度",就不能调动企业和职工积极性,结果是经济低效率。

既然经济制度是人们制定的,用来约束人们经济行为的各种规则,那么,经济制度必然具有以下这些基本意义和特点。

(1) 经济制度有一定适用范围。例如,合同制度适用于签订和执行经济合同的有关人群;银行信贷制度适用于银行和到银行借贷的有关人群;房屋动拆迁制度适用和动拆迁有关的组织、企业和个人。

(2) 经济制度具有公开性、透明性和公平性。任何经济制度都必须公开、透明和公平,让有关经济活动的全体人员都知道,并且在制度面前人人平等。

(3) 制度具有约束力。就是说在一定范围内,人们都应遵守制度,否则就会受到应有惩罚,不管这种惩罚是国家强制执行的,还是人们在经济活动中必定会付出的代价。比方说,你在做生意时欺骗了别人,你可能受到国家强制的惩罚(比如赔偿或勒令停业整顿甚至关门歇业),也可能使你的名誉扫地,所有人不再与你打交道,从而不得不关门破产。

二、经济制度的形成与作用

经济制度大体上可分成内在制度与外在制度两大类,它们有不同形成方式。

内在制度又称非正式制度,它是指人类群体内随经验而逐步演化出来的那种制度,主要通过风俗习惯、社会舆论来实施。例如,人们在经济活动中不能撒谎骗人,要讲信用,做买卖要公平交易等。这些都属于非正式制度。这种制度最早是作为一种习惯而存在的,久而久之,约定俗成,慢慢形成了人们的一种思维方式和行为方式,成了一种无形的社会压力使你不得不这样行事。

非正式制度包括风俗习惯、道德习俗等,尽管不是国家明文规定的法律法规,但对经济运行起重大作用,最主要的是可以降低人们从事经济活动的成本,提高经济效率。比方说,人们在经济活动中都讲诚信,不骗人不坑人,那么,人们的买卖交易,投资消费等都可以顺利进行。相反,如果一个社会中欺骗成风,造假横行,那么,各类经济活动主体和别人打交道时就要成天揣摩眼前的经济活动是否受骗。如果受骗上当,要求赔偿甚至诉诸法院,成本都会大大上升。因此,在一个普通讲信用的社会里,特别是在所谓经济活动圈子不是很大的"熟人社会"环境里,非正式制度在社会生活中会普遍起作用。

然而,在现代市场经济中,要保证经济活动正常进行,仅靠上述非正式制度远远不够,必须要有外在制度。为什么呢？根本原因是现代社会再不是一个"熟人社会"。人们的经济交往不再局限于"熟人",人们经常要与以后可能再见不到的陌生人打交道,因而许多非正式制度中的惩罚机制在防止机会主义行为方面就会无能为力。举个例子,在"熟人社会"圈子里,如果你骗了人,坑害了人,你的名誉会严重受损,受害人还可能以牙还牙报复你,使你不敢为了眼前一点私利去骗人造假。然而,在一个"生人社会"里,既然你打交道的人好多人是陌生人,这次经济交往后可能很难再遇到,那么,在信息不对称情况下,许多不讲诚信的经济活动主体就有可能为了眼前私利去做一些损人利己的机会主义行动。在这种情况下,为了鼓励人们相互交往,相互合作,就有必要建立一种外在制度或者说正式制度。这种制度的特点是不像非正式制度那样靠人脉自觉执行,而是靠一种强制的惩罚来约束人们的机会主义行为。

最典型的外在制度即正式制度就是一个国家的法律,这种法律由政治权力机构制定和司法机构执行。我们通常所讲制度,主要指的是这种正式的制度。这种制度的贯彻执行,当然也要靠人们的自觉性,但更重要的是靠强制执行。

建立强制执行的正式制度,对于协调经济活动主体的行为,保证市场经济的健康发展,具有很重要的意义。

有了制度,就有了规则和秩序。"无规矩,不成方圆。"制度就是规矩,就是规则。人们在经济活动和交往中,该做什么,不该做什么;做了不该做的事,该受什么惩罚等,都规定得清楚明白。这就能协调个体经济行为,为群体性市场经济活动提供了秩序。例如,《反不正当竞争法》的建立和完善,就为正常的市场竞争秩序的建立提供了制度性保障。

有了制度,有了规则,就为化解人们经济交往的矛盾和冲突提供有力武器。人们在经济交往中,由于各人追求自己利益,免不了会发生矛盾和冲突,这些矛盾和冲突在各种法律、法规形成的制度中都有明确规定的解决办法,从而在使这些矛盾和冲突得到及时、合理的解决。

有了制度,有了规则,就能大大增强了人们经济行为的预见性,降低经济活动的风险。例如,有了产权保护制度,人们就不用再发愁自己的财产为被人无偿侵占;有了奖勤罚懒制度,劳动者就可合理合法地预期自己的劳动会得到应有报酬;有了专利保护制度,发明创新人士就不用害怕自己的创新技术成果被人盗窃等。

有了制度,有了规则,就能切实增强人们交往中的信任度,有效降低人们的合作成本。这是因为,制度为人们的经济交往提供了一种确定的结构。社会中每一个人都在一定的制度中活动,他们的行为都受到制度的约束。如果他们的行为不履行一定的承诺,就会受到惩罚,付出代价。这样,人们之间的合作与信任就建立在制度保障基础上,不用过多担心因别人的机会主义行为而使自己利益受损。

制度的这些作用与功能中,关键一条是可以降低人们在交易中的风险和成本,保证市场经济的健康发展。可见,一项好的有效的经济制度的建立和执行对经济的正常运行和健康发展是多么重要。一项好的制度也许能使坏人不能也不敢做坏事。相反,一项坏的制度,也许能使好人干出坏事、错事来。

第三节 保险与社会保障

下面以保险和社会保障为例来进一步说明制度建设与信息管理的重要性。

一、从制度作用看保险起源、本质与分类

规范人们行为的制度能够增强经济活动的预见性,降低经济活动的风险。这在保险的起源、本质和宗旨中得到充分体现。公元前2000年航行在地中海的商船遇到海难时,为避免船只和货物同归于尽,就抛弃一部分货物,约定损失由各方分摊,形成"我为人人,人人为我"的共同海损分

摊原则，这也许就是最早的海上保险也是人类保险制度的萌芽。后来，不断形成与发展起来的各种各样的保险，其本质都是这种"人人为我，我为人人"的互助互济行为的制度安排。人们在经济活动中的风险是客观存在的，保险是对客观存在的未来风险进行转移，把不确定性转变为确定的成本（保险费），是风险管理的有效手段。例如，人总是会生病的，但什么时候生病，要用多少医疗费用，是不确知的；同样，企业总是会发生事故的，每次事故的损失也是不确知的。建立保险制度，让大家参加，缴纳一定保险费用，遇到生病或者事故能够得到补偿，从而就化解了看不起病而死亡或者承担不起亏损而破产的巨大风险。可见，风险管理和经济补偿就是保险的本质、宗旨和基本职能。离开了这一本质、宗旨和基本职能，就可能使保险业走上邪路。前几年我国有些保险公司开展了一种所谓投连险业务，即投资连接保险。一些业务员推销这种产品时，主要用虚构的所谓投资高收益率引诱客户（尤其是中老年人）来购买，将保险功能降到次要地位，这就违背了保险的本意。

根据保险业的性质、目的、对象和历史习惯等，保险可以分为不同类别：按保险标的是人还是物分为人身保险和损害保险；按保险人是否承担全部责任分为原保险和再保险；按保险经营性质可分为政策性保险和商业性保险；按保险实施方式可分为自愿保险和强制保险。除按各国有关法规所作不同具体分类外，还可按保险主体分为个人保险与团体保险，按承保危险范围分为单一险、综合险和一切险。但大多数国家是按业务保障对象分为财产保险、人身保险、责任保险和信用保险四个类别。财产保险是以物质财富及其有关的利益为保险标的的险种，如海上保险、货物运输保险、工程保险、航空保险、火灾保险、汽车保险、家庭财产保险、盗窃保险、农业保险等。人身保险是以人的身体为保险标的的险种，如人身意外伤害保险、疾病保险（又称健康保险）、人寿保险等。责任保险是以被保险人的民事损害赔偿责任为保险标的的险种，如公众责任保险、雇主责任保险（又称劳工险）、产品责任保险、职业责任保险等。信用保险是以第三者对被保险人履约责任为标的的险种，如忠诚保证保险、履约保险等。

二、从信息不对称看保险的制度设计

上面说过，信息不对称会产生逆向选择和道德风险。这两大问题在

保险中表现十分突出。例如在人身保险尤其健康保险中,逆向选择就可能使这种保险品种难以运转,因为这类保险的保险费率是根据大数定律制定出来的。大数定律的意义是:风险单位数量越多,实际损失结果会接近从无限多单位数量得出的预期损失可能的结果。因此,保险公司承保的各类标的数目必须足够大。以人身险来说,如果健康的人不想投保,留下不健康的人投保,保险费率就会很高。这必然使亚健康的人也选择退出,最后这个市场必然瓦解。为了解决这个问题,就有了强制保险制度的出现。强制保险和自愿保险不同。自愿保险是当事人在平等互利和自愿的基础上确立合同关系,被保险人可自行决定是否投保、保险标的种类、金额和期限等,保险人也可选择承保与否及其有关承保项目和内容。强制保险又称法定保险,是政府以法令或政策形式强制规定被保险人与保险人的法律关系,在规定范围内,不管当事人双方自愿与否,必须按规定办理保险。凡属法令规定必须保险的标的,其保险责任自动开始,保险金额按规定标准收取,被保险人不得自行选定。强制保险的另一种形式是政府规定某些行业或个人从事某种经营或其他活动时,必须参加保险,否则不准从业。医疗保险就是强制保险,交通运输保险也是强制保险,我国的基本养老保险同样是法定的强制保险。这种强制保险制度的建立,就可以克服逆向选择问题。

再说道德风险问题。人们参加了保险,就认为反正出了事故都有保险公司负责赔偿,因此其行为就变了样。一方面,参加医疗保险的病人会过度消费,产生一人看病、全家吃药和小病大医等现象;另一方面,有些医生会诱导消费,认为反正医药费可以报销开支,就会给病人胡乱开药、小病大治以便自己多拿奖金。参加了交强险的司机开车时就会不谨慎,认为撞坏了车子反正可以赔偿。为了解决这类道德风险问题,保险合同就必须设计出一系列制约条款,规定什么样情况不能报销、不能赔偿,什么样情况全部报销、全部赔偿,什么样情况按一定比例报销、赔偿,等等。其中按一定比例报销、赔偿就是所谓共保制度,即由保险人和被保险人共同按一定比例负担损失,这样就可以约束被保险人的道德风险行为。

三、商业保险、社会保险和社会保障

商业保险是指按商业化原则运行的保险。平等、自愿是商业保险的一个基本原则,因此商业保险都是自愿保险,投保人和保险公司在平等互利、等价有偿原则基础上建立保险关系。保险品种、保险合同都由双方自主决定,不受第三方干预。

社会保险和商业保险不同,是根据法律以全体公民为保险对象的强制保险,如养老保险、医疗保险、失业保险、伤残保险等都属于社会保险。保险费也不像商业保险那样由投保人全部负责,而是由国家、企业和个人共同分担。在给付方面,商业保险完全根据权利和义务对等原则,和投保人缴纳的保险费相联系,而社会保险中虽然也贯彻权利和义务对等原则,但缴费和给付并没有直接对等关系。穷人生大病,不能因为缴费少就不给治疗。总之,社会保险体现强制性、互济性、社会性和福利性原则,故通常由政府部门的非营利性的事业机构来举办。

和社会保险有密切关系的是社会保障。社会保障是现代国家的一项十分重要的制度安排。社会保险是社会保障制度最主要的组成部分。社会保障中还包括有社会救济、社会福利等制度。因此,社会保障和社会保险有一定区别。例如,社会保险的对象是从事工作但因故(年老、失业、伤残等)失去生活来源的职工,而社会救济的对象是无依无靠的鳏寡孤独以及失去劳动能力的盲、聋、哑、痴、呆的人,社会保险所需要的费用要靠各方面的缴费以及政府的补助,而社会救济一般靠财政拨款;社会保险还是要体现一定的权利和义务对等的原则,不缴费者不能享受,但社会救济受惠者无需尽缴费义务,而在得到给付时要经过严格的资格审查核实。至于社会福利,更是属于国家或者企业通过举办种种如文化、教育、科学、电视、公园、孤儿院、福利院等实施来保障和改善广大人民物质文化生活的,体现的完全是一种普惠原则。

尽管社会保障不完全等同于社会保险,但社会保障的主体部分还是社会保险。众所周知,社会保障制度是稳定社会的重要减震器。19世纪80年代社会保障制度最早建立于德国,就是因为当时德国工人运动高涨。社会保障制度所以在20世纪30年代大规模发展,是因为当时的世界性大经济危机爆发使社会矛盾加剧。历史现实都告诉我们,在社会化大生产中,劳动者再不是自给自足的小生产者,而是企业中的雇佣劳动者。他们一旦失去劳动能力(如年老、生病、伤残等)或者工作机会(如失业)失去生活来源时,单靠某一方面的救济,是远远不能解决问题的。只有国家出面,建立社会保障制度,给他们有一个基本生活保障,社会秩序才能稳定,市场经济才能发展。这个问题对今天我国来说同样如此。改革开放以来,随着经济和社会的不断发展,我国的社会保障制度也有了很大发展。但离实现全面小康的要求,还有不小距离,当前特别要从几个方面加大努力:一是社会保障覆盖面需要扩大,尤其要努力扩大到广大农村中去,当然这可以和农村城市化、进城镇农民的市民化相结合来进行;二是要逐步提高社会保障的保障水平,尤其是农民的基本医疗保障水平。大力发展社会保障事业,不但是稳定社会、缩小贫富差距的有力途径,也是关注民生、执政为民的重要体现。

关 键 词

信息不对称　　私人信息　　逆向选择　　道德风险　　信号显示
激励相容　　内在制度　　外在制度　　保险　　社会保险
社会保障

复习思考题

1. 什么叫信息不对称？为什么会产生信息不对称？
2. 举例说明什么叫逆向选择和道德风险。逆向选择和道德风险有什么区别？
3. 什么叫信号显示？掌握私人信息一方为什么要信号显示？
4. 为什么企业和个人都必须珍惜自己声誉？
5. 举例说明什么叫激励相容。
6. 什么是非正式制度和正式制度？制度对经济运行有什么作用？
7. 社会保险和商业保险、社会保障有什么区别？和社会保障有没有区别？

第八章　收入分配和贫富差别

前面各章简述了市场经济社会的商品、货币、消费、生产经营及与此相关的博弈、信息和制度问题。产品生产出来后供消费，必须经过分配环节。本章就来说明收入分配及与此相联系的贫富差别。基督教宣传"上帝面前人人平等"。可惜上帝并不存在，因此，人人平等也只存在于一个虚幻的天堂中，现实世界呈现出的是一幅贫富悬殊的图景。今天，无论在外国还是在我国，贫富差距都达到了相当惊人的地步。贫富差距首先表现在收入分配上。那么，人们根据什么得到他们的收入，收入在人们之间怎样分配，巨大的差别如何造成，发展趋势会怎样，如何才能得到控制和调节。本章就来论述这些问题。

第一节　收入分配和要素价格

一、家庭收入的类型

每个人、每个家庭在各个时期可能会得到各式各样的收入：可能因为上班工作，得到劳动工资；可能贷出一笔资金，得到利息收入；可能占有若干股票，得到红利和股息收入；可能出租一套房子，得到租金收入；可能做了一笔生意，赚了一笔利润；可能因为失业或退休，得到失业救济金或养老金，还可能有各种其他形式的收入，但仔细分析归类一下，所有这些收入不外是劳动报酬、利息、利润、租金和政府或企业的转移支付。其中，劳动工资（包括基本工资、奖金、津贴、佣金等）属劳务性收入，利息、利润、租金属财产性收入。如果一个家庭既无劳力,又无财产,没有任何获取收入的手段,就只能靠政府、企业或个人的转移支付收来度日。

工资、利息、利润这些劳务性收入和财产性收入又称国民收入的初次分配收入,而转移支付收入又称国民收入的再分配收入,其中,以政府转移支付为主。政府转移支付是指政府通过税收形式把一部分人的收入集中起来,再转移支付给丧失劳动能力(如老人、伤残或生病者)或者劳动机会(失业者)的人,包括养老金、失业救济金等。企业和个人转移支付包括企业和个人给一些需要帮助的家庭的救济、补助、捐款等。

二、收入是要素的报酬

为什么劳务和财产会带来收入?从市场经济的角度看,每一种收入都是生产经营创造出来,而任何生产经营都需要四种生产要素:劳动、资本、土地和企业家经营管理才能。其中,资本和土地都是财产,企业家管理才能也可以看作资本,是一种人力资本。这四种要素共同发挥作用,创造了物质产品(如食品、衣服)和劳务产品(如提供理发、金融保险、医疗等服务)。这些产品的价值都是用货币表现的。这些产品的价值和除了原材料价值,就成为收入。举个例子,若某企业在一定时期内生产一定数量棉布,卖得4万元,扣除消耗的棉纱等原材料和能源等消耗1.9万元以及机器、设备折扣0.1万元,大致可以认为是棉布生产过程中新生产的价值或收入是2万元,这2万元再扣去一点税金后,会形成工资、利息、利润和地租这些收入,原因是生产者必须使用劳动,劳动报酬就是工资;必须使用机器设备,而购买这些设备所需要的资金使用要付代价,这就是利息;必须有企业家来经营管理,他们得到的是利润。那么地租呢?在我国,土地是国有的,国有不等于不要代价,毕竟厂房是造在土地上的,因此,厂房租金中就含有地租。

在市场经济中,使用任何要素都不可能是无偿的或者说不要代价的,即使这些要素中有些是企业自有的,从机会成本角度看,也是有偿使用的。所有偿付给生产要素的报酬,就是各种收入。由此可见,只有这些收入和缴给政府的税金才是生产经营中新创造的价值,生产中消耗的原材料等的价值不属新创造的价值,而是转移到产品价值(价格)中的价值。

三、收入分配由要素价格决定

生产中新创造的收入是怎样分割为工资、利息、利润和地租(租金)的?在市场经济中,这个问题是由市场来解决的。各种收入就是对要素在生产中发挥作用的报酬。报酬多少是怎么定的呢?根据各要素在生产经营所起作用或者说所作贡献。作用或贡献大,市场上对这种要素的需求就大些,企业就愿出高一些价格来使用它。如果这种要素在市场上很稀缺,就会供不应求,于是使用这种要素的代价就会更大些,这种代价就是要素的使用价格,简称要素价格。再强调一下,所谓要素价格,是指要素使用价格,而不是指要素本身值多少钱。要素本身的价格和要素使用价格不是一回事。例如,某厂房本身买卖的市场价格也许是 5 000 万元,但每月租金也许只是 25 万元,一年租金只有 300 万元。这月租金或年租金就是厂房的使用价格。

要素使用价格是怎样决定的?由要素市场上对这种要素的需求和供给的对比关系决定。比方说,某工程师有专门技术,在生产上能作很大贡献,而且这样的工程师在劳动市场上很少,于是自然会有企业肯出高价使用他。他的收入或报酬,就是他劳动的价格。工资是这样,利息、租金、利润这些收入也都是要素使用价格,它们由要素市场上的供求关系决定。这样,收入分配就成了一个要素价格决定的问题。

第二节 劳 动 工 资

一、劳动供求与劳动价格

企业雇用工人,目的是为了生产利润。企业在决定要不要雇用工人时,考虑的是该工人创造的收益是不是大于该工人的工资成本。大于才雇用,小于不肯用。工人工资成本的高低可以用工资率来衡量。工资率指单位劳动的价格支付。如果每小时工资是 30 元,则 30 元就是小时工资率。显然,企业对劳动的需求不但取决于劳动创造的收益,还取决于工资成本,因此,劳动创造的收益不变时,工资率越高,企业对劳动的需求量会越小。

相反,工资率越高,劳动供给量会越大,因为一方面原来的就业者可能愿意多干些活;另一方面,本来不想工作的人员也可能想干活了。但是,也不是工资率越高,劳动者越愿意多劳动,因为工资率提高对劳动供给有两种效应:替代效应和收入效应。替代效应指工资率越高,少劳动而多休闲所受到的损失(货币收入的损失)愈大,即休闲的机会成本愈大,这会使人们用多劳动来替代多休闲。收入效应指,工资率越高,人们就愈是有条件不用拼命干活也能得到较好的消费享受,从而不想更多劳动。工资率提高时两种效应同时起作用。收入效应小于替代效应时,劳动供给会随工资率上升而增加,收入效应大于替代效应时,劳动供给会随工资率上升而减少。通常说,收入水平较低时替代效应起主要作用;收入水平较高时收入效应起主要作用。

一个个企业对劳动的需求加在一起就构成整个劳动市场(通常指一个行业的劳动市场)的需求,而一个个工人的劳动供给加在一起,构成整个劳动市场的供给,整个劳动市场上的需求和供给平衡时形成了劳动市场的均衡价格和实际就业量。我国改革开放以后,大量农民工涌入城市寻找打工机会,他们工资待遇要求不高,这种情况使城市里普通劳动工人的工资的提高也受到了影响。

一些国家或地方,政府常设有最低工资标准,这是为了保护劳动者利益,但最低工资标准设定应考虑各方面实际情况,标准过高了,会影响企业用工,反而影响劳动者就业和福利。

二、工资差异的原因

劳动均衡价格的形成,不等于劳动者都会得到一样多工资。在现实生活中,劳动者所从事的行业、职业及所处市场环境不同,会使工资存在很大差异。导致工资差异的因素很多,主要是下列三个方面。

(1) 劳动的质量不同。人们之间在智力、体力、教育和训练等方面的差异,会导致工资率的重大差别。关于这一点,英国古典经济大师亚当·斯密早在二百多年前在其代表作《国富论》中说过:"设置高价机器,必然期望这机器在磨毁以前所成就的特殊作业可以收回投下的资本,并至少获得普通的利润。一种费去许多工夫和时间才学会的需要特殊技巧和熟练的职业,可以说等于一台高价的机器。学会这种职业的人,在从事工作的时候,必然期望,除获得普通劳动工资外,还收回全部学费,并至少取得普通利润。"用今天的话说,进行了人力资本投资的劳动者,其工资必然高于普通劳动者的工资。这种工资差别,可称非补偿性工资差别,以区别于下列方面的差别。

(2) 非货币利益的不同。职业与职业相比,在安全、辛苦、环境、声誉等方面有时相差悬殊,因而心理成本不同,或称为非货币利益不同。如果不保持工资差距,不给那些心理成本高、人们不太愿意从事的职业以特殊的收入补偿,就难以保证这些部门的劳动供求均衡。关于这一点,亚当·斯密在《国富论》中同样有清楚的论述。他说:"缝工的所得较织工为少,是因为缝工的工作较为容易;织工的所得较铁匠为少,是因为织工的工作清洁得多;铁匠12小时所得不及普通煤矿工8小时所得,是因为铁匠工作不像煤矿工那么污秽危险;对于一切尊贵的职业,荣誉可说是报酬的大部分。屠户的职业既粗蛮又讨厌,但在许多地方,他们所得比其他普通职业多。刽子手的职业,是最可嫌恶的职业,可是,与其他工作量相比,他的报酬比其他任何普通职业都多。"非货币利益不同而造成的工资差别,可称为补偿性工资差别。

(3) 市场的不完全竞争。在现实生活中,劳动市场往往是不完全竞争的,这会造成工资上的差别。例如,由于人们对不同职业收入差异的信息缺乏了解,由于乡土观念较重以及担心搬迁的费用和在新环境中生活的不便;由于工会组织对进入条件的限制和对政府、雇主施加压力;由于妇女歧视和种族歧视甚至国籍、户籍等原因形成的不完全竞争。

三、工资的实质与形式

对于什么是工资的实质,一种观点认为,劳动者出卖的是劳动力,工资是劳动力的价值或价格;另一种观点认为,工资是劳动的报酬或价格。两种观点都有一定道理。本书不参与这种讨论。但在前面叙述中已把劳动当作生产要素,劳动工资是这一要素的价格,就实际上采用了后一种观点。

　　工资的形式指工资支付的形式。在现实生活中，工资形式很多，如基本工资、职务和职称工资、职务和职称津贴、绩效提成、加班费、讲课费、书稿费，等等。但是，仔细分析一下，这些形式不外乎两类，一类可称为计时工资，即按劳动工作时间支付的工资。这种工资是按各人情况分等定级然后规定一定时间（年、月、周、日）支付的固定工资，如基本工资、职务和职称工资、职务和职称津贴等都是这种形式。另一类可称为计件工资，即按完成的工作量或者产品数量、工作成绩来支付的工资，如绩效提成、加班费、讲课费、书稿费等。具体到每个人所得到的，可能部分是计时工资，部分是计件工资。计件不局限于产品件数，还包括可以计量的工作数量和质量。不管什么形式，都体现了劳动者付出多少劳动，获得多少报酬。由于各人劳动复杂程度有差别，因此不管计时还是计件，标准都有差别。比方说，普通职工和高管人员的年绩效工资不一样，教授和讲师的讲课费标准不一样等。

　　现在还有一个退休工资的称呼。其实这是一个不科学的习惯称呼。退休了就没有工资，有工资说明还未退休。所谓退休工资实质上是退休金或者说养老金。只是各人养老金标准和他们在职时工资还有一定挂钩联系，因此就误认为退休金就是退休工资。

第三节　资　金　利　息

一、使用资金为什么要付利息

　　甲借了乙的钱，甲称为债务人，因为他负有按约定归还本金并付一定利息的义务；乙称为债权人，因为他享有按约定收回本金并获得一定利息的权利。若问借了钱为什么要付利息，经济学家的说法是，债务人借钱是为了使用，去搞生产经营，能带来收益或者利润，他当然就应当给让渡资金他使用的债权人一定利息作为报酬。否则，债权人宁可把自己资金放在家中，放在家中还没有丧失本金的风险。贷放给债务人使用，假如债务人信用有问题,或者经营中亏损还不出债了,这不都是债权人的风险吗?风险也要补偿,何况使用资金总会带来收益。这就是借出的资金总要收取利息的原因。正因为这样,因此即使在过去我国计划经济年代,借贷利息也从未取消过。

利息高低是用利息在本金中的比例衡量的。贷款一定时期收取的利息额在本金中比率称为利息率。假定某企业借 100 万元使用 1 年利息是 5 万元,则年利率就是 5%。

二、利率的决定和差别利率

实际上,利率就是资金的使用价格。因此,在市场经济中由货币资金市场上的供求关系决定。对资金的需求主要决定于企业的需要。通常在经济很景气时,企业对未来经济发展前景就乐观,愿意扩大投资,扩大生产经营,就会对资金需求强烈,而经济不景气时,企业对资金需求就会减少。当然,同样经济环境中,各个企业对资金的需求情况也不一样。急速扩张的企业对资金需求十分强烈,而其他企业则可能没有这种强烈的需求。货币市场上对资金的需求与政府的经济政策也有关。政府实行货币紧缩政策时,企业就可能很难借到钱,利率即借贷成本就可能上升。关于资金的供给,不但取决于居民的储蓄存款意愿,也取决于政府的货币信贷政策。政府放出货币时,可贷资金就会增加;反之则会下降。

利率由货币需求与供给对比关系决定。货币需求与供给达到平衡时的市场利率称为均衡利率。反过来,利率变化又会影响货币需求与供给。利率上升时,增加了企业的资金成本,对贷款资金需求会下降;反过来,利率上升会刺激人们增加储蓄,从而增加资金供给,影响利率的变化。

均衡利率的出现,不等于现实生活中的利率都会处在一个水平上。资本按其本性,不管投向哪一个行业,都要求得到一个正常的或平均的资金回报率,这就是市场利率水平。市场利率代表任何一笔投资的机会成本,因此,不同行业中的利率应当有趋同趋势,这种趋势是通过资金的自由流动来实现的,但是,不仅各行各业的贷款,甚至同一行业中的每一笔贷款,利率都可能出现差异。形成差别利率的因素颇多,归根到底,主要取决于风险。因此,利率高低和债务人信用程度和贷款期限直接有关。

债务人信用级别高,违约的可能性就小,估计债务人可按期偿还本金和利息,因而利率相应会低些。相反,如果债务人信用程度差,违约风险大,则利率就会高些,因为风险需要补偿,否则债务人不愿给予贷款。为什么企业债券的利率要高于公债利率,原因是企业倒闭破产的可能性比政府被推翻的可能性要大得多,因而企业债券风险比公债大得多,同样,有银行作担保或有实物作担保的贷款利率要比没有这种担保的利率要低一些。

贷款期限也会影响利率。一般说来,长期贷款利率比短期贷款利率要高些,因为贷款期限越长,债务人偿债能力变化的可能性也就越大,即贷款机会成本变化的可能性越大。比方说,甲给乙贷款按当前情况利率定为6%,可是,也许一定时期以后,或者是由于资金市场上供求关系发生变化,或者是由于其他因素的变化,市场利率显著上升了,比方说上升为8%甚至更高,这样,债权人就明显吃亏了;此外,期限越长,风险也越大,为此,期限长的贷款要求的利率会相对高一些。

同样,存款利率也是因存期长短而变化。定期存款利率高于活期存款。活期存款随时可取存,商业银行难以运用作定期的投资,故利率最低。定期存款中,存期越长,利率则越高。

还要说明的是,上述利率,一般指消除了通货膨胀因素的真实利率即实际利率。真实利率大体等于名义利率减去通货膨胀率。假定名义利率为10%,通货膨胀率是6%,则实际利率是4%。上述利率差别,乃指实际利率的差别。

三、我国的利率市场化

长期以来,我国在金融领域沿袭计划经济传统实行利率管制,即各档存贷款利率都由人民银行统一规定,所有商业银行不得根据市场情况自行决定利率。这样做对商业银行是有利的,因为存贷款利率差别长期来比较大,银行不用搞什么金融创新服务也可以坐吃厚利差。这是我国金融业利润较丰厚且银行业工作人员收入待遇长期较好的重要原因。然而,这种局面不利于促进银行业通过竞争实现金融服务创新,也不利于资金这一宝贵的资源通过市场机制实现优化配置。例如,长期管制的贷款利率偏低,刺激了一些企业盲目贷款投资,不仅形成如重复投资一类问题,也给银行贷款带来了风险。

为什么我国多年以来一直实行较低利率甚至有时实际利率为负数,原因有几方面:一是低利率有利于投资成本下降,从而有利于经济增长;二是低利率有利于股市和房地产市场;三是低利率有利于降低国家的公债利息负担;四是目前世界各国都实行低利率,如果我国实行比较高的利率,就容易引起国外游资进来投机套利,不利于我国金融市场稳定。

然而,如果长期的利率偏低,尤其长期的存款利率偏低,低于通货膨胀的实际负利率,不仅损害了普通存款的百姓的经济利益,侵蚀了他们平时省吃俭用积存起来的这点存款余额的货币购买力,而且会引发民间一些不法分子用高利作诱饵的乱集资行为,使许多上当受骗群众血本无归。

近几年来,我国一直在试图实行利率市场化改革。先是在贷款方面放开一定幅度的上下限,即可以在管制的贷款利率基准上上浮或下浮一定幅度。最近,又在降息同时实行存款利率上浮一定幅度的规定。这一新措施是我国利率管制一大突破,是朝市场化方向改革迈出的一大步伐。央行宣布了这一规定以后,一些小规模的商业银行上调了存款利率,吸引了不少新存款客户,也给一些按兵不动的银行带来了压力。由于银行必须按规定存贷比率放贷,减少了存款的银行也降低了贷款能力。同时,存款利率的上浮而贷款利率下调,也压缩了银行的存贷差利润空间,迫使银行努力实现金融业务的创新来提升盈利能力。这有利于推动我国金融领域在改革创新过程中前进。

四、中小企业资金使用成本高的原因

中小企业在我国经济生活中作用很大,尤其在解决劳动者就业方面贡献非常大。因此,政府一直想减轻中小企业负担以帮助中小企业发展。然而目前这些企业发展很不容易。融资成本高就是其中一个重要原因。众所周知,按照企业融资成本高低来说,如果能够上市(在股市上),成本最低,但是如果不是特别好的高新技术的中小企业,一般是不可能上市的;第二是发企业债券,成本也不算高,但是一般也不可能;第三就是银行贷款,通常利息不低,但是银行一般不大肯给中小企业贷款,因为这些企业经营风险大,贷款容易打水漂;第四是信托产品融资,这种融资不但成本高,而且不容易成功,因为投资人怕风险太大;第五就是借高利贷,利率有时高达年利息15%甚至更高。这样,大多数中小企业的资金成本就必然很高。

第四节 租金收入

一、租金和租金回报率

由于我国土地是国有的,地租问题在经济生活中并不显著,显著存在的是房产租金。因此,本节就主要论述房产租金问题,从中也可以看出地租的一些性质。

所谓租金,是指暂时让渡某种财产的使用权而定期获得的收入。例如出租土地获得地租收入,出租房屋获得房租收入,出租设备获得收入,等等。租金水平用租金回报率来衡量。所谓租金回报率,指租金与让渡使用权财产的市场价值的比率。例如,某套房屋现在市场价值为500万元,年房租金额(指扣除税收及其他费用后的净租金收入)为10万元,则年租金回报率为2%。

租金回报率也可以用来衡量投资回报率(但投资回报率不局限于租金回报率,因为财产还可通价值增值取得投资回报)。拿房产投资为例说,如果房价较低,而租金较高,则说明投资很有价值。例如,我国城镇住房价格大幅上涨以前买进的房产现在来出租,租金回报率普遍较高。比方上海市区一套100平方米的住房在2004年买进时100万元,现在出租年租金总额为10万元,则投资回报率就达10%。如果现在房价涨到500万元,租金不变,则回报率就降到2%。可见,租金回报率与租金成正比,与出租财产市场价值成反比。

二、租金回报率水平的决定因素

各种财产租金回报率(下简称"租金率")是不相同且会变动的。就拿房产租金回报率为例说,这种回报率取决于房租和房价水平,因为是两者的比率。但恰恰这两者都会随时间和空间而变化。从时间上说,如果随着形势变化,房租上涨慢于房价上涨速度,则租金回报率就会下降。这是指目前买进房产用来出租。如果从前某个时间买进的房产,其房价早已锁定,如果租金在上涨,则租金回报率就不断上升。房价下跌时,租金回报率变化情况也要看房子是以前买进的,还是现在买进,而且还要看房租变动情况。从目前情况看,我国城镇住房租金回报率普遍较低,例如上海市许多房租年回报率只有2%—3%。其原因主要是前几年房价飞涨,至今未有明显下调。通常说来,房租水平能比较真实地反映租房者的消费能力。当房客只能按一定租金来租房时,这个租金能比较实在地衡量租房者的消费能力和消费需求。在这种情况下,租金回报率偏低只能说房价偏高,脱离了消费者的消费能力,这表明这偏高的房价有了泡沫。

再从空间上说,同样100平方米住房在城镇地段好的地区租金就高,在地段差的租金就低。这和经济学中的级差地租是同样的道理。所谓级差地租,是指土地肥沃程度和区位不同而形成的不同等级的差别地租。然而,由于地段好的地区的房价也高,因此,租金高不一定就是租金回报率高。在商业地产投资中,情况也是如此。投资者务必考虑未来租金和房价可能会怎样变化,才能规避风险,取得良好投资回报率。

三、准地租和经济租金

在短期内,工厂、机器及其他耐久性设备固定性很强、不易从这个产业转往其他产业,有些类似一地区或一国在一定时期内垂直的土地供给曲线,因此,使用这类设备的租金有时也称准地租。

长期来说,一切要素都可流动,因此,要想使这些要素继续留在该行业,厂商付给它们的报酬必须超过它们转移到其他行业所能获得的最大报酬,即机会成本,这个超过部分称为经济地租或经济租金。有特殊技能的人,如歌星、体育明星等收入中,很大一部分就是这种经济租金。当经济租金大于零时,这些特殊要素就会继续留在该行业中,若经济租金小于零,这些要素就会转移到其他行业。一个著名歌星的收入之所以会高于一个普通的中小学音乐教师的收入,就是因为有经济租金。吸引他(她)

努力去当歌星的,也正是这种经济租金。

第五节 贫 富 差 别

一、两个世界

人类生活在一个贫富差距很大的世界上。首先是国与国之间贫富差距很大。有一个研究报告的数据显示,地球上最富有的 10% 的人掌握了全世界财富的 86%,而占全球总人口 73% 的底层广大群体只有全球财富的 2.4%[①]。世界上最贫穷的国家大部分都在非洲,如津巴布韦、刚果民主共和国等可说极度贫困,而比较富裕的国家是欧美那些经济发达国家。

当然,同一个国家中的人们,也不是生活在一个世界。在美国,现在居住着约几万名千万富翁,同时又约有几千万人生活在官方公布的生活贫困线上。美国大公司总经理的年收入高达 7 500 万美元。但一般的简单体力劳动者收入就很低。例如,电车售票员、街道清洁工、女打字员、女电梯工等的年收入不到 1 万美元。美国在 20 世纪 90 年代起迈向新经济过程中,经济持续增长,社会财富不断增加,但工人的货币工资增加很少。经济增长的成果主要流进了高收入阶层的口袋。美国社会贫富差距更大了。

据英国一份报告的形象描述,现在全球最富有的 85 人所拥有的财富,相当于世界上底层 35 亿人的财富总和。这简直是实在难以想象的贫富差别和不平等了。

二、不平等的衡量

这里讲的平等和不平等仅指收入分配中差距而言,既不指政治上是否人人有平等参与的权利,也不指经济上是否人人有均等的机会参与竞争。测度这种收入差距情况的一个有用指标是所谓基尼系数。这是意大

---

① 每日财经网,2016 年 11 月 29 日。

利经济学家基尼提出的,基本意思是不平等分配的那部分收入在全部居民收入中的比例。基尼系数最小为 0,表示收入分配绝对平均;最大为 1,表示 100% 的收入被一个家庭全部占有了。基尼系数实际会在 0 与 1 之间。联合国有关组织认为,基尼系数低于 0.2,表示分配高度平均;0.2—0.3 是比较平均;0.3—0.4 就比较合理;0.4—0.5 表示差距较大;0.6 以上就是过于悬殊。我国改革开放以来,打破了大锅饭分配制度,但是居民收入差距很快扩大。国家统计局公布的数字是:2003 年为 0.479;2008 年为 0.491;2015 年为 0.462,达到了 2003 年来的最低点。这个数据民间还有质疑,但也说明目前我国居民收入分配差距过大,应设法缩小。

三、收入分配不平等原因

居民收入来自劳动和财富两大渠道。收入分配不平等也这要从这两大渠道加以考察。

关于劳动收入差别问题,前面已做过分析,具体说来是由于人们能力不同,所受教育和训练不同,从事的职业不同,各人机遇不同,所处环境不同以及各人努力程度不同等。

财产收入不平等是引起收入分配不平更加重要的原因。马克思曾经说过,在资本主义社会里,除了有一个物质资料再生产问题,还有一个生产关系的再生产,即资本家再生产资本家,雇佣工人再生产雇佣工人。这一判断是科学的。现在看来,不仅在资本主义社会,就是在我国这样的社会主义社会也存在类似情况。所谓"富二代"就是这个意思。正如有人形容的:"龙生龙,凤生凤,富人生个小富翁,穷人后代还是穷。"

为什么穷富也会代代相传呢?除了上一代留给下一代的财产有巨大区别,还有富人孩子和穷人孩子得到教育、培训机会也不大一样。富人子弟可以上拥最好师资、最好设备的学校,穷人孩子可能连一台电脑都买不起。富人子弟可以出国留学,穷人子弟能否读完高中都成问题。总之,他们的小孩不能在一条起跑线上成长,机会不平等就会造成结果不平等。

再说劳动就业,即使穷人子弟千辛万苦能从一个学校毕业了,要找一个好单位、好岗位参加工作也非易事。不少单位招人要凭关系,一些银行还公开说要带多少存款才能进来。这样,劳动就业能平等吗?

值得注意的是,现代社会发展还有着收入分配差距不断扩大的趋势。美国国会公布的一项收入不均的报告显示,1993 年到 2012 年美国最富有的人群(占人口 1%)的实际收入暴增 86.1%,而剩下的人群收入只增加 6.6%。美国成了发达国家中贫富差距非常严重的国家之一。美国贫富差距如此增大,既有社会制度(人剥削人)因素,也有经济和社会因素。从经济上说,科技进步,产业结构调整以及资本积累加剧等都是重要因素。第一,科技发展需要的是掌握现代科技知识和技能的人才,却使缺乏科技知识和专门技术的普通职工就业机会大大减少。特别是信息技术应用、生产日益智能化后,不熟练工人需求量大大降低。"智能机器人"从普通工人手里端走了饭碗,导致经济增长和就业岗位增加脱钩。脸书即 Facebook(一个社会化网络服务网站)上市后市值达 750 亿美元,只有雇用 3 000 人,而传统制造业的代表通用汽车市值为 350 亿美元,却在美国本土雇用 27.7 万人,在全球雇佣 221 万人。科技进步利益越来越多地为富人及其后代所占有,因为他们有条件接受高科技教育,穷人大多与此无缘。因此美国社会流动性(从社会较低阶层流向较高阶层)也在下降。第二,产业结构调整也加剧了贫富差距扩大,因为这种调整使本来有较高工资收入的制造业就业机会不断减少,而呈增长势头的第三产业的职工的平均收入较低,因此第三产业就业人数增长就等于普通职工收入下降。第三,资本积聚集中更是使财富和收入越来越集中到垄断资本集团手中。经济全球化中美国受益的是金融科技部门,受害的是制造业中的产业工人,因为大量制造业转移到了海外。

四、社会流动性和经济活力

与收入分配和贫富差别有关的一个问题是社会流动性。社会流动性是指一个社会成员从一个社会阶级或阶层到另一个社会阶级或阶层的转变的过程和现象。在经济学中,衡量社会流动性的指标是两代人的相关系数,包括收入、社会地位、教育程度等的相关系数。系数为 1,表示上代人收入、地位等都决定下代人的收入、地位等;系数为 0,表示两代人收入、地位等都不相关。这种系数通常在 0 到 1 之间波动,表示两代人收入、地位等都有一定关系，但并不完全上一代决定下一代。

　　社会流动性高低对社会经济发展影响很大。社会流动性高的经济社会有经济活力，否则就缺乏经济活力。研究发现社会流动性高低与GDP增长率有正向关系，社会流动性高的社会，人们感觉到只要自己肯努力学习，努力工作，努力奋斗，就能改变自己命运，改善自己生活，从而有一股努力向上的勇气和力量。大家这样想和这样做时，社会就充满活力。人需要激励。在社会流动性很低的社会，原来处在社会高层的人们，不用努力就能够过上十分富裕生活，一切都有上一代安排好，就常常不思进取，不肯学习，不能创新，成天吃喝玩乐。相反，原来广大处在社会底层或者中下层的人们，不管怎么努力，始终没有出头之日，世世代代只能做牛做马，因此就没有兴趣和机会，也没有勇气和动力去好好学习，积极工作，更不说能从事创造性活动。这样的社会经济就不可能增长和发展。

　　历史告诉我们，社会流动性高低与市场经济发展程度是正相关的，因为市场经济本身要求公平、公开、公正，要求人们在一条起跑线上开展公平竞争，不承认特权，不承认等级。因此，要提高社会流动性，首先要努力发展市场经济制度，打破一切阻碍市场经济发展的规章制度尤其是等级特权制度。当然，政府在提高社会流动性本身方面也可以大有作为。例如，推进教育和医疗制度改革，就有利于实现所有国民的机会平等，在同一条起跑线上竞争；推进反对贪污和廉政建设，有利于消除特权，消除一切讲关系、走后门的不正当社会风气。

第六节　平 等 与 效 率

一、鱼和熊掌

　　追求收入分配中的平等，消灭贫困，会不会损害经济效率是现代经济学中争论不休的问题之一，也是政治家决策中感到头痛的问题之一。大多数经济学家认为，平等与效率之间存在的矛盾好比鱼和熊掌难以兼得一样。有的经济学家说过："为了效率就要牺牲一些平等，并且为了平等就要牺牲一些效率。"

平等与效率的矛盾或交替关系的存在,是市经济运行机制本身决定的。在市场经济中,要有效率,就必须给生产要素所有者即供给者以相应回报。这些报酬形成他们的收入。由于人们占有要素情况不一样,有些人占有资本多一些,而有些人则少些,甚至完全不占有;有些人工作能力强些,有些人差些。根据要素供给来分配收入,则人们收入必然有差别。如果要取消或过分缩小这种差别以实现收入均等化,就会伤害人们的工作和投资的积极性,就会阻碍人们努力钻研科学技术,阻碍科学技术和文化艺术的进步,就会抑制人们冒风险的进取精神,阻碍创新活动;在税收上如果税率过高,虽有助于缩小贫富差别,也会挫伤人们工作、储蓄和投资的积极性,挫伤企业努力改进生产和管理的经营积极性。

过分强调平等而影响效率的例子无论在中国和国外都不鲜见。我国过去长期搞平均主义的收入分配,搞"一大二公"的无偿平调,"不患寡而不均",结果是大大伤害了人们的积极性,大干不如小干,小干不如不干,结果是大家不好好干,大家都吃不饱,这是我国20世纪50年代至70年代多年来劳动生产率低下的重要原因之一。1958年大办人民公社中大刮"共产风"是这种现象最突出的例子。欧洲有些国家福利水平很高,税率也很高,产业工人纳税率有的甚至高达35%,收入高的资本家、商人、演员、运动员等纳税率更有高达80%。所有税收主要用于拉平社会各阶层成员的收入,通过收入再分配使全体公民都过上大体平均的生活水平。最高收入与最低收入的比例小到大约为3∶1,即使一个人终生没有为社会创造多少财富,年老退休后收入比社会上收入最高者也少不了多少,结果是形成了人们普遍依赖国家的心理。患病职工照发工资,医疗全部公费,不仅使医疗费用浪费惊人,泡病号现象也十分严重。

这样看来,平等会损害效率,平等和效率间似乎存在替代关系,于是就产生了一个问题:作为目标,平等和效率哪一个更为重要,应该予以优先?

一些经济学家认为,效率应当优先,理由是效率来自个人的努力和勤奋,不重视效率,就是鼓励懒惰,鼓励奢侈浪费,社会经济就难以发展,平等只能成为普遍贫穷。按美国经济学家米尔顿·弗里德曼的看法,目前福利计划大多是本来就不应该实行的,要是没有这些计划的话,现在这些依赖福利计划过活的人当中,就会有许多人自力更生,而不是靠国家照顾。德国新自由主义经济学家艾哈德也认为,现代福利国家使人们不必依靠自己的努力,而是依靠国家生活。这会使经济发展失去动力,久而久之,社会陷于瘫痪,社会福利便成为无源之水。另一些经济学家则认为,平等应该放在优先地位,理由是:平等本来就是人们的天赋权利,竞争引起收入差别是对这种权利的侵蚀。不仅如此,人们在市场上本来就没有在一条起跑线上开展竞争,因此,由竞争引起的收入差别本来就不公平。各人拥有的资源本来就不相同,各式各样的人受教育的机会也不均等,因而贫富差距并不一定是勤奋和懒惰造成的。再说,市场本身并不公平,并不完全按勤奋和能力给予报酬,一些经济因素(如市场的垄断)和非经济因素(如对性别、种族、年龄、宗教等歧视)也影响人们的收入。还有,当社会总需求不足以给所有想就业的人提供就业岗位时,失业者的贫困就很难说是他们的懒惰的造成。在这些情况下,不给穷人以帮助,就太不公平也太不人道,富翁的财富和收入有不少本来就不应该是他们得到的。实行一些收入均等化的措施,不仅可帮助穷人,也可以提高整个社会的福利水平,因为穷人手里的单位货币,其边际效用大于富人,将富人收入转移一些给穷人,作为所有社会成员加总的社会福利总水平将因此而提高。

上述两种看法,都有一定道理,也都有一定的片面性。看来,平等和效率还是要兼顾。

二、兼得和兼顾

理论和实践告诉人们,平等和效率之间似乎存在对立统一关系,这种关系的存在也是市场经济运行机制所决定的。在市场经济中,效率的发挥是建立在社会不平等的基础上的。不平等就是有差别,有差别才有运动,才有发展变化,才有效率。这种情况甚至在自然界也是如此。水流的条件是水位落差,空气流动的条件是气压差,热运动的条件是温差。没有差别,就没有运动和变化。同样,在市场经济中,不平等或者说差别是竞争存在的条件。人们赛跑总得有个第一、第二,不允许有名次就不可能有比赛中的拼搏和创新纪录,就是说不可能有效率。劳动生产率是在竞争中不断提高的,不允许一部分人通过发挥才能先富起来,谁肯勤奋工作和刻苦钻研?不允许企业通过改善经营管理实行自负盈亏、自我发展,而是统统由国家大包大揽,哪一个企业能努力经营?允许有差别,有物质利益上的差别,你追我赶,相互竞争,才会有进步。可见,不平等的存在对效率起着重要的经济作用。但是,不平等的经济作用又存在上下两条界限:上限是不平等的差别过小,下限是不平等的差距过大。效率赖以发挥的不平等须保持在这上下限之内。如果不平等突破上限,差距过小,向完全平等靠拢,就会产生干与不干,干多干少,能干不能干一个样的绝对平均主义,严重伤害效率。相反,如果平等突破下限,差距过大,向绝对不平等靠拢,社会上一部分人极富有,大部分人及其贫穷,基本生活毫无保障,则穷人势必铤而走险,造成社会动荡,危及正常的市场经济秩序,同时,社会财富和收入分配差距过大,会影响劳动力再生产,工资劳动者如果穷得活不下去,会使市场经济存在的基础条件受到削弱和破坏,这时候别说劳动者受教育、培养和训练成为不可能,而且饥寒交迫会严重影响他们的体质和精神。可见,市场经济运行体制本身就要求有一点平等,但又不能过分平等。平等和效率难以兼得,但要兼顾,兼顾原则可能有三条。

第一,在效率优先原则下兼顾平等。在历史上,只有当效率提高到产生剩余产品后,社会才会出现分配是否公平或平均的问题。在效率极低,根本没有剩余产品情况下来奢谈公平显然没有任何意义。可见,效率先于平等而发生,而非相反。再从平等的走向来看,平等也只有在效率提高过程中才会逐步实现。历史证明,农业社会收入分配比工业社会更不平等。当今世界现状也表明,穷国在财富和收入分配上通常比经济发达国家更不平等。然而,效率优先不等于不顾平等原则而让差距越来越大,而应该在效率优先原则下尽可能考虑平等的要求,让差距保持在一个比较合理的限度内。

第二,要善于抓住平等和效率这对矛盾在不同阶段所存在的不同的矛盾主要方面,抓住问题的主要倾向来协调两者关系。当公平问题显得更重要时,要多强调平等,当效率问题更严重时,更要重视效率。我国改革开放初期需要强调打破"大锅饭"制度。随着经济改革和发展,我国城乡人民贫富差距又迅速扩大,因此,现在可能更加要重视缩小贫富差距问题。目前我国把扶贫作为实现共同奔小康的攻坚战之一,就有非常重大意义。

第三,要寻找一些能以尽可能小的不平等牺牲换取尽可能高的效率,或以尽可能小的效率损失换取尽可能大的平等的途径,以降低效率与平等替代的成本。一个重要原则是,要帮助穷人,但不能帮助懒人。例如,在劳动就业方面,应该进一步深化改革,增加劳动力流动性,打破就业中的部门限制、城乡限制和地区限制,杜绝一切走后门、拉关系以及搞特殊化的不正之风,这既有利于实现公平,也会增进效率。在社会保障方面,既要取消一些大锅饭式的补贴,又要加强对退休职工、残疾人、孤儿和无依靠老人的困难补助和救济;既要扩大社会保障覆盖面,又要根据各地实际情况因地制宜,不能搞一刀切。在财政税收方面,当前要努力完善税制,严肃税法税纪,切实解决偷税、逃税、漏税问题。

第七节 中国的收入分配改革

一、目前中国收入分配中的问题

我国改革开放三十多年来,人民生活有了不同程度改善。但是,中国收入分配中也曾出现严重失衡。

(1) 政府、企业、居民三个方面利益分配中,改革开放初期,这三大主体的占比是 24∶20∶56,而目前大体是 33∶30∶37。在发达国家居民占比大多在 50% 以上,表明我国还太低。

(2) 行业间收入差距过大,一些垄断行业员工收入过分高于一般竞争性行业员工收入。如电力、电信、石油、金融、保险、烟草及水、电、煤气之类公用事业单位等国有垄断行业职工收入普遍较高,造成行业间严重苦乐不均。

(3) 企业内部员工收入差距过大,一些企业领导人员收入一年达上百万甚至数百万,而一般员工尤其是底层员工只有两三万或三四万元。最高和最低相差上百倍。这些企业领导并非市场竞争中产生,而是制度安排的。这样差距极不合理。

四是城乡收入差距扩大,例如,我国城乡人均收入差距比已经从改革开放的1.8∶1扩大到2010年的3.3∶1。党的十八大后,城乡人均收入差距在逐步缩小,但还不合理。这一差距在国际上最多在2∶1左右。

收入分配不合理和贫富差距扩大会引发一系列问题。例如,在社会治安方面的事件发生固然有道德品质方面原因,与社会上贫富分化也有一定联系。从经济发展方面看,也会引发不少问题。一是不利于调动广大普通劳动者的积极性。他们感到干活的不会发财,发财的不用干活,从而会挫伤他们的劳动热情。二是不利于增加消费需求,不利于拉动内需,不利于克服我国经济发展过分依赖出口和过分依赖投资的经济结构不平衡的矛盾。劳动报酬低下不仅会使大多数中低收入家庭无力消费,收入差距拉大也不利于提高社会消费倾向(高收入者消费倾向很低,低收入者又无力消费),经济增长的需求就只能靠大量出口以及不断大量投资。三是不利于就业,不利于提高效率。扩大就业很大程度上要靠发展中小企业,而一些中小企业盈利极微,根本就没有能力改善经营和创新。可见,收入分配不公,既妨碍公平,也不利于效率。

我国收入差距扩大趋势原因很多,有市场方面原因,也有制度方面原因,有些是合理的,有些则是不合理的。目前,我国政府高度重视这方面问题,正大力推进收入分配改革。

二、我国收入分配改革方向

我国中央政府早从2004年起就开始多次提出要解决这一问题。但是,收入分配改革是一场牵涉各行各业人们切身利益的大事,势必遇到一些人尤其是既得利益集团的抵制。然而,这一改革是势在必行。公众对于这一改革可说是盼望已久,望眼欲穿。据报道,公众对于收入分配改革有三大期盼:一盼从"藏富于国"到"藏富于民";二盼缩小贫富差距;三盼在医疗、教育、社保等公共福利方面体现出更多向中低收入家庭倾斜。

针对当前收入分配中存在的问题以及民心民意,我国正在收入分配改革中作出以下几个方面努力。

第一,坚持和完善按劳分配为主体,多种收入分配方式并存的分配制度,鼓励一部分人通过诚实劳动和积极创造先富起来,切实保护公民合法收入和私人财产。这就是说,按劳动贡献分配收入应当成为主体分配方式,切实改变劳动报酬过低局面,改变国家财政和企业盈利过快增长模式,让劳动报酬在国民收入分配中比例进一步上升。

第二,坚持走共同富裕道路,尽快扭转城乡间、地区间、行业间和不同社会成员间收入差距过大趋势,防止和克服贫富两极分化。在城乡收入差距方面,除了要进一步设法提高农民收入,还要通过城镇化,让农民成为新市民,真正实现农民工和非农民工的同工同酬。在行业间收入差距方面,要逐步取消对垄断性国有企业的行政性垄断保护,引入竞争机制,消除垄断性过高收入。在社会成员收入差距方面,要通过完善税收制度和社会保障制度,切实控制企业经理人员过高收入,提高中低收入职工的工资福利待遇。

国内外实践证明,在一个社会中,中等收入群体的发展壮大有助于经济发展和社会稳定。合理的收入分配格局应是一个高收入者和低收入者占少数,中等收入者占多数的"两头小,中间大"的橄榄形格局,而目前我国却是高收入者占少数,中等收入者偏少而低收入者占绝大多数的金字塔形格局。通过收入分配改革,逐步形成中等收入者占多数的"橄榄形"格局是我们努力的目标。

第八节　中国的扶贫脱贫

一、扶贫脱贫的重大意义

贫困是人类一大难题,也是中国一大难题。自古以来,包括中华人民共和国成立以来,贫困一直困扰中国经济和中国社会。改革开放首先就是要通过发展来解决贫困问题。中共中央总书记习近平同志指出,消除贫困,改善民生,逐步实现共同富裕,是社会主义的本质要求,是我们党的重要使命。全面建成小康社会,是我们党对全国人民的庄严承诺。

为什么扶贫脱贫如此重要?因为社会主义革命和建设本来就是为了

让大家能够过上好日子。

二、中国扶贫脱贫的成绩

中国最近30多年来共减少6.6亿贫困人口,是世界奇迹、人类壮举,尤其党的十八大后的五年来,经过各方面的不懈努力,中国脱贫攻坚取得了决定性进展,共减贫6 800多万贫困人口,消除绝对贫困人口2/3以上。28个贫困县率先脱贫摘帽。贫困地区基础设施和公共服务建设加快,生产生活条件明显改善,积累了发展后劲。数据显示,目前贫困人口超过300万的省区还有5个,贫困发生率超过18%的贫困县还有229个。中国计划在2020年实现所有贫困人口全部脱贫,按照"两不愁,三保障"(不愁吃、不愁穿和保障其义务教育、基本医疗和住房)的脱贫目标要求,不仅满足贫困群众吃、穿等基本生活需求,还要在教育、医疗、住房方面使其得到保障,即不仅解决贫困户最基本的生存需要,而且还将解决其部分发展需要。

脱贫攻坚不仅创造了中国扶贫史上的最好成绩,而且为实施乡村振兴战略奠定了坚实基础,为全球减贫事业贡献了"中国方案"。

三、中国扶贫脱贫的一些经验

中国扶贫脱贫有不少重要经验,最主要可能有这些:

(1)中国共产党的领导,各级政府的重视。实践证明,扶贫脱贫尽管也需要发挥市场作用,但绝不能仅仅靠市场,因为市场经济活动主体为了利益,大多嫌贫爱富,因此必须依靠党和政府的重视和领导。中国这些年来扶贫脱贫之所以能取得那么大成绩,最根本的是有习近平同志为核心的党中央的坚强而正确的领导。习近平反复强调,要立下愚公移山志,咬定目标、苦干实干,坚决打赢脱贫攻坚战,确保到2020年所有贫困地区和贫困人口一道迈入全面小康社会。正是在党中央领导下,各级党和政府采取一系列有力措施,共同从各方面带领广大人民努力才取得了脱贫工作的显著成效。

(2)抓住重点,精准脱贫。在脱贫工作中,把集中连片特殊困难地区作为主战场,把稳定解决扶贫对象温饱、尽快实现脱贫致富作为首要任务,帮助困难群众特别是革命老区、贫困山区困难群众早日脱贫致富,到2020年稳定实现扶贫对象不愁吃、不愁穿,保障其义务教育、基本医疗、住房,当做确定的目标并且扎扎实实推进。

(3) 输血要,造血更要,扶贫必须扶志。紧紧扭住发展这个促使贫困地区脱贫致富的第一要务,立足资源、市场、人文旅游等优势,因地制宜找准发展路子,通过发展来从根本上改变贫困面貌。

(4) 紧紧扭住包括就业、教育、医疗、文化、住房在内的农村公共服务体系建设这个基本保障,编织一张兜住困难群众基本生活的安全网,坚决守住底线。

(5) 紧紧扭住教育这个脱贫致富的根本之策,再穷不穷教育,不穷孩子,切实把义务教育搞好,确保贫困家庭的孩子也能受到良好的教育,不要让孩子们输在起跑线上。

关 键 词

要素价格　　工资率　　补偿性工资差别　　计时工资　　计件工资
均衡利率　　租金率　　基尼系数　　社会流动性

复习思考题

1. 为什么收入分配在市场经济中是一个要素价格决定问题?
2. 工资怎样由劳动供求关系决定?导致工资差异原因有哪些?
3. 为什么利率会随风险和存贷款期限而变化?
4. 租金率由哪些因素决定?目前我国城镇商品房租金率显得偏低的原因是什么?
5. 什么是社会流动性?为什么社会流动性会影响经济活力?
6. 为什么收入分配不平等是市场经济机制作用的必然结果?如何

兼顾平等和效率的关系？

    8. 目前我国收入分配中存在哪些主要问题？我国收入分配改革方向是什么？

    9. 中国反贫困的重大意义是什么？中国反贫困有哪些重要经验？

第九章 外部性与公共物品

上一章已讲到,反贫困不能光靠市场。实际上,市场失灵不仅在反贫困中存在,外部性和公共物品也是典型的市场失灵问题,这是人们经济生活中每天遇到的问题。当前我国的医疗、教育改革和污染的防治问题都是这些方面明显的例子。

第一节 经济生活中的外部性

一、什么是外部性

外部性也称外部性影响,是指生产者或消费者在自己生产、生活中对他人产生的一种有利或不利影响,这种有利影响带来的利益(或者说收益)或有害影响带来的损失(或者说成本)都不是消费者和生产者本人所获得或承担的。例如,一个养蜂场使邻近的果园更丰收了,丰收的果园主并不是养蜂人,这就是积极的或者正的外部影响。积极的外部影响的例子很多。如种花人使周围邻居都享受到了芳香和美丽;科学家的发现发明为全人类造福;人们种防疫苗,不仅防止了自己得传染病,也减少了他人疾病的传染;一个人受到很好教育提高了文化和道德水平,也使周围人得到了良好影响;一个大戏院的建立给周围饮食店带来了生意。诸如此类,都是一个经济主体活动给他人带来的利益,而自己并没有获得这种利益。就是说,这种利益不属于从事活动的本人或本单位而属于别人,因而不构成私人收益,只构成社会收益。私人收益和社会收益出现了不一致。

相反，假如一个工厂花费一定成本生产产品，给周围造成了污染。这种污染如果政府不加以干预，工厂一般不会计入成本。这是工厂的生产活动给社会带来的不利影响，这就是消极的外部影响，也可称负的外部性。消极的外部影响例子很多。例如，一个人抽烟给周围人造成的污染；一个人养的宠物影响了周围人的卫生；奔驶的汽车排出废气，发出噪声，引起交通拥挤；一个游泳池里人太多了，每个人都会成为他人的障碍；一个人生病传染给了别人等。消极外部影响引起私人成本和社会成本之间的差别。厂商为生产而直接投入的成本，个人买烟的费用，汽车行驶直接消耗的代价等都是私人成本，而工厂排出的污染物，抽烟人吐出的烟雾，汽车排放出的废气等都不计入私人成本，却使别人受害，从社会角度看，这种损害应该算作成本一部分。这部分成本加上私人成本，构成社会成本。

如果考虑私人成本，不考虑社会成本，就会过分刺激具有消极外部影响的经济活动。例如，某化工厂如果仅仅从原材料、设备、能源消耗及人工费用考虑，可能成本甚低，每单位产品的利润甚高，从而生产会大大扩大，但由于造成严重污染，给社会带来很大负担，因此从社会成本考虑，生产的代价就很大。

由于外部性的存在，具有正外部性的经济活动，本来应当增加却不能增加；具有负外部性的经济活动，本来不应当如此增加却大大增加，就是说外部性的存在不能使资源达到合理、有效的配置。这是市场失灵的一种重要表现。

二、解决外部性的措施

既然外部性的存在不能使资源达到有效配置，那么如何减少或者消除外部性存在带来的效率损失呢？一种观点认为政府必须干预，用适当政策加以调节。对消极外部性活动的经济活动主体征税收费或者罚款，使它向国家支付由于污染等导致社会增加的成本，把他们造成的外部成本内部化，促使它们减少或者消除外部影响。必要时还可以采用行政命令或者法律手段，使它们切实纠正。相反，对于有积极外部性活动的经济活动主体要作适当补贴，以资鼓励。

另一种观点认为,可以通过将外部效应内部化来解决问题。例如,通过某种方式将独立分散的有关经济活动主体合并成一个利益主体,让决策者本身能承担或者享受外部性带来的损失或者利益,它们就会自动调整它们的经济活动。

还有一种观点认为,只要交易双方的产权是明确的,并且协商成本即交易成本很小或者是零,那么不管产权起初属于哪一方,交易双方总能通过协商达到资源优化配置。然而,由于交易成本不可能为零,因此很难实现这种办法。事实上普遍使用的办法还是政府干预。

三、我国的环境污染问题

人类经济活动尤其是生产活动的负外部性或者说消极外部影响,最主要是对生态环境的污染和破坏。大家知道,环境污染是指环境变得不清洁、污浊、肮脏甚至有毒的状态。一种状态由洁净变得污浊的过程就叫污染。环境污染源有哪些?

①工厂排出的废烟、废气、废水、废渣和噪声;②人们生活中排出的废烟、废气、噪声、脏水、垃圾;③机动交通工具排出的废气和噪声;④大量使用化肥、杀虫剂、除草剂等化学物质的农田灌溉后流出的水;⑤采矿产生的废水、废渣,等等。这些源头造成的环境污染不仅破坏了生物的生存环境,而且直接威胁着人的健康,也给工农业生产造成了严重的损失。

众所周知,我国虽称地大物博,但自然环境条件本身较差。由于人口众多,人均耕地面积不足世界1/2,人均国土面积不足世界1/3。山多水少,人均水资源十分稀缺。新中国成立60多年来,尤其是1980年代初改革开放以来,经济持续高速发展,取得了伟大成就,但是也付出了巨大的资源和环境代价。当然,要发展经济,不可避免总会牺牲一点自然生态环境。这是因为,在资源环境有限的前提下,人类生存环境的保护与经济发展之间至少在短期内存在着矛盾。作为一个资金短缺的发展中国家,我国这些年来在经济高速发展中,通过对资源的过度利用,形成了诸多环境问题,造成了一系列污染,具体说来有以下三个方面。

在水资源方面,一是水污染排放总量居高不下,水体污染相当严重,全国约有三分之一城市市区地下水严重污染;二是部分河流水资源开发利用程度过高,加剧了水污染恶化趋势,不少河流枯水期基本没有生态流量,流域水体自净能力丧失;城乡居民饮用水安全存在极大隐患,许多城市饮用水的地标水源的平均水质不达标;水污染事故频繁发生,甚至导致人畜死亡。

大气污染方面,许多地区尤其城市空气质量严重下降,空气中微尘粒过多,能见度低,北方城市沙尘暴时有发生。尤其是近几年来,全国许多地方经常大面积严重雾霾,大大影响了人们的生活和健康。

固体废物污染方面,问题也日益突出,污染损害赔偿纠纷明显增加。

形成污染日益严重,环境质量下降原因甚多。①保护环境意识薄弱。许多地方政府领导一度只要眼前能发展,不顾环境变多糟糕,只要能有经济效益,污染再多的项目也要上;②污染防治资金投入不足,能源浪费严重的老设备没有更新,排放污水的处理不到位;③执法不严,监督管理力度差,违法成本过低,助长了企业和一些地方政府对环境任意破坏。

鉴于这些年来我国污染日益严重,生态环境破坏愈演愈烈的形势,我国及时提出要发展"资源节约型、环境友好型"的经济模式。看来,真要切实防止污染,改善生态环境,要自上而下多方面作出努力。

从政府层面说,中央政府污染防治决心和态度应当说是比较明朗和坚决,不但在防治大气、水和固体废弃物方面都立了法,定了规,而且监管措施也逐步到位。尽管不少法律法规还有漏洞,有关标准有待与国际接轨,一些实施办法有待细化,但总的说来要建立环境友好型国家,让经济能持续发展。

从企业层面说,应做的事更多。不管哪种形式的污染,都主要由企业造成。企业是经营单位,当然会把追求利润放第一位。防治污染会加大企业成本,降低利润,因此要它们改造设备,减少污染排放,总不可能自觉自动,相反偷排废气、污水、污物却是处心积虑,千方百计。这样做不仅害人,也是害己。一旦真的被重罚甚至勒令关门,苦果还得自己吞下。

从个人层面说,似乎防污、治污,自己无能为力。其实不然。比如随便吐痰,随地抛弃废物,牵了宠物任其随地拉尿拉粪,到处任意抽烟,甚至在公共场所大声喧哗,都就是在制造污染。如果政府规定要垃圾分类处理而个人不肯配合,也是在制造污染。总之,任何个人的一举一动,能否讲究卫生,重视文明,都事关防污治污大局。

第二节 公 共 物 品

一、公共物品的特点

公共物品是指供整个社会共同享用的物品。例如,国防、警察、消防、公共道路、教育、公共卫生,等等。与公共物品相对,私人物品是指市场提供给个人享用的物品。如商店里出售的面包、衣服、电视机、计算机等。公共物品一般由政府提供。在提供公共物品方面,市场往往无能为力。

公共物品具有两个显著特点:第一,公共物品不具有排他性。这是指公共物品的消费或者享用并不是由某个人独有,而是由整个社会共同所有,某人对物品的消费或者使用,并不排除他人对物品的使用。例如,国家提供的国防安全,人人都可以享受,不像一件衣服我使用了,就排除了他人同时使用。又如,海洋中的灯塔或者航标,一只船使用了并不排除另一只船可以同时使用。这与私人物品显然不同。第二,公共物品的供给不具有竞争性。这是指公共物品的消费增加时,成本并不会增加。也就是说,增加一个公共物品使用者的边际成本为零,而不像私人物品那样,一个人使用了,就会减少他人对该物品使用。在边际成本为零的情况下,有效配置资源的原则就是免费提供公共物品给其有需要的任何人。公共物品的这些特殊性阻碍了市场机制起作用,因为私人销售者只能对付费的人提供产品,如果不能排除不付费的人也享用这种产品,他就不会生产这种产品。例如,如果没有政府参与,在市场经济条件下,人们不可能自动地去修建海洋中的航标或灯塔。

公共物品所具有的上述特点,决定了公共物品只能主要靠政府提供,因为一方面公共物品具有的非排他性,使每个人都能够免费从这类物品的消费中分享到好处,或者他只需为此付出很少代价,但所享受到的利益却要多得多,每个人都想做一个"免费乘客",于是,私人企业绝不肯生产这类物品,因为得不到任何刺激;另一方面,公共物品的非竞争性,使得增加一个公共物品使用者的边际成本为零,因此,不应当排斥任何此类物品的消费者,否则,社会福利就会下降。如果公共物品由政府生产,政府一方面可用税收获得生产公共物品的经费,这等于免费乘客无形中被迫买了票,另一方面可免费将此物品提供给全体社会成员,使这种物品得到最大限度的利用。

二、准公共物品

在现实生活中,消费上具有完全非排他性和非竞争性的纯公共物品并不多。有些物品,如球场、游泳池、电影院、不拥挤的收费道路等,在消费上具有排他性,即消费者只有付了费才能进入消费。但就非竞争性而言,只有在一定范围内才有,即增加消费者并不增加使用成本,不构成对其他消费者的威胁,而消费者增加到一定数量后,消费就有了竞争性。例如,当游泳池里人满为患时,每一个游泳者都会对他人的游泳造成障碍。这样的物品不是纯公共物品,只能算准公共物品,也称"俱乐部物品",就是说,这类物品好比俱乐部里的东西,对于付了费用加入了俱乐部的成员来说,是公共物品,但对非俱乐部成员来说,就不是公共物品。说明俱乐部物品的理论称为俱乐部理论。这一理论可广泛用于生产上有联合性而消费上又有排他性的准公共物品的分析。这一理论可用来说明为什么某些高速公路、桥梁等公共基础设施可通过收费回收投资的途径来建设。

有些东西本来是公共物品,例如城市公共服务产品,但在某种条件下会成为准公共物品,如只有取得了城市户籍,才可享受的一些权利或物品。

三、公共资源及其保护

和上述准公共物品不同,有些物品如江河湖海中的鱼虾、公共牧场上的草、十分拥挤的公路以及我们周围的生活环境等,其在消费上没有排他性,但有竞争性,尤其当使用者人数足够多时,竞争性很大,这类物品称为公共资源。由于是公共的,使用权、收益权属于谁是模糊的,谁都有权使用,这就产生了过度消费的问题。比如,公共江河海湖中的鱼被过度捕捞,公共山林被过度砍伐,公共矿源被掠夺性开采,公共草地被过度放牧,野生动物被灭绝性猎杀,等等,这种情况就是所谓公地悲剧。

公地悲剧的产生是和公共资源消费的非排他性和竞争性分不开的。消费上的竞争性说明每个在公地上消费的人的活动都有负外部性,例如,每个家庭的牲畜在公有地上吃草时不可能考虑这种负外部性,而公地消费的非排他性又无法抑制每个消费者的这种负外部性,结果,公地上放牧的牲畜数量必然迅速超过公地的承受能力。从而公地悲剧必然产生。如果有关当局认识到这种悲剧,就可以用一些办法加以解决。例如,可以限制每个家庭的放牧数量,或按放牧数量递增地征收放牧费税,或干脆把公地划成若干小块分配给每个家庭使用,但最后这一途径实际上是把公地变成了私地。

第三节 绿水青山就是金山银山

一、良好的生态环境是最重要的公共物品

生态环境是最重要、最公平也是受负外部性影响最严重的公共物品。人人要在生态环境中生活、生存(如人人都要呼吸空气、喝水),但人们却最容易只顾自己利益不顾他人利益而乱用这片"悲剧公地"。中国改革开放以来,经济获得了空前高速发展,也带来了许多生态环境问题。当各种环境污染成为民生之患,民心之痛时,绿水青山的生态环境就尤显珍贵。治理污染,保护生态,不能指望市场,必须依靠政府。

党的十八大以来,以习近平为核心的党中央把生态文明建设摆到了治国理政的空前重要的位置上。习近平指出,现在,我们已经到了必须加大生态保护建设力度的时候了。他在党的十九大报告指出,我们要建设的现代化是人与自然和谐共生的现代化。他又说,如果盲目开发造成破坏,今后花多少钱也补不回来。他反复强调要正确处理经济发展和生态环境保护的关系,像保护眼睛一样保护生态环境,像对待生命一样对待生态环境,坚决摒弃损害甚至破坏生态环境的发展模式,坚决摒弃以牺牲生态环境换取一时一地经济增长的做法。要依靠更多更好的科技创新建设天蓝、地绿、水清的美丽中国。

为什么要如此重视生态环境建设？因为生态环境没有替代品，用之不觉，失之难存。天育物有时，地生财有限。现在我国环境承载力已达上限，资源匮乏已构成发展瓶颈。党和政府坚持节约资源和保护环境的基本国策，为我们推进生产和消费方式革命变革指明了方向。

二、生态文明建设要靠制度保障

既然生态环境是最容易引起负外部性的公共物品，因此决不能指望市场行为来提供，只能靠制度。习近平指出，推动绿色发展，建立生态文明，要重在建章立制，只有实行最严格的制度、最严密的法治，才能为生态文明建设提供可靠保障。人与自然关系构成的社会是环境自由与限制、环境利益与责任、环境权利与义务相统一的社会。生态文明制度的重要功能就是通过产权界定和明确责任尽量减少"公地悲剧"发生。一些地方之所以出现生态环境不断恶化，一个重要原因就是约束性制度缺失。制度建设就是要突出一个"严"字：源头严防，过程严管，后果严惩。一句话，制度要事先、事中、事后全覆盖。

从内容看，生态文明制度建设涉及生态环境保护和自然资源管理两方面。前者又包括国土资源空间布局、源头保护、环境治理、生态修复等内容，后者又包括资产产权、资源有偿使用和监管等内容。可见生态文明制度建设具有全方位、全地域、全过程特点，是一个系统工程。目前，党中央正在大力推进生态环境监管体制改革，同时也积极引导全社会牢固树立绿水青山就是金山银山的理念，培养全国人民爱护生态环境的自觉性。

由于抓紧了制度建设和落实，中国的生态环境，尤其水和空气质量正在年年改善。

关　键　词

外部性　　私人成本　　社会成本　　公共物品　　俱乐部物品
公地悲剧

复习思考题

1. 在解决外部性问题上有哪些不同观点？为什么通常还是政府干预？
2. 什么是公共物品和准公共物品？为什么公共物品必须由政府提供？
3. 什么叫公地悲剧？公地悲剧问题如何解决？
4. 为什么生态环境是最重要、最公平也是受负外部性影响最严重的公共物品？
5. 为什么中国共产党和政府如此重视生态环境建设？
6. 为什么生态环境不能指望市场行为来提供？

第十章 政府与市场

上面各章中已经涉及了政府和市场关系问题。党的十八届三中全会通过的《中共中央关于全面深化改革若干问题的决定》指出,要处理好政府和市场的关系,使"市场在资源配置中起决定作用和更好发挥政府的作用。"为什么要这样提,本章就来说明这问题。

第一节 中国经济体制改革的核心

全面深化改革要以经济体制改革为重点,而经济体制改革的核心问题又是正确处理政府和市场的关系,可以说我国 40 年来经济体制改革就是围绕这一核心问题展开的。

一、改革开放前的经济体制

改革开放前,我国实行高度集中的计划经济体制。通过国家计划进行资源配置,生产什么,为谁生产,如何生产,都由政府统一安排,以行政命令方式实现。传统观念认为,计划经济是社会主义制度的基本特征,市场经济是资本主义基本特征。在计划经济年代,全国的人力、物力和财力都由政府统一支配。企业名义上也称什么"工厂"和"商店",实际上都是各级政府机构的附属物,是各级政府主管部门拨一拨、动一动的算盘珠,不能自主经营,毫无经济活力。企业和个人统统吃国家大锅饭,经济效率低下,产品几十年不变,社会产品严重短缺。总之,计划经济体制严重束缚了生产力发展。

事实证明,计划经济就是政府决定生产、交换、分配和消费等一切经济活动的经济,也可以说计划经济就是政府经济。如果经济体制改革就是要用市场经济体制替代计划经济体制,那么改革的核心问题就必然是要正确处理政府和市场的关系。

二、经济体制改革起步于对市场的新认识

我国人民从长期实践中深深体会到传统计划经济体制的种种弊端,终于在1978年党的十一届三中全会上跨出了改革开放的第一步。过去我国也进行过多次改革,但一直没有找对方向,没有革计划经济的命,只是在中央和地方的"统权"和"分权"上花功夫。"一统就死""一放就乱",经济活力始终上不去。为什么?因为"统"和"分"实质上还是计划经济或者说政府经济,只是中央政府权力大一点还是地方政府权力大一点而已。事实证明,改革就是要对计划经济体制动手术。于是,1978年的改革开始在计划经济基础上实行市场调节,但还是提"计划经济为主,市场调节为辅",认为计划经济是社会主义基本特征,要坚持不动摇。1984年又前进一步,提出要实行在公有制基础上的有计划的商品经济,但强调的还是"计划"。

真正破除传统观念禁锢的人是改革开放的总计划师邓小平。早在1985年他就说过,计划和市场都是方法,只要对发展生产力有好处就可以利用。1990年他又说,资本主义与社会主义的区别不在于计划还是市场的问题,不要以为搞点市场经济就是资本主义道路。1992年他在南方谈话中更明确指出,计划多一点还是市场多一点,不是社会主义与资本主义的本质区别。计划经济不等于社会主义,资本主义也有计划,市场经济不等于资本主义,社会主义也有市场。这些论断就从根本上解除了把计划经济和市场经济作为姓"资"姓"社"标志这一传统思想的束缚,为我国经济体制改革指明了方向。

正是根据邓小平理论,党的十四大(1992)宣布"我国经济体制改革的目标是建立社会主义市场经济体制。""要使市场在宏观调控下对资源配置起基础性作用。"后来,党的十五大(1997)、十六大(2002)、十七大(2007)上,都是根据这个总目标,逐步推进了市场化取向的经济改革,并取得了经济发展的巨大成就。

在经济走向市场化改革过程中，政府职能也发生了一些转变。但这种转变还是初步的、滞后的，因为政府在许多场合还充当市场中一个重要的竞争主体角色，经济生活中出现的一些无序竞争甚至恶性竞争现象，背后多多少少都有政府竞争的影子。正是这样背景下，党的十八届三中全会关于《全面深化体制改革若干问题的决定》（以下简称《决定》）中作出了"要使市场在资源配置中起决定作用和更好发挥政府的作用"的新提法。

三、政府和市场的明确定位

"要使市场在资源配置中起决定作用和更好发挥政府的作用"的新提法和过去的"使市场在宏观调控下对资源配置起基础性作用"的老提法相比，是一大飞跃，解除了老提法加在市场身上的沉重枷锁。

众所周知，党的十四大提出要"使市场在宏观调控下对资源配置起基础性作用"，十六大又提出"在更大程度上发挥市场在资源配置中的基础性作用"，十七大还提出"从制度上发挥市场在资源配置中的基础性作用"，十八大（2012）提出"更大程度上更广范围发挥市场在资源配置中的基础性作用"。说来说去这"基础性作用"定位很不清楚，十分容易让人理解为"基础性作用"之上还有一个更高层面的决定性作用，那就是"基础性作用"要在"国家宏观调控下"来发挥。这说穿了就是仍旧要由政府来主导或者决定市场如何来配置资源。企业要办什么事，都要由政府审批决定，地方发展什么产业，上什么项目，也要由政府招商引资来定，银行给谁贷款，实际也要由政府来做主。这就是过去常说的"国家（或政府）主导型发展战略"。十九大则明确提出，资源配置这件事由市场决定，企业说了算，政府不得直接指挥和插手。好比球场上比赛，如何踢球是球员自己的事，裁判员无权过问，当好公平裁判就行了。这样，就把压在市场主体（企业）身上的枷锁给解除了。

不仅如此，过去由于"市场"要在政府调控下发挥作用，因此，归根结底还是要政府来决定资源配置。《决定》的新提法则明明白白将政府和市场这两者分开，各有定位，各司其职，资源配置由市场决定，政府不能像过去那样"越位"去干那些本该由市场主体（企业）来做的事，不该去直接干预市场运行；也不能再像过去那样"缺位"，不去做好本该由政府来做的事，包括提供公共物品服务，监管市场的秩序等。

第二节 资源由市场配置

一、市场决定资源配置的含义

所谓资源配置方式，是指如何将有限的稀缺经济资源分配到不同物品和服务的生产上以满足社会的需要。市场在资源配置中起决定作用主要指，决定劳动、资本、土地等生产要素流动、交易、组合的，都是市场的价格机制，包括产品价格、工资、利率、汇率、租金率等都由市场供求关系决定。价格上涨会抑制消费和需求，刺激生产和供给，而价格下跌会刺激消费和需求，抑制生产和供给，从而使各种经济资源配置到社会需要的各个领域。

二、为什么资源配置要由市场来决定

（1）市场有资源配置的适时协调作用。这"适时"是指：既不会长时期生产过剩，也不会长时期产品短缺，因为供过于求时价格会下跌，刺激生产、抑制需求、从而使市场经过一段时间调整达到供求平衡；供不应求时价格的上涨也会促使供求走向平衡。

（2）市场有资源配置的信号传递作用。市场价格上涨说明资源在该产品生产配置太少了；价格下跌是资源在该产品生产上配置过多了。只要经济是自由的，供不应求时生产会增加，供过于求时生产会减少。

（3）市场有资源配置效率提高的作用。在市场经济中如果生产者能不断改进技术和管理，就会以同样的成本耗费生产出更多、更好的产品来，做到价廉物美，扩大销路，增加盈利，在市场竞争中胜利。当所有企业都这样做时，整个社会的生产力就会不断提高。

三、市场决定资源配置的条件

资源配置由市场决定是有条件的：①产权明晰。如果产权不明晰，生产经营成果不能属于市场主体,他们就没有动力去捕捉经济信息,调整产品价格,改善经营管理。②决策分散自主,这是产品价格和产量都能不能由生产经营者决定的前提。③公平竞争。如果市场竞争不公平,一些市场经营者的手脚被捆绑住,比方说市场被人为封锁,或者产品价格不许随市场供求变化,资源就无法流向优势企业和项目,市场决定资源配置也将是一句空话。

以上三个条件都要在能正确处理政府和市场的关系的前提下才会存在,因为政府和市场的关系,实际上就是政府和市场主体即企业的关系。政府和企业相比,政府显然是强者,企业是弱者。政府是国家政权机构,拥有强大权力。如果政府和市场关系模糊不清,政府和企业权力边界不清,那么政府就会轻而易举夺取企业的各种权力,去干那些不应该由它来干的事,市场决定资源配置的各种条件就不可能存在了。比方说,政府如果在人、财、物各方面都给国有垄断大企业特别支持,那么,一般企业,尤其是中小企业要与这些大企业开展公平竞争就只能是口头说说而已了。

目前我国的市场经济体制改革已经取得很大成绩,但是离开市场对资源配置起决定性作用,可能还要迈开更大步伐,本书第十七章要说到这一点。

第三节　更好发挥政府作用

一、提出"要更好发挥政府的作用"的背景

资源配置要让市场起"决定作用",并不是说政府不重要了。不能说管得越少的政府就是越好的政府,而是管得有效率的政府才是最好的政府。这里的关键是管什么,如何管?

应当认为,多年来我国社会主义市场经济发展中,政府确实做了不少事,起了不少积极作用,但也存在着政府"越位"和"缺位"的问题。

(1)政府"越位",就是政府超越自己位置,对资源直接配置过多,剥夺了市场决定资源配置的动能。例如,在追求经济高速增长的那些年份,

各地方政府为追求本地经济快速增长,不惜拼命消耗资源,不顾生态环境,拼命以最优惠条件(减免税费,无偿使用土地等)招商引资,千方百计构筑融资平台,从银行贷款来上项目,做投资。中央政府一些部、委、办也热衷于维持审批体制,扩大审批权限,让各地"跑部钱进",追求部门利益。这种体制和方式美其名曰"政府主导型中国经济增长模式"。这样的模式尽管也曾带来连续多年的经济高增速,但也付出了沉重的代价,包括资源过度快速消耗,生态环境严重破坏,资产泡沫膨胀,民生问题被漠视,贫富差距扩大等。手中有权的官员搞权钱交易,腐败日盛,党群关系受损等。

(2) 政府"缺位",就是政府离开了自己位置,没有管好自己该管的事。例如,对市场经济领域中活动的监管职能没有好好发挥,与民生利益相关的公共服务也没有尽心尽力去做。这都带来一系列的严重后果:一是有些企业搞假冒伪劣,甚至发生食品和药品中的毒产品恶性事件;二是妨碍全国统一开放有序的市场体系和公平竞争环境的形成,搞地区封锁;三是群众一些切身利益得不到重视和保护,一些正当诉求得不到解决;四是党和政府的公信力下降,群众感到各级政府不是为人民服务,而是为自己部门的利益服务。

需要指出,政府"越位"和"缺位"与我国曾长期实行经济计划体制的影响有关,与我国改革开放初期市场经济还不发展也有关。那时候,市场经济主体中民营企业很少,力量极小,经济想要快速发展,政府出面招商引资,包括用一些优惠政策吸引境外资本,不仅不可避免,也是必要的。同样,对市场经济运行中出现的一些诸如弄虚作假等问题如何监督管理也缺乏经验。这样,政府在市场经济发展初期出现一些"越位""缺位"问题也在所难免。随着我国市场经济的发展,由市场来决定资源配置的条件日益成熟,政府继续"越位"、"缺位"对经济和社会发展的弊端日益明显时,正确处理政府和市场的关系的重要性就显得越来越迫切了。

二、市场经济中政府的经济职能

任何一国政府的职能,包括政治职能(包括军事、外交、治安和民主政治建设等)、经济职能、文化职能(包括发展文化、教育、医疗卫生、科技等)、社会职能(包括社会保障、保护生态、提高人口素质等)、社会公共服务职能等。就经济而言,政府的职能大致可分为这样几个方面。

(1) 关于提升效率方面的职能,包括禁止行业垄断和不正当竞争行为,解决外部性,提供公共物品和管理信息,规划经济发展等。

(2) 关于促进公平方面的职能,包括利用税收和转移支付缩小贫富差距的收入再分配,向全体公民提供种种社会保障和公共物品(如提供基本医疗卫生和义务教育的制度安排)等。

(3) 稳定经济的职能,包括财政政策和货币政策等。

既然这些职能都是为了弥补市场功能的不足,因此,政府对经济的干预应当适度,不能去做本来应当由市场去做并实践已证明市场能够做好的事。在市场机制能够发挥优化资源配置的领域,政府不应去插手,只有市场失灵的领域才需要政府去干预,这种干预的目的也是促使市场机制恢复功能,而不是去取代市场。就是说,一定要警惕和防止政府的不适当干预。

三、市场经济中政府作用的必要性和可能性

为什么上述对市场实行监管、为公民提供公共服务、防止经济大起大落等这些职能必须是政府的职能,也是政府要更好地发挥作用的舞台? 这可从必要性可能性这两方面说明。

从必要性方面说,政府之可以要有这些职能,是因为这些领域都是市场失灵的地方。在市场经济中,经济主体(企业和居民)追逐的都是自己利益,因此垄断企业必然会破坏公平竞争,一些企业为了私利在经济活动很难考虑会对周围环境可能造成什么不利影响,有的企业还可能弄虚作假。这就需要政府出面来采取必要措施,否则社会经济效率就不能提高。再说市场竞争必然会造成贫富两极分化,市场制度本身也不可能向全体公民提供无利可图公共服务产品,然而,这些都是市场经济社会生存和发展所不可缺少的。怎么办? 政府出场是绝对必要的。

从可能性方面说,政府也有能力来担当这些职能。政府是国家政权机构,它可以依法向全体公民征税和发行公债,集中必要财力来实现包括向公民提供公共物品,向中低收入者提供帮助等职能;它也可以通过立法

和司法来对市场进行监督管理,惩办一切违法犯罪行为来维护公平竞争的市场秩序;它还有权依法实行财政政策和货币政策,以平抑经济的过分波动,实现社会经济的持续、稳定的发展。总之,政府是国家权力机器,有力量来实现这些职能。

四、简政放权和"负面清单"管理模式

加快简政放权是转变政府职能,提高政府管理水平和效率的迫切要求。凡是市场机制能有效调节的经济活动,一律取消审批。过去,事无巨细都得审批,严重束缚了企业手脚。许多权钱交易行为也由此产生。不是市场经济产生腐败,而是政府权力过大产生腐败。现在,一些自由贸易试验区实行一种"负面清单"管理模式,即除了清单上规定不能干的(负面的),其他都可以干,不用政府事前审批,要变事前审批为事中、事后监管。这就划清了政府和市场的关系。这种"负面清单"的管理模式与以往的行政管理旧模式相比是一大进步。过去,政府把行政审批当作宏观调控有效手段,谁拿到政府批条,谁就能获得银行贷款。好多产能过剩、效率低下的投资项目就是这样"批"出来的,许多权力寻租、贪污腐败也是这样出来的。"负面清单"管理是以改革推动转型。当然,这不是说政府对市场可以放任不管。相反,政府要对市场切实加强监督,维护市场秩序和公平竞争环境,坚决打击一切违法犯罪活动。

五、"政府失灵"和官员腐败

在市场失灵地方应当由政府来干预经济,是相信政府能弥补市场的缺陷。而要能达到这个要求,政府要确实是一个全体公民的利益的代表。然而,政府能否成为全民利益代表,关键在于制度安排和政府官员素质。在西方国家,政府官员由选民选出的执政党组成的政府任命或雇用,即使各部部长也由总统或首相任命。因此并非直接对选民负责,主要对任命他们的机构和政治家负责。他们追求并不是公众利益,而是他们个人的利益,即职位、特权及名誉等。为此,他们总力求增加政府预算。由他们来行使配置资源权力时,资源使用效率可能反而低于市场效率。其原因有五个方面。①无产权约束。政府官员花的不是自己的钱,而是公家的

钱,即纳税人的钱,浪费了不心疼。②有行政垄断权,即政府办事没有人可与其竞争。③没有盈利指标,办事不计成本,不用讲效益。④难以监督。⑤"寻租"行为不是把人力、物力、财力花在创造财富的生产经营上,而是设法到官员那里拉关系,开后门,游说甚至行贿,腐蚀政府官员,破坏公平竞争,造成资源非生产性损失。

以上所说发生在西方国家里的情况,即所谓"政府失灵"和官员腐败,在我们这样的社会主义国家中是否也存在呢?从道理上说,社会主义国家中的官员即干部,是人民勤务员,要全心全意为人民服务,为人民利益着想,然而,实际上却非如此。前几年,特别是党的十八大以前,一些地方的政府干部铺张浪费成风,贪污腐败常有,花公家钱不心疼,做决策任意拍脑袋,风险意识淡薄,办事不负责任。这些情况与西方国家相比,有时甚至有过之而无不及。为什么会如此?原因有二:第一,在我国,长期以来政府主导着政治、经济、文化、社会等各方面的发展,政府远不是服务型政府,因而对社会经济生活有着更大的决定权,政府官员名义上是人民勤务员,实际上是百姓父母官,权力比西方国家中同类官员要大得多;第二,各级政府官员之间缺乏权力制衡机制,权力高度集中在"一把手"手里,名义上有"纪律检查委员会""反贪局""监察院"等机构,但这些机构都受同级党政机构主要领导的一元化领导,缺乏独立的检查监督能力。尽管不能说我们各级干部都是一群腐败分子,他们中多数是好的和比较好的,腐败分子只是少数。我们国家机构总体上是代表人民利益的政权机构。然而,我们必须高度重视解决发生国家干部腐败变质的制度性因素,通过进一步深化体制改革,不断根除官僚主义和贪污腐败的根子问题,不能完全寄希望于思想教育和道德自律。

六、中国的反腐败和共产党领导

一种观点认为,要从制度上根本解决官员腐败问题,就必须从政治上改变共产党一党执政的局面,像外国那样多党竞争和轮流执政。但历史事实证明,中国的反腐败不仅不能靠什么多党竞争,而且只有坚持和加强中国共产党领导才能真正解决官员腐败问题。

按有些人的观点,那些多党竞争和轮流执政的国家就没有官员腐败问题了。但历史事实证明,一党执政也好,轮流执政也好,都有产生官员腐败问题的可能。这里关键在于,是什么样的政党执政以及能否建立起一套防止腐败和惩办腐败的有效制度。

先说什么样的政党执政。理论和实践都证明,只有像中国共产党那样始终不忘为人民谋幸福的初心的政党执政,才能勇于自我革命,坚持全面从严治党,始终以零容忍惩治腐败,不断增强党自我净化的能力,因为共产党为人民谋幸福的宗旨、性质和特权腐败是格格不入的,水火不相容的。这是其他什么政党都无法做到的。

再说防止腐败和惩办腐败的实际行动和有效制度。中国共产党十八大一结束,党中央就防止腐败和惩办腐败的有效制度立即采取行动,从公布并执行关于改进工作作风、密切联系群众的八项规定破题,严字当头,刀刃向内,坚定不移推进全面从严治党,解决了许多过去认为不可能解决的问题,党风、政风、社会风气发生了深刻、鼓舞人心的大变化。紧接着"老虎、苍蝇一起拍"的一系列行动,反腐败永远在路上。同时,结合实际,制定并实施了一个又一个使广大干部"不能腐、不敢腐、不想腐"的规定、条例、制度,真正把权力关进制度的笼子里。

不仅反腐败,而且党政军民学,东西南北中,党是领导一切的。中国共产党的领导是中国特色社会主义最本质的特征,是中国特色社会主义制度的最大优势。离开和削弱了中国共产党领导,现代中国什么事情都办不成。有些人把政治概念和经济概念混为一谈,说什么经济领域的自由竞争会带来效率。同样,政治上的多党竞争会带来效率。这既是缺乏常识,也完全不懂历史。历史事实告诉我们,中国需要的是多党合作,而不是多党竞争,发扬民主是集中智慧,而不是闹独立斗争。中国近代历史证明,根据中国的实际情况,也来实行什么多党竞争和轮流执政,那就不是反腐败不反腐败问题,而是要天下大乱和全面内战,那里还能有什么改革开放和经济发展,更不必说实现两个"一百年"的伟大目标和中华民族伟大复兴的"中国梦"了。

关　键　词

经济体制改革　　政府"越位"　　政府"缺位"　　政府失灵
"负面清单"

复习思考题

1. 为什么中国经济体制改革的核心问题是正确处理政府和市场的关系？
2. "要使市场在资源配置中起决定作用"是在什么背景下提出的？
3. "市场决定资源配置"的含义是什么？
4. 为什么资源配置要由市场来决定？
5. "市场决定资源配置"要有哪些条件？
6. 目前我国要在那些方面加快完善社会主要市场经济体制？
7. 提出"要更好发挥政府的作用"的背景是什么？
8. 市场经济中政府有哪些经济职能？为什么政府必须也能够实现这些职能？
9. 什么是"负面清单"管理模式？
10. 什么叫"政府失灵"？你认为官员腐败的原因是什么？

第十一章 宏观经济及其衡量

整个社会或者说国家的经济问题,就是所谓宏观或者说国民经济问题。宏观经济对我们每个人、每个企业、每种产品市场的关系都十分密切。当整个社会经济形势向好时,大多数人会有更多就业机会,收入会增加,产品更会有销路,物价也会上涨;相反,如果整个社会经济不景气甚至下行时,上面这些都会向相反方向发展。因此,不仅政府,而且所有人都会关心宏观经济问题。这一章我们要讨论宏观经济及其衡量。

第一节 宏观经济学

一、什么是宏观经济学

前面各章叙述的基本上都是社会经济活动个体决策者行为及其后果,如消费者购买行为,厂商的生产行为等,而下面各章要说明宏观经济问题,即说明社会总体的经济行为及其后果,如经济增长、失业就业、通货膨胀等。为什么一些国家经济会发生时而高涨时而萧条的波动,并形成不同程度失业和通胀,为什么一些国家经济迅速增长并富裕起来而另一些国家发展缓慢并一直贫困,说明这些问题产生原因、后果及对策的,就是宏观经济学。

任何一国宏观经济运行情况都可以通过一些指标加以测度,就像身体状况可通过体温、血压等指标加以测度一样。测度宏观经济运行情况的重要指标有国民收入及其增长率、失业率、物价水平及其变动。其他比较重要的指标还有政府预算赤字及其变动、贸易赤字和盈余、利率和汇率等。这些变量的变化及其相互关系,都属于宏观经济学要研究的内容。

二、宏观经济学的特点

由于宏观经济学研究的是经济总体运行问题,因此不考虑个体经济差异,只把经济划分为家庭、企业和政府三大部门,研究它们之间的相互关系。所有经济活动主体,尽管有这样那样差异归根结底都不外乎这三大部门。所有在工厂、商店、农村农场、学校、金融机构等工作的人员,都是一个个家庭成员,而所有这些机构或者单位则都是一个个企业(个体农户也算个体企业)。军队、法院以及所有政府机构都属于政府部门,但政府部门中所有人员又都是家庭成员一分子。因此,宏观经济学研究家庭消费和投资行为时,就把所有家庭作为一个完整的经济部门,而不去管各个家庭有何差异及特点;研究企业行为时,不去考虑它是经营什么业务,生产什么产品,而把所有企业当作一种生产经营的经济部门;同样在分析政府行为时,也不去管它是什么地方的政府,什么部门的政府,中央的还是地方的政府。宏观经济学也涉及国外的家庭、企业和政府,但都把它们只是作为一个国外部门来对待。

现代经济是市场经济。市场有多种多样。宏观层面上研究市场活动时,只把各种市场归纳为三大类:产品市场、货币市场和劳动市场。在产品市场上有无数有形和无形产品(服务产品)形成供给、需求、价格和交易量;在货币市场上,所有金融资产(银行存贷款、证券、保险、信托等)的交易在这里形成供给、需求、价格和交易量;在劳动市场上,作为劳动供给方的劳动者和作为作为劳动需求方的企业、政府进行交易并形成劳动价格和交易量。正是对这三大部门在这三类市场的交互作用的研究,构成了宏观经济学的基本内容。

三、宏观经济学和微观经济学的联系和区别

宏观经济学和微观经济学有联系,由于宏观经济运行是微观经济主体活动的加总结果,因此,宏观分析中一些总量变化可以从微观分析的个量中直接加总(大部分是加权加总)而得到,如每个人的消费支出加总就构成整个社会的消费总支出,每个人的消费支出与其收入成一定比例,才有总量消费函数。又如每个厂商的投资支出加总构成全社会的总投资,每个厂商的投资随利率变化而变化,就有了总量投资函数。

但是,有时候一些个体变量尽管可以加总,但这种加总达不到研究整个经济社会行为的目的。例如,降低工资对每个厂商来说可以降低成本、增加利润,从而增加生产并增雇工人,但我们无法从每个厂商降低工资的加总中得到整个社会能增加生产和就业的结论,因为每个厂商降低工资则工人们的消费支出会下降并使总需求下降,从而导致整个社会的生产和就业下降。可见,尽管微观是宏观的基础,但总体行为并不是个体行为的简单加总。对微观经济是正确的东西,对宏观经济未必也正确。其原因除了个体经济与总体经济追求的目标不同,还在于某些行为对经济个体之所以正确或真实,是以为假定其他情况不变,即假定某一个体的行为对其他个体不产生影响,但宏观经济涉及的是经济总体即所有经济个体,因而不能再假定其他同类个量不变。如上例中某厂商降低工资时,不能假定其他厂商不降低工资。不仅如此,有些时候一些微观经济个体的行为就根本不能直接加总。例如,一个经济社会的经济景气发生变化时,各个厂商的投资意愿可能有很大差异:也许有人会认为经济可能会开始走下坡路从而投资意愿和投资支出下降,而另一些人可能会认为经济会继续向好,从而投资意愿强烈,投资需求旺盛。在这种情况下,宏观经济分析就难以通过将各厂商的投资直接加总而得出总投资会增加或者减少的结论。

在政策上,微观经济政策和宏观经济政策的共同点在于:都是政府运用一定经济手段引导和规范微观经济主体行为,使之趋向有利于改善社会经济福利。两者的区别在于:微观经济政策的目标主要是解决资源优化配置上问题,纠正市场在资源配置上的"失灵",如反垄断、提供公共产品、解决外部性问题等,用"有形之手"补充"无形之手"。宏观经济政策目标虽然也要通过微观经济主体行为来实现,但不是解决资源配置问题,而是解决资源利用问题。例如经济出现萧条和失业时政府用扩张政策刺激经济,引导居民和企业增加消费和投资,解决资源闲置问题;如果经济过热,出现通货膨胀,政府就用政策降温,引导合理消费和投资,解决对资源的过度需求问题。

宏观经济尽管是整个社会经济问题,但和我们每个微观经济主体都有关。例如,宏观经济向好时,工厂产品的市场销量就容易上去,价格不会掉下来;个人容易找到工作,不大会失业;如果经济不景气,就会出现相反的情况。因此大家会关心宏观经济情况。

第二节　国内生产总值

一、GDP 的定义和有关指标

衡量宏观经济状态的指标中,最重要的一个指标是国内生产总值,即 GDP。GDP 是国内生产总值的英文缩写。它的定义是一国范围内(当然也可以是一定地区内)一定时期中生产的全部最终产品的市场价值总和,实际上也就是一个国家在一定时期所生产或创造的财富总和。这个定义包含以下六点意思。

(1) GDP 是一个市场价值概念。一个社会生产千百万种产品,它们之所以能加总统计,是因为都用货币来衡量其价值。比方说,每千克鸡蛋 10 元,每千克柑橘 12 元等。这样,各种不同货物的价值才可比较并合计。每种最终产品的市场价值就是用各种产品的单位价格乘以产量获得的。把所有最终产品的市场价值加总起来就是国内生产总值,因此产品数量和价格变动都会使国内生产总值变动。但人们物质福利只与产品数量和质量有关而和价格无关。如果产量质量未变,只是价格涨了,国内生产总值是增加了,但人们物质福利并未增加。为此,我们有必要把国内生产总值中的价格变动因素抽出来,只研究产品数量和质量的变化。这就需要区分名义国内生产总值和实际国内生产总值(又称真实国内生产总值)这两个不同的概念。名义国内生产总值是用生产产品的那个时期的价格计算出来的价值,而实际国内生产总值是用从前某一年作为基础年的价格计算出来的价值。如果把 2000 年作为基本年,那么,2018 年的实际国内生产总值就是指 2018 年生产出来的全部最终产品用 2000 年价格计算出来的市场价值。通过将某一年名义国内生产总值和实际国内生产总值的比较,可以看出这一年和基年相比的价格变动程度,也可以看出货币的贬值的程度。

(2) GDP 测量的是最终产品而不是中间产品的市场价值。所谓最终产品是指进入最终使用领域的产品,而中间产品是指用来生产别的产品的投入性产品。例如,卖给汽车制造厂的轮胎、钢板,用来生产机器设备的原材料,建筑设计师提供的设计方案等都是中间产品,而汽车、机器设备和建筑物都是最终产品。GDP 测量的之所以只能是最终产品价值,是为了避免重复计算。例如,一件上衣卖 100 元,其中含布料 40 元钱,布料是中间产品,如果 GDP 计算时把 40 元布料价值也计入,则计入 GDP 不是 100 元,而是 140 元。显然,40 元布料价值被计算了两次。

(3) GDP 测量的是生产的而不是销售的最终产品价值。假定今年某企业售卖 1 000 万元货物,其中 50 万元是去年留下的库存,则计入 GDP 的只是 950 万元。相反,如果今年生产 1 000 万元货物,只卖掉 950 万元,则计入 GDP 的仍是 1 000 万元,未卖掉的 50 万元要作为企业自己买下来的存货投资计入 GDP。因此,如果我们许多企业今年盲目生产了大量货物,即使未能卖出去,也都是以存货投资形式算进了今年的 GDP。

(4) GDP 包含时间因素。例如,说某地生产了 10 亿元 GDP,必须弄清楚是一年的,还是一个季度或一个月的。

(5) GDP 是一个地域概念,而不是国民概念,就是说 GDP 不同于 GNP。GNP 是国民生产总值的英文缩写,指一个国家的生产要素在一定时期内生产的最终产品的市场价值。例如,一定时期内中国派遣到国外的劳务工在国外挣得的劳务收入,或者中国企业到国外投资获得的利润,都要计入中国国民收入,但不计入中国的国内生产总值,而计入国外有关国家的国内生产总值。同样,外国人在中国投资或工作而获得的收入都计入中国的 GDP,而计入国外有关国家的 GNP。

(6) GDP 只计算为市场活动而生产的产品价值,不包括非市场活动的价值。假设一位先生请一个保姆做家务，付给保姆的工资要计入 GDP。若该保姆和这位先生结了婚，从此她的家务劳动的价值（也许她生活费和未结婚时工资一样多）就不再计入 GDP。

最后还要说明，这里的"最终产品"不仅指有形的物质产品，还包括各种无形的劳务产品。例如理发、看戏、医生看病、教师上课、金融机构给家庭提供的各种金融服务产品（如信托产品、保险产品、银行理财产品等）。

在国民经济核算中，我们会看到有关 GDP 的一些不同叫法。一是名义 GDP 和实际 GDP，这在上面已说过。另一个是 GDP 总量、人均 GDP 和 GDP 增长率的称呼。GDP 总量就是一国或一地区在一定时期内生产的全部最终产品的市场价值总和，主要用来衡量一国（或地区）的经济规模，可反映一国或地区的经济实力。例如，我国经过改革开放三十多年来经济快速发展，目前我国年生产的 GDP 总量已 10 多万亿美元，居世界第二，仅次于美国，说明我国经济实力大大增强了。

人均GDP是指按人口数计算的GDP，可用来衡量一个国家的富裕程度。目前我国 GDP 总量已位居世界第二，但由于人口众多，因此人均 GDP 在世界排名并不高，2010 年不包括台湾为第 95 位，达到人均 4 283 美元。2017 年上升为第 70 位，人均 GDP 达到 9 481.88 美元。人均 GDP 不等于人均可支配收入，因为居民的收入中要扣除各种税收才能成为可支配收入。另外，人均 GDP 只是一个平均数，不是说人人都有那么多 GDP。然而，人均 GDP 毕竟是划分经济发展阶段的一个重要指标，也是改善人们物质生活的重要物质基础。

GDP 增长率，指 GDP 与上年同期相比增长百分比。比方说，假定某个国家上年同期 GDP 是 1 万亿美元，今年这个时期是 1.08 万亿美元，则 GDP 增长率是 8%。目前我国 GDP 增长率是政府和整个社会关心的一个指标。目前我国 GDP 增长率比从前高速增长时放缓一些其实并不奇怪。第一，我国 GDP 经过改革开放三十多年来高速增长，经济规模已跃居世界第二，在基数越来越大情况下，要求 GDP 始终保持同样的高增长率，无异于要求成年人能和小孩一样每年以同样百分比长身高，增体重。第二，目前我国 GDP 增速即使放缓到 6.5% 左右，在全世界也属高速度。

第三,如果过分纠结于百分之几,势必诱使许多地方搞重复建设、无效投资,为真正调整经济结构,转变发展方式造成新的障碍。经济增速适度下行,有利于结构调整和发展方式转变。增速固然要,但质量更重要。

应当说,GDP 为人类提供了一个衡量经济的概括性指标,也为世界各国经济发展成就提供了一个可比较的工具。然而,用 GDP 来衡量经济发展成就时就有局限性,最主要有以下三点。

(1) 这个指标无法衡量 GDP 究竟怎样生产出来。近 10 多年来,我国 GDP 是高速增长了,但资源被过度开采了,能源被过度消耗了,环境也被过度污染了。为此,我国年复一年地强调要转变发展方式。

(2) 这个指标无法衡量 GDP 生产出来后究竟是如何分配的。这些年来我国 GDP 确实翻了又翻,然而,增长的蛋糕在人们之间的分配是更不公平了。贫富差距进一步扩大了。经济增长本来是为了人,但 GDP 及其增长本身无法揭示这种增长是绝大多数人生活更改善了还是只有少数人更加富裕了。

(3) 这个指标没有告诉我们 GDP 的增长中究竟增长了什么,构成是否合理,由哪些内容组成。例如,一些地方的重复建设,也形成 GDP。一幢楼今天建,明天拆,都会增加 GDP,赌博、嫖娼等违法交易活动也进入 GDP 统计。所有这些都不会带来人们福利增加,但都表现为 GDP 增加。

GDP 的局限性远不止这些。但仅这些方面的局限性也告诉我们,对 GDP 要重视但不能迷信。

二、核算 GDP 的两种基本方法

核算国民收入即计算最终产品价值,可以用生产要素所有者获得的所有收入的方法,也可以用购买最终产品支出的方法。前一种方法称为收入法,后一种方法称为支出法。

收入法是生产要素所有者获得收入角度看社会在一定时期内生产了多少最终产品的市场价值。生产要素所有者获得的收入从企业角度看就是企业的生产成本。因此,收入法又称生产成本法。然而,严格说来,产品的市场价值中除了生产要素收入构成的生产成本,还有间接税、折旧、公司未分配利润等内容。因此，用收入法核算 GDP，应该包括以下一些项目。

一是工资、利息和租金等这些要素报酬。工资应包括工作酬金、津贴、福利费及工资收入者要缴纳的税收。租金则包括地租、房租等。二是非公司企业收入，包括个体生产者和农民的收入等。三是公司税前利润，包括公司所得税，公司为职工所缴的社会保险税或者我们俗说"三金""五金"，股东红利以及公司未分配利润等。四是企业间接税，如营业税、增值税、印花税等，虽不是商品购买者直接缴纳，但会通过商品加价转嫁给购买者，间接由购买者承担。五是资本折旧，如机器设备的折旧，也要进入产品价格中。

再看支出法。按照最终产品定义，产品进入那些购买领域才是最终使用或最终购买了呢？一般把用于个人消费、投资、政府购买和出口的产品称作最终产品。因此，按支出法计算 GDP 应当包括以下几个方面的支出。

一是个人消费（即家庭消费）的支出，包括购买耐用消费品（如小汽车、电冰箱、洗衣机等）。非耐用消费品（如食物、衣服等），劳务产品（如医疗、旅游、理发、看戏等）的支出，但不包括购买住宅的支出，一般将它包括固定资产投资支出中。二是投资支出，包括购买机器、厂房、住宅以及存货投资支出等。购买机器、厂商和建造住宅等的投资称为固定资产投资。存货投资是企业持有的存货价值的增加（或减少）。存货增加时存货投资是正值，存货减少时存货投资是负值。三是政府对商品和劳务的购买的支出，如政府花钱设立法院，建设国防、兴建道路、举办学校、医院等支出。政府购买这些支出通过雇请公务员、教师、医生，建造公共设施、枪炮军舰等为社会提供服务。政府支出除了政府购买，还包括转移支付，例如给退休职工发放养老金，给失业人员发放失业救济金等。这些支出之所以叫转移支付，是因为只是简单地把纳税人的钱转移到丧失劳动能力和工作机会的人的手中，而不是因为老人、失业者、伤残人提供了生产要素（如劳动）的服务。四是货物和劳务的净出口即出口减进口以后的差额。净出口可正可负。这四方面支出的总和就是从支出方面计算得到的 GDP。

在经济学中,国民收入是一个很广泛的概念,实际上包括好几个总量,除了上面说的GDP即国内生产总值以外,还有几个相互联系的概念。一是国内生产净值,指国内生产总值扣除了生产过程中的资本消耗即折旧以后的余额;二是狭义的国民收入,指生产要素服务的报酬的总和,即工资、利息、租金和利润的总和;三是个人收入,指居民个人得到的收入;四是个人可支配收入,指个人收入缴纳个人所得税以后留下的可以为个人所支配的收入。

三、正确看待我国的GDP

前一些年份,我国各地政府官员的"GDP崇拜"情况十分严重。一些地方政府官员把GDP增长奉若圣明,千方百计追求。这有多方面表现和危害:一是不顾资源过分消耗、不顾生态环境破坏、不惜一切代价,不讲条件招商引资,引进大量污染工程项目,造成大量重复建设,投资兴建许多高消耗、低效益工程项目。看上去政府有了政绩虚名,实际上给百姓招来不少祸害;二是只图本地发展,不顾邻地死活,尤其像是污水排放和空气污染等,不少地方毫不考虑给周围百姓造成的后果,有的还搞市场封锁,阻碍外地商品进入本地流通,阻碍资本自由流动;三是纵容包庇不法无良企业生产劣质产品,甚至有毒食品。如果查出问题,尽量不让曝光报道,不让惩罚,因为真的这些企业关门倒闭,要损害本地GDP增长;四是行政干预统计工作,甚至弄虚作假,所谓"政绩不够,数字来凑""官出数字,数字出官",每年要查出上万件统计违法事件。

为什么各地政府官员有如此严重的GDP崇拜?归根结底是由政绩考核与升迁制度决定。在我国,前几年政绩主要就是看GDP增长。哪个地区的GDP增长快,就等于那里干部政绩好、能力强,那里的干部就能得到重用、提拔。对于从政官员来说,官位升迁就是压倒一切的命根子。无数事实证明,什么地方经济增长快,什么地方经济面貌变化大,什么地方的干部就是得到重用,得到提拔。由于我国所有政府官员基本上都由上级任命,而不是通过直接选举产生,因此,各级干部的升降大权主要掌握在上一级党政领导手中,各级干部要升官,就必然千方百计把本地的

GDP 搞上去。"搞得上去花力气,搞不上去编数字",就是这样形成的。

可喜的是,现在中央主要领导对 GDP 增长已形成了一些共识。习近平同志说道,我们不再简单以国内生产总值增长率论英雄,而是强调以提高经济质量和效益为立足点。李克强同志说道,若 GDP 无法让民众增收,增速再高也是自拉自唱。这表明不能为 GDP 而 GDP,GDP 增长要有效益,要为提高人民生活水平服务。

当然,一定的 GDP 增速还是重要的,因为 GDP 增长和就业有一定联系,更何况我国经济社会中一系列问题还得靠经济增长来解决,包括人民生活水平提高,国防力量增强,甚至治理环境污染所需要的资金,都得靠 GDP 增长来解决。

GDP 总量 1980 年排名世界前面三位的经济体是美国、日本和苏联,经济总量分别为 27 689 亿美元、19 879 亿美元、9 400 亿美元,而中国为 3 015 亿美元,不及日本六分之一。2005 年中国 GDP 总量达到 22 837 亿美元,超过意大利和法国,跃居世界第五;2006 年超过英国,跃居世界第四;2007 年超过德国,位居第三;2010 年超过日本,成为世界第二大经济体。2013 年中国经济规模达到 9.3 万亿美元,差不多相当于日本的两倍,比德、英、法三个国家总和还要多,与美国差距也迅速缩小,从 30 年前不到美国的 11% 到相当于美国的 60%。中国的国际地位也空前提高了,这确实值得每一个中国人自豪。

然而我们绝不能因此沾沾自喜,自鸣得意。中国是人口众多的大国,GDP 总量看来很大了,但人均 GDP 仍然不高。例如,2013 年我国 GDP 总量虽然位居世界第二,但人均 GDP 只有 6 767 美元,居第 89 位,而 GDP 总量为第 20 位的德国,人均 GDP 达 43 742 美元,是我国的 7 倍。正由于我国人均 GDP 水平不高,因此我国还是发展中国家。

更加重要的是,衡量经济实力不能光看 GDP 数字,更要看经济竞争力。上面说 2013 年中国经济规模达到日本的两倍,比德、英、法三个国家总和还要多,但是谁也不会相信中国的经济实力已经是日本的两倍,更不会相信是德、英、法三个国家总和。说实在的,我国在全球金融、高端制造业、产品定价权乃至创意设计等方面的历史积累和现实竞争力,与发达国家比还有很大距离。目前中国在全球产业价值链的高端环节产业比重还较低。我们对自己经济实力应当有一个清醒的判断,切不能为简单数字比较的浮云遮蔽了眼睛。

总之,对目前我国 GDP 在世界上排名的认识要全面、客观、科学,千万不能忘乎所以,还是要保持清醒头脑,韬光养晦,进一步通过深化改革,励精图治,为实现中华民族伟大复兴的中国梦而努力。

第三节 失业和物价水平的衡量

一、就业和失业

就业指的是一定年龄段内的人们所从事的为获取报酬或为赚取利润所进行的活动。失业是就业的对称,指有劳动能力并愿意就业的劳动者但找不到工作这一社会现象,其实质是劳动者不能与生产资料相结合进行社会财富的创造,是一种经济资源的浪费。根据这个失业定义,失业主体必须具备三个条件:①有劳动能力;②愿意就业;③没有工作。我们一般把有劳动能力的人口等同于劳动年龄人口(世界上大多数国家都把年龄在 16—65 周岁之间的人口定义为劳动年龄人口),把劳动年龄人口中减去不愿就业的人口称作劳动力人口,而把不愿就业的人口称为不在劳动力人口。就业率是相对于总劳动年龄人口的一个比率,即把总就业人口除以总劳动年龄人口后得到的一个比率。失业率是相对于劳动力人口(劳动年龄人口中愿意就业的人口)的一个比率,通过失业人口除以劳动力人口而得到。劳动力人口(就业人口加上失业人口)除以劳动年龄人口所获得的比率我们把它称作劳动参与率。失业人口加上不愿就业的人口构成一个社会不工作的人口,总劳动年龄人口减去不工作人口就是就业人口。

不同国家对失业和就业人口的界定不同,测算所使用的方法也不同,从而使获得的失业率与其包含的内容存在很大差异。一般说来,欧美的界定和测算较为严格和系统,日本等亚洲国家的界定和测算就要差一些,因此，前者统计的失业率水平较高，后者较低。但是在欧美，由于社会保障较为完备，那里就不免出现伪装的失业者。根据德国的有关统计数据分析，有 3.5%—10% 的失业者是不愿意找工作的，他们中有些在从事地下经济活动或部分就业活动，有些则根本不愿意工作，因此在欧美的高失业率中可能存在"水分"。在日本，由于没有把许多失去就业勇气而退出劳动力市场的人口统计进入失业人口，因此日本的低失业率也有"失真"的成分。

一般说来，就业与失业指标体系应该有三个层次的指标构成。

首先，我们要对一个国家人口中适合劳动的人口作出界定。世界各国一般都根据年龄来作出界定，世界上许多国家把 16—65 周岁之间的人口定义为劳动年龄人口，而我国则规定男性 16—60 周岁，女性 16—55 周岁为劳动年龄人口。当然对于从事行政领导工作、科学技术和文化学术工作的人员，退休年龄另有规定。这是就业与失业统计方面的第一层次的指标。就业与失业统计的第二层次的指标是将劳动年龄人口进一步划分为劳动力人口和不在劳动力人口。不在劳动力人口包括：①在校学生；②家务劳动者；③因病退职人员以及丧失劳动能力、服刑犯人等不能工作的人员；④不愿工作的人员；⑤家庭农场或家庭工场中每周工作少于一定时间的人员。从劳动力人口中区分出就业人口和失业人口则是就业与失业统计指标中第三层次的问题。把上面三个层次的指标概括起来，它们之间有下述关系，其公式为

$$劳动力人口 = 劳动年龄人口 - 不在劳动力人口$$

$$劳动参与率 = \frac{劳动力人口}{劳动年龄人口} \times 100\%$$

$$就业人口 = 劳动力人口 - 失业人口$$

$$失业率 = \frac{失业人口}{劳动力人口} \times 100\%$$

上述指标中，最重要的是要统计出一个国家的失业人数和失业率，而这也是上述统计过程中较为复杂的事情。根据国际劳工局的标准，所谓失业者要符合三个条件：①有劳动能力；②有劳动愿望；③有寻找职业的

活动。必须指出的是,我国目前在就业与失业的统计方面的许多做法还不够规范的,需要与国际做法接轨。我们在就业与失业的统计方法上大约存在以下几方面的主要问题。

(1) 对就业人口、失业人口以及不在劳动力人口的定义的界定,是不明晰的。如我们日常使用失业、待业、无业以及下岗等概念,但没有明确这几个概念的内涵和外延,没有明确这几个概念之间的相互联系及其区别。

(2) 没有一套系统的就业与失业统计指标体系,统计的口径与国际的习惯做法差距较大,因此目前统计年鉴中的有关失业数据,对判断我国当前实际的失业状况是不够准确的。如我国目前所实行的失业统计的内涵:男的指16—50岁的劳动人口,女的是指16—45岁的劳动人口,这一规定的上限与我国的退休年龄不符,因此往往会低估我国的失业率。再如从外延上讲,我国当前的失业统计只考虑城镇人口,而忽视农村人口。

(3) 我国缺乏科学的、定期的失业数据的统计方法,尤其是西方市场经济国家广泛使用的抽样问卷调查方法我们还没有采用,光凭劳动行政部门及统计部门获得的失业数据。

一个国家如果建立了一套较为科学的失业统计指标体系以后,根据这些统计数据,经济学家和经济政策制定者就能够较好地把握一个国家失业的总体情况及其趋势。但这些还只是一些初步数据,要想详细了解失业形成的内在机理,还需要做进一步的数据统计工作。循着这一思路,首先需要问的是,哪些人最容易成为失业者? 其次,哪些行业最容易产生失业现象? 于是,失业人员的成分构成问题就自然而然地提出来了。在任何一个经济中,任何一个发展阶段上,从来不是所有的就业者都面临着同样的失业危机及其概率,而是有些人失业概率较大,有些人几乎没有失业危机的威胁,或者失业概率很低。这就要求把失业者按照所面临的失业危机威胁的不同程度进行分类。根据不同分类标准,可以获得不同的失业分类情况。一般说来,第一个角度的分类是根据就业者本身的状况进行分类,如根据年龄状况来划分,可以把所有的就业者划分成不同的组,如16—24周岁为一组,25—49周岁为一组,50周岁以上为一组等。如果按照性别来划分,我们可以把就业者划分为男性与女性两大类。再进一步地还可以根据就业者的文化程度进行分类,因为在经济不断发展、技术不断进步的当今世界,就业者的文化程度成了其是否容易成为一个失业者的一个重要因素。通过这样分类再进一步取得一些统计数据,就可以大致了解一个国家中哪些人是容易受到失业危机威胁的,从而为如何治理失业,改进失业者的状况提供了现实依据。从各国的统计资料中大致可以看出各国失业率分布的几个共同趋势性特征:①对大多数国家来讲,从 20 世纪 70 年代末到 80 年代末,都经历了失业率不断上升的情况;②在大多数国家,女性失业率都要大大高于男性,说明女性更容易受失业的威胁;③在大多数国家,受过高等教育的劳动者其失业率都要大大低于没有受过高等教育的劳动者,说明非技能劳动者更容易被抛向失业队伍。除了性别与文化程度以外,年龄也是一个影响失业与否的重要因素,因为年龄体现了劳动者在岗位上所积累的专有知识与技能的程度。一个劳动者在专有岗位上时间越长,其积累的知识和技能就越高。另外,还可以通过就业的产业结构变动来讨论就业变动的一般趋势。21 世纪以来就业结构变动的一个总趋势是第一产业(即农业)的就业人数比重不断下降,第二产业(工业)的就业人数比重经过一个开始上升最后又不断下降的过程,第三产业(服务业)的就业人数比重则经历了一个不断上升的过程。

二、物价水平

物价水平是宏观经济运行中另一个十分重要的指标,因为物价是否平稳,也就是通货膨胀是否严重,不仅仅涉及广大人民群众切身利益,而且涉及社会经济能否正常运行(如经济合同能否制定和执行)。通货膨胀指物价水平在一定时期内的持续普遍的上升。物价水平是指所有商品(包括劳务)交易价格总额的加权平均数,也就是价格指数。价格指数的变动表明一定时期中发生了多大程度的通货膨胀。

价格指数怎样建立起来,下面举个例子说明。假定经济中只有 A、B、C 三种产品进行交易,这些产品价格变动和价格指数的编制可用下表说明。

表 11-1　一个假设的价格指数

品种	数量（件）	基期价格（美元）	本期价格（美元）	价格变化百分比（%）
A	2	1.00	1.50	50
B	1	3.00	4.00	30
C	3	2.00	4.00	100

总交易量＝2 件 A＋1 件 B＋3 件 C

基期价格总额＝1×2＋3×1＋2×3＝11(美元)

本期价格总额＝1.5×2＋4×1＋4×3＝19(美元)

基期价格指数＝$\frac{11}{11}\times 100\%=100\%$

本期价格指数＝$\frac{19}{11}\times 100\%=172.7\%$

通货膨胀率＝$\frac{172.7-100}{100}\times 100\%=72.7\%$

在这个例子中,本期价格总水平即本期价格指数比基期价格总水平上升 72.7%。即这一时期(从基期到本期)的通货膨胀率为 72.7%。

衡量通货膨胀率的价格指数一般有三种:

(1) 消费价格指数即 CPI,又称生活费用指数,指通过计算城乡居民日常消费的生活用品和劳务的价格水平变动而得的指数,计算公式是:

$$一定时期消费价格指数=\frac{本期价格指数}{基期价格指数}\times 100\%$$

(2) 生产者价格指数,又称批发价格指数,指通过计算生产者在生产过程中所有阶段上所获得的产品的价格水平变动而得的指数。这些产品包括产成品和原材料。

(3) 国内生产总值价格折算指数。这种指数用于修正 GDP 指数,从中去掉通货膨胀因素,其统计计算对象包括所有计入 GDP 数值,从中去掉通货膨胀因素,其统计计算对象包括所有计入 GDP 的最终产品和劳务,因而能较全面地反映一般物价水平变化,但作为厂商和消费者,主要关心与自己有关的物价水平的变化,从中判断自己通货膨胀影响有多大。为满足这种需要,就有了生产者价格指数和消费价格指数。

关于价格水平变动有几个常用概念在这里要说明一下。

(1) "同比"和"环比"。所谓同比是指与历史同时期的比较。例如，说本月 CPI 同比上升 3%，就是指本月 CPI 比上一年同月上升 3%。再如说本月全国 70 个大中城市商品房均价同比上升 5%，就是指商品房均价比去年同期上升了 5%。如果去年这个月均价是 8 000 元，今年这个月均价就是 8 400 元。所谓环比是指与上一统计段比较。例如，说本月 CPI 环比上升 1%，就是指本月 CPI 比上个月上升了 1%。再如说本月全国 70 个大中城市商品房均价环比上升 1%，就是指商品房均价比上个月上升了 1%。如果这个月均价是 8 080 元，上个月均价就是 8 000 元。

(2) "可比价格"或者说"不变价格"，是指计算各种总量指标采用扣除了价格变动因素的价格。采用可比价格就可以进行不同时期真实总量指标的比较，消除价格变动因素的影响，其方法是采用某一固定时间的价格作为基础的固定价格进行计算，因此，可比价格又称为固定价格或者不变价格。比方说从 2000 年到 2018 年某地区人均货币收入增加了 100%，但是物价上涨了 60%，等于实际收入增加了 40%。

关 键 词

国内生产总值　　国民生产总值　　最终产品　　中间产品
劳动参与率　　失业率　　价格水平　　可比价格

复 习 思 考 题

1. 宏观经济学与微观经济学有什么联系和区别？
2. GDP 概念包括哪些基本含义？
3. 为什么 GDP 只能计算最终产品价值？
4. 用 GDP 衡量经济存在哪些局限性？
5. GDP、人均 GDP 和 GDP 增长率在衡量经济方面各有什么用处？

6. "GDP崇拜"有哪些表现和危害？形成这种崇拜的主要原因是什么？

7. 我们应当怎样正确认识GDP增长和GDP总量在世界上排名问题？

8. 假定一国有下列国民收入统计资料：

（单位：亿美元）

国内生产总值	4 800
总投资	800
净投资	300
消费	3 000
政府购买	960
政府预算盈余	30

试计算：(1)国内生产净值；(2)净出口；(3)政府税收减去转移支付后的收入；(4)个人可支配收入；(5)个人储蓄。

9. 假定某国某年发生了以下活动：(1)一银矿公司支付7.5万美元给矿工，开采了50磅银卖给一银器制造商，售价10万美元；(2)银器制造商支付5万美元工资给工人造一批项链卖给消费者，售价40万美元。试解答：

(1)用最终产品生产法计算GDP；(2)每个生产阶段生产多少价值，用增值法计算GDP；(3)在生产活动中赚得的工资和利润各自总共为多少，用收入法计算GDP。

10. 假定某经济有A、B、C三个厂商，A厂商年生产5 000，卖给B、C和消费者，其中B买A的产出200，C买2 000，其余2 800卖给消费者。B年产500，直接卖给消费者，C年产6 000，其中3 000由A买，其余由消费者买（单元：万美元）。

(1)假定投入在生产中用光，计算价值增加；(2)计算GDP为多少；(3)如果只有C有500万美元折旧，计算国民收入。

11. 就业人口、失业人口与劳动年龄人口之间有什么关系？

12. 衡量通货膨胀的价格指数有哪几种？

第十二章　经济增长与需求

上一章讨论了衡量宏观经济的一些重要指标,尤其是 GDP。本章和下一章来说明经济增长是由哪些因素决定的,讨论为什么一些国家经济增长快,一些国家慢;以及为什么一个国家有时候增长快,有时慢。

第一节　经济增长由什么决定

一、供给还是需求

据经济史学家测算,公元前漫长的历史年代中,世界各地经济增长和人口增长几乎完全成比例,人均 GDP 几乎处于不变的局面,1800 年以后,生产力开始空前提高,在此后两百多年中创造的财富远超过此前数千年总和,人均 GDP 直线上升,而且各国贫富差距开始逐步扩大。这是近代资本主义发展和工业革命的结果。中国改革开放四十年来,经济的高速增长更是有目共睹。

这些经济增长究竟是由什么因素决定的呢?

一种说法是由供给也就是生产决定的,理由是在市场经济中所有人的生产不是为满足自己消费需要,而是为了交换。生产商品是为了出卖,换成货币,而换取货币又是为了购买自己所需要的东西,货币不过是短时间留在手中的交换媒介物,因此,本质上我卖就是你买,我买就是你卖。换句话说,一种产品生产出来就为另一种产品创造了需求,打开了销路。总之,生产或者说供给本身就能创造需求。一个人也好,一个国家也好,就怕生产不发展、不发达。如果生产发展、发达,自然会有收入和需求。这在经济学上就是有名的"萨伊法则",也叫"萨伊定律"。按照这种理论,经济增长的关键是生产或供给增长。没有生产增长,经济就成为无源之水,无本之木。

另一种说法是,经济增长由需求决定,理由是在市场经济中,如果商品生产出来了没有销路,即没有人购买,不过是堆在仓库里的一堆废品。企业生产出来的大量商品如果堆在仓库里卖不出去,资金就不能回笼,原材料再不能购买,职工工资发不出来。不仅生产不能扩大,简单的再生产都无法维持,工人就要失业,社会经济就要进入萧条状态。因此,经济的增长归根到底是由需求决定的,这里,需求是指有支付能力的有效需求,而不是人们要不要购买商品的主观欲望。大量事实也证明,有购买能力的需求对市场经济发展是最重要、最关键的。为什么一个大超市肯到某地区开设?因为那里有市场需求。为什么企业大量生产某种产品?因为这种产品的市场销路很好。最早提出经济由有效需求决定的是二十世纪的英国经济学家凯恩斯。这种理论叫需求决定供给、决定经济的理论。

在经济学历史上,前一种理论即供给本身会创造需求的理论一直占统治地位。但是到20世纪30年代西方国家发生了一场经济大萧条,生产大幅度下降,工人大规模失业,市场上堆积如山的商品卖不出去,工厂和银行纷纷倒闭。在这样的背景下,人们转而相信凯恩斯理论和主张,每逢经济不景气时就采用一系列刺激经济的政策来提高有效需求。

二、三个关系

实际上,对于这两种理论,即供给决定需求和需求决定供给这两种观点,不能说哪一种绝对正确,另一种绝对不正确。这是因为,一方面,需求确实要靠生产或者说供给来满足;另一方面,生产或者说供给确实是为了满足需求或者说消费。生产是手段,需要是目的,生产必须符合需求,一个企业是这样,整个社会也是这样。和需求相一致的生产可称为均衡生产。一个社会究竟应当生产多少商品,又取决于社会究竟有多少有效需求来购买这些商品。

应当认为,经济增长是供给和需求两方面综合作用的结果。这综合起来有几点值得提一下:①供给和需求是相互影响的。生产多了,人们收入才会高,购买力或者说需求就上去;需求上去,市场情况好,又会促使企业研究开发新产品以及增加现有产品的生产和供给。②短期和长期的关系。在短期,经济的产出水平主要由需求因素决定,但长期的生产能力从根本上是供给决定的。③潜在的生产能力与实际的生产水平之间关系。潜在的 GDP(以后还要讲到)是供给方面因素决定的,而经济增长主要取决于供给因素;实际 GDP 指一定时期实际上生产了多少 GDP,它是由这一定时期的社会总需求或者总支出水平决定的。

为说明方便起见,通常先讨论经济的需求因素如何决定实际的GDP,也就是实际国民生产总值水平,如何取决于社会的有效需求水平。

三、三驾马车

上一章说过,最终产品指最终使用者购买的商品。实际上,最终使用者购买商品的货币支出加总起来就构成了整个社会的有效需求。于是,整个社会的有效需求或者说总需求就由购买最终产品的几个方面的货币支出组成。购买最终产品的支出由消费、投资、政府购买和净出口这四方面构成,这四方面支出就是用支出法核算 GDP 的四方面支出。

消费是人们消耗物质资料以满足物质和文化生活需要的过程,是社会再生产过程的一个环节,是人们生存和恢复劳动力必不可少的条件,而这种恢复是保证生产过程继续进行的前提。生产决定消费,为消费提供产品与方式,并引起人们新的消费需要;而反过来又影响生产,促进或阻碍生产发展。广义生产还包括属于生产本身的生产性消费,是指生产过程中生产工具、燃料和原材料等生产资料和劳动力的消耗,但这里指的是人们生活消费,指满足人们物质、文化生活需要的过程,这是人们生存和发展的必要条件。人们生活消费在社会总需求中从来是第一位的基础性需要,无论在什么社会形态中总占总需求的最大比重。共产党建立的初心本来就是要让广大人民群众过上幸福生活。生产是手段,生活是目的。那种"先生产,后生活""先治坡,再治窝"的传统理论,把生活和生产割裂开来,甚至对立起来的观点是不正确的,也是有害的。

投资亦称"资本形成",表示一定时期内生产能力的增加。投资是流量概念,资本是存量概念。经济学上投资和日常生活中投资概念不同。

后者指人们用钱买卖各种有价证券等各种赚钱活动,前者是指社会实际资本增加。它既是社会总需求,在短期内会增加社会总支出;又是社会总供给,在长期内会增加社会生产能力。这方面问题以后单独会讲。

下面先说明一下政府支出和净出口问题。我们已知道,政府购买只是政府支出的一部分,另一部分是政府转移支付(养老金、失业和伤残、贫困救济金等)。这两部分政府支出归根到底会转化为消费、投资和净出口的一部分。例如,付给政府工作人员的薪金和支付给老人、失业者等的养老金、救济金都主要会转化为消费支出;政府用于公共投资的支出当然会转化为投资;政府使用的钱中一部分也会用于进口货物(如从国外购买军用装备之类),因而政府购买也会和净出口发生关系。什么叫净出口?净出口就是出口减去进口以后的余额。出口就是货物输出到国外的贸易行为,无论进口国是否再转卖,从出口国立场看,总是给了最终使用者了。出口货物的价值都成了本国生产的最终产品价值的一部分,成了 GDP 的组成部分。出口代表了外国对本国产品的需求。对外贸易中除了出口也有进口。进口是进口国对外国货物的需求,也是本国消费、投资和政府购买需求的一部分,例如,进口国消费者可能会买些进口消费品,企业可能会购买外国的机器等,这都是进口国的收入流到出口国。因此,计算进口国的消费、投资和政府购买加在一起的总需求时要把进口货的价值减去。出口减去进口就是净出口。所以计算总需求时主要考虑三个部分:消费需求、投资需求和净出口需求。

一个国家在一定时期的经济增长如果说由总需求决定,那么实际上等于说由消费、投资和净出口三者决定。由于净出口包括进口和出口两方面中关键是出口,因此通常把消费、投资和出口这三大因素称为拉动经济的三驾马车。

第二节 消 费 支 出

一、影响消费支出的因素

第三章讨论了影响个人消费行为或者说消费者对商品选择的一些因

素。下面要从宏观经济角度讨论一下影响整个社会消费支出的一些因素。这是两个不同角度的研究。例如讲收入对消费的影响时,如果是讲对消费者选择的影响,就是讲对高档商品和低档商品消费的影响;如果是讲对社会消费支出影响时,就是讲人们消费支出在他们可支配收入中比例的影响,即如何影响消费倾向。再如,讲商品价格对消费影响时,如果是讲对消费者选择的影响,就是讲商品相对价格变化对消费者选择的影响,人们会多买一些没有涨价商品,少买一些涨价商品,而讲对社会消费支出影响时,就是讲整个物价水平变动后如何影响他们的实际消费支出以及消费支出在可支配收入中比例,使全体居民变得更穷还是更富了。

影响消费支出的因素有很多,但首先是人们的收入,因为任何消费都要收入去支付。这里收入指税后可支配收入。消费支出和收入的关系称为消费倾向。这里有两个消费倾向的概念要加以区分。一个是一定收入水平上消费在收入中的比例。比方说一个家庭月收入1万元中有8 000元用于消费支出,这8 000元占1万元的比率即0.8或80%,可称为平均消费倾向;另一个是增加的收入中有多少用来增加消费。比方说该家庭增加的月收入1 000元中有900元用来增加消费,这900元占1 000元的比率即0.9或90%可称为边际消费倾向。收入中没有被消费的那部分收入在经济学上被称为储蓄,这和我们日常所讲把钱存放到银行里去存款的那个储蓄概念不一样。与平均消费倾向以及边际消费倾向概念相对应,储蓄倾向也有平均储和边际之分。平均储蓄倾向指一定收入中有多少用于储蓄,边际储备倾向指增加的收入中有多少用于储蓄。无论哪种说法,经济学家都认定,消费由收入决定,随收入而变化。然而,人们的消费支出怎样由收入决定,随收入而变化,又有几种不同的理论。

第一种理论认为,人们的消费由他们当前实际收入决定,随实际收入变化而变化。收入增加时,虽然消费也随着增加,但消费增加的比例总不会像收入增加比例那么多,比方说收入增加10%,消费只增加8%,就是说增加的消费在增加的收入中的比例是逐渐下降的,这可称为边际消费倾向递减规律。认为消费由人们目前实际收入决定理论就是所谓绝对收入消费理论。

第二种理论认为,人们的消费支出不仅受他们自身目前收入的影响,还要受别人以及自己过去达到过的消费和收入的影响。例如，人们长期习惯了喝牛奶，现在收入下降了，人们还是要喝牛奶而并不会去喝豆浆或者白开水，于是消费支出在收入中比例会提高。这种情况称为棘轮（棘轮只进不退）效应。又如，人们收入没有改变，但周围人都用了某种商品，他们也会学了去消费，于是消费支出在收入中比例也会提高。这种情况称为示范效应。这种人们的消费支出不仅受他们自身目前收入的影响，还要受别人以及自己过去达到过的消费和收入的影响的理论在经济学上称为相对收入消费理论。

第三种理论认为，人们的消费并不取决于他目前的实际的和绝对的收入，而取决于他过去、现在以及将来估计会有的持久收入，因为人是理智的，不仅会考虑目前临时收入的变化，还会考虑长远的收入变化，即所谓"未雨绸缪"。例如，国家临时降低了一种税收从而增加了人们可支配收入，但人们消费倾向并没有立即变化。这种理论就是所谓持久收入消费理论。

第四种理论与上面这种理论有些类似，认为人生分为青年、中年和老年三个阶段，消费者总是会估算一生总收入并考虑在生命过程中如何最合理分配自己的收入，以获得一生中最大的消费满足，意思是说有头脑的人并非"今朝有酒今朝醉"的"倒头光"，而会瞻前顾后，合理分配一生中各生命周期的收入于消费支出，使自己一生能更平稳、更幸福地生活着。这种理论称为生命周期理论。

应当说，以上各种理论都各有一定道理，究竟那种人适用那种理论，恐怕是由各人具体情况决定的。但不管怎样，人们的消费与他们收入确实相关，而且主要是当前收入。

影响消费倾向的还有其他一些因素。

（1）通货膨胀和物价水平。这实际上还是收入水平问题，因为通货膨胀和物价水平会影响人们实际收入。通货膨胀率低即物价平稳时，人们不会去抢购，消费倾向会稳定，但物价水平如果很高，等于实际收入水平很低，消费倾向就会很高。因此物价水平对消费支出的影响要区分短期还是长期。物价水平稳不稳影响短期消费支出在收入中比例。物价水平高不高影响长期消费支出在收入中比例。

(2) 社会保障制度。社会保障指政府为由于年老、生病、伤残、失业等造成收入减少或完全丧失收入的家庭提供收入以保障基本生活的一种制度。它是国家和社会通过国民收入再分配的形式让难以获得生活资料的公民得到物质帮助的制度,是使社会成员有生活安全感的稳定机制。今天,几乎世界上所有国家和地区都在不同程度上建立起各有特点、水平不一的社会保障制度,包括养老保险、失业保险、医疗保险、住房保障以及义务教育制度,等等。西方发达国家居民之所以敢于消费,储蓄意愿低,与社会保障水平较高有一定关系。

(3) 消费观念。例如,我国历来崇尚勤俭持家,能不用的钱尽量不用,尽管不再是"新三年,旧三年,缝缝补补又三年",但是把花钱消费总当成不是好事,不是美德,甚至还把消费和奢侈画等号。实际上,理性的消费、正当的用钱,和奢侈浪费并不是一回事。节约用钱对个人来说,也许可能积累财富,但对整个社会来说就制约了社会总需求水平上升,阻碍了生产和就业。

(4) 利率水平。如果利率提高,人们会增加储蓄,减少消费;反之,则反是。这就是利率对消费的所谓替代效应。

还有其他一些因素,如社会贫富差距(富人消费倾向低,穷人消费能力低,故贫富差距越大,越不利于消费水平提高)、社会年龄结构、社会风俗习惯等。但是所有因素中,最主要的还是收入因素,而且是当前收入因素。消费支出与收入的关系可称为消费函数。

二、消费函数

关于收入(Y)和消费(C)的关系,经济学家凯恩斯认为,存在一条基本心理规律:随着收入的增加,消费也会增加,但消费的增加不及收入增加的多,消费与收入的这种关系称作消费函数或消费倾向。用公式表示是:

$$C=C(Y) \tag{12.1}$$

假定某家庭的消费和收入之间如表 12-1 所示的关系,则当收入为 9 000 元时,消费为 9 110 元,入不敷出,当收入为 10 000 元时,消费为 10 000元,收支平衡。当收入依次增至 11 000 元、12 000 元、13 000 元、

14 000元和15 000元时,消费依次增加到10 850元、11 600元、12 240元、12 830元和13 360元。这就是说收入增加时,消费随着增加,但增加越来越少。在表12-1中,收入依次增加1 000元时,消费依次增加890元、850元、750元、640元、590元和530元。增加的消费和增加的收入之比率,也就是新增加1单位收入中用于增加消费的部分,称之为边际消费倾向(MPC)。其公式是:

$$MPC = \frac{\Delta C}{\Delta Y} \text{ 或 } b = \frac{\Delta C}{\Delta Y} \qquad (12.2)$$

若收入增量和消费增量为极小时,上述公式可写成:

$$MPC = \frac{dC}{dY} \qquad (12.3)$$

表12-1中第(4)列是平均消费倾向(APC)。平均消费倾向指任一收入水平上消费在收入中的比例,公式是:

$$APC = \frac{C}{Y} \qquad (12.4)$$

表 12-1　某家庭消费表　　　　　　　　　　（单位:元）

	(1) 收入	(2) 消费	(3) 边际消费倾向(MPC)	(4) 平均消费倾向(APC)
A	9 000	9 110		1.01
B	10 000	10 000	0.89	1.00
C	11 000	10 850	0.85	0.99
D	12 000	11 600	0.75	0.97
E	13 000	12 240	0.64	0.94
F	14 000	12 830	0.59	0.92
G	15 000	13 360	0.53	0.89

根据表12-1中数据可绘出消费曲线,如图12-1。图中,横轴表示收入(Y),纵轴表示消费(C),45°线上任一点到纵横轴的垂直距离都相等,表示收入全部用于消费。$C=C(Y)$曲线是消费曲线,表示消费和收入之

间的函数关系。B 点是消费曲线和 45°线交点,表示这时候消费支出和收入相等。B 点左方,表示消费大于收入,B 点右方,表示消费小于收入。随着消费曲线向右延伸,这条曲线和 45°线的距离越来越大,表示消费随收入增加而增加,但增加的幅度越来越小于收入增加幅度。消费曲线上任何一点切线的斜率就是与这一点相对应的

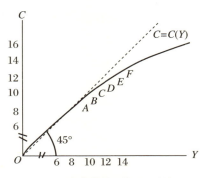

图 12-1 消费曲线(单位:千美元)

边际消费倾向。而消费曲线上任一点与原点相连而成的射线的斜率,则是与这一点相对应的平均消费倾向。从图 12-1 上的消费曲线的形态可以联想到,随着这条线向右延伸,曲线上各点的斜率越来越小,说明边际消费倾向递减。同时曲线上与原点的各连线的斜率也越来越小,说明平均消费倾向递减。

通常人们总是在增加收入时才增加消费,消费增量只是收入增量的一部分,因此边际消费倾向总大于零而小于 1。但平均消费倾向则可能大于、等于或小于 1,因为人不可能一天不消费,没有收入动用过去的收入或者借钱也要消费,因此消费可能大于、等于或小于现期的收入。

图 12-1 所表示的是边际消费倾向递减的情况。如果消费和收入之间存在线性函数关系,则边际消费倾向为一常数,这时消费函数可用下列方程表示:

$$C = a + bY \tag{12.5}$$

式中:a 表示自发性消费部分,即收入为 0 时即使举债或动用过去储蓄也必须要有的基本生活消费;b 表示边际消费倾向,b 和 Y 的乘积表示收入引致的消费。因此,$C = a + bY$ 的含义是:消费等于自发性消费与引致消费之和。例如:若已知 $a = 300$,$b = 0.75$,则 $C = 300 + 0.75Y$。这就是说若收入增加 1 单位,其中就有 75% 用于增加消费。只要 Y 为已知,就可计算出全部消费量。

当消费和收入之间呈线性关系时,消费函数就是一条向右上方倾斜

的直线,消费函数曲线上每一点的斜率都相等,并且大于 0 而小于 1。如图 12-2 所示。

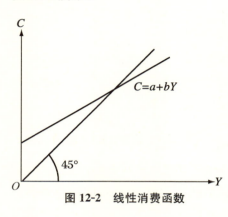

图 12-2 线性消费函数

当消费函数为线性时,$APC > MPC$ 这一点更易看清,因为消费函数上任一点与原点相连所成射线的斜率都大于消费曲线(这里是直线)。而且从公式看,$APC = C/Y = (a+bY)/Y = a/Y + b$。在这里,$b$ 是 MPC。由于 a 和 Y 都是正数,因此,$APC > MPC$。随着收入增加,a/Y 之值越来越小,说明 APC 逐渐趋近于 MPC。

以上分析的是家庭消费函数。宏观经济学关心的是整个社会的消费函数,即总消费和总收入之间的关系。社会消费是家庭消费的总和。然而,社会消费函数并不是家庭消费函数的简单加总,从家庭消费函数求取社会消费函数时,还要考虑一系列限制条件。

(1) 国民收入的分配。人们越是富有,越有能力储蓄。因此,不同收入阶层的边际消费倾向不同,富有者边际消费倾向较低,贫穷者边际消费倾向较高。这样,国民收入分配越不均等,社会消费曲线就越是向下移动;反之则反是。

(2) 政府税收政策。如政府实行累进个人所得税税制,将富有者原来可能用于储蓄的一部分收入征收过来,以政府支出形式花费掉,而按西方经济学者的说法,这些支出通常成为公众的收入,最终用于消费。这样,社会中消费数量增加,从而消费曲线会向上移动。

(3) 公司未分配利润所占的比例。公司未分配利润无形中是一种储蓄。如分给股东,则必有一部分被消费掉。因此,公司未分配利润在利润中所占比例大,消费就少,储蓄就多;反之,则消费就多,储蓄就少,即社会消费曲线就会向上移动。

影响社会消费还有其他的因素,因此,社会消费曲线并非家庭消费曲线的简单加总。但在考虑了种种限制条件后,社会消费曲线的基本形状仍和家庭消费曲线相似。

三、我国的消费问题

改革开放以来,我国消费率(即一定时期内最终消费支出占支出法计算的国内生产总值的比率)总体呈下降趋势,从1978年的62.1%下降至2010年的47.9%。目前已有一定上升,2016年为53.6%,但仍低于世界平均水平(约为77%),我国消费率偏低产生的原因是什么?

(1)与老百姓收入有关。具体说来,①前些年份我国国民收入分配中,国家、企业占比上升,而劳动者报酬占比下降,使居民购买力增长的收入增幅明显低于GDP增幅;②我国广大农民收入增长缓慢,农村消费市场难以提振;③收入分配和贫富差距扩大制约了消费需求提高。富裕阶层收入增长很快,但消费倾向较低,尤其是边际倾向不断下降,并且其高档消费品中很大一部分在进口货,而广大中低收入家庭虽然消费倾向较高,但由于收入低,无力消费,而我国人口中低收入家庭占比最大,这不利于消费率提高;④居民消费支出结构变化也抑制了消费需求扩大。目前我国城镇居民消费结构处于从"吃、穿、用"向"住、行、娱"升级阶段,而居民在购房支出方面由于房价的持续猛涨,购房者通过银行信贷买了房成了"房奴"就必然挤压其他消费支出。

(2)消费率高低还与一国社会保障制度有关。西方发达国家保障开支占到国民生产总值的比例,美国达到20%左右,英国超过30%,而我国远低于这一比例。过去我国的社会保障覆盖率长期来只涉及城镇企事业单位职工,占人口大多数的农民一直与社会保障无缘。改革开放以来,城镇职工的大包大揽式的社会保障格局也逐渐起了变化。尤其是医疗、教育等自己负担比例上升,住房商品化改革后取消了福利分房。就业制度改革后,职工对未来工作和收入不稳定感增强。加上物价不断上涨,生活费压力增大。这一切都使广大居民不敢随便花钱消费,储蓄倾向上升。现在,政府正开始着解决这一问题,尤其是开始重视解决社会保障全民覆盖的问题,包括广大农民在内的养老、医疗等基本社会保障制度要逐步建立起来。但限于我国目前经济发展水平和政府财力有限,要达到发达国家水平,恐怕还有好多年的路要走,因此,消费率上升可能还要有一个过程。

（3）我国消费率走低与传统的思想观念也有一定联系。为什么这几年来我国消费支出占 GDP 比率即消费率比 1980 年代还低了呢？原因在于，在改革开放初期以及之前，城乡居民收入很低，吃饱穿暖的基本生活消费支出就要占到可支配收入的很高比例。后来，随着经济发展和居民收入提高，尽管生活有了不少改善，包括家用电器使用在内的消费水平有了很大提高，但由于收入也高了，消费支出在收入中比例反而下降了。这种下降，固然与上面所说社会保障制度不健全有关，与传统的消费观念也多少有关。我国历来崇尚勤俭持家，能不用的钱尽量不用，这必然影响消费支出水平的提高。

考虑到转变发展方式，调整经济结构，消费应当成为经济增长的第一拉动力。然而，这必须消除一系列障碍：包括收入和贫富差距过分悬殊造成的富人消费倾向低下和穷人消费能力低下的"双低下"问题；社会保障体系不健全并且短期内不可能健全造成的人们不得不作出预防性储蓄问题；房价和生活用品价格这些年来的飙升打压了消费者信心问题；不断涌现的商品（包括食品）质量安全问题引发的消费者忧虑而更加信赖洋货等问题。这些问题的逐步解决都要一个时间过程问题。

第三节 投 资

一、什么是投资

投资一般指经济主体为获取预期收益而垫付货币或其他资源（货币也是资源，是资源的价值形式）于某些事项的经济活动。这个定义包含：①谁来投资？即投资的主体，是各级政府、企业还是个人。②为什么投资？是为了获利，即取得效益，除了经济效益，还包括社会效益和环境效益。如果一项投资活动，投资者获得了甚好的经济效益，但严重污染了环境，周围居民意见极大，这项投资就不能说是成功的；相反，如果直接经济效益并不大，但明显改善了周围环境，改善了交通条件，获得周围百姓普遍称颂,这项投资就不能说不成功。③怎样投资？或者说投资方式,是用货币添置固定资产,流动资产等实物资产的直接投资,还是用来购买股票、债券等形成金融资产的间接投资,或者是用于开发高新技术之类的风险投资。以上所讲三类投资只是投资方式,还不是经济学中所说投资定义。在经济学中,投资是指增加或替换资本资产(包括厂房和住宅建筑,购买机器设备以及存货投资)的支出。投资可分固定资产投资(增加新厂房、新设备、营业用建筑物和住宅)、存货投资(即生产者增加存货)两大类。固定资产投资分为两类：一类是替换旧设备、旧厂房之类的重置性投资,可称重置投资；另一类是新增加购置的厂房、设备等所谓净投资。

在考虑GDP增长时,投资支出要计入GDP计算中。例如,假定一个投资项目共50亿元人民币,今年投入10亿,则此10亿就计入今年GDP形成中,不管这10亿是否已形成生产能力。同样,一条高速公路假定共300亿元投入,今年投入100亿,则此100亿就计入今年GDP形成中。

二、影响投资的因素

如上所述,投资是为了获取收益,并且这收益除了投资者直接收益,还包括对环境在内的社会收益。然而投资者考虑的多半是自己的经济收益。现在研究影响经济学中的投资即增加或替换资本资产的因素,假定是考虑要不要新建或扩大厂房的一个投资项目。影响这样的投资因素有哪些呢？

第一大因素当然是这项投资的收益,影响这项收益的当然包括这项投资将来生产的产品市场销路、产品价格、市场竞争情况等。然而这里的收益是总收益,而不是扣除了投资成本的净收益。投资者追求的当然是净收益,因此影响投资的第二大因素是投资的成本。投资成本通常用货币来衡量,也就是用资金成本来衡量。资金成本是资金的使用成本,也就是利率。如果投资总收益一定,利率越高,投资净收益就越低,投资需求就越小,反过来也是这样。

投资是人们的一种经济行为,其基本动力当然也是成本和收益的对比。但是,投资及其成本是目前的事,而收益则是将来的事,或者说是一种预期收益。比方说,建造一个工厂需要一年甚至几年,建成以后该工厂产品销路如何、价格如何、市场竞争情况如何等都存在很大的不确定性，变数较大，这就是风险。经济学中，投资的预期收益越大，风险也越大，风险和收益总是成正比的，其原因是如果大家认为此投资净收益会很大，就越是来投资，则该投资将来形成的产品供过于求的可能性也一定越大，则产品价格下跌可能性也越大，从而投资失败的可能性也越大。因此，投资决策是一件非常重要的事。

三、投资需求函数

投资成本的大小通常是用市场利率来衡量。这是因为，①企业进行投资，不管是建造厂房仓库还是购买机器设备，一般都需要贷款，而贷款就得支付利息；②即使投资者使用的是自有资金，投资者也会把利息看作投资的机会成本也就是投资成本。利率上升时若投资收益不变，投资者就会减少投资。需要指出，这里的利率是指实际利率，即市场的名义利率或者说货币利率减去通货膨胀率以后的利率。假定价格水平不变，则名义利率就是实际利率。投资需求与利率之间的反向变动关系在经济学中也称为投资的需求函数，其几何图形即投资需求曲线。如果中央银行扩大货币供给，利率水平下降，就会刺激投资需求。反之，当中央银行减少货币供给时，利率的上升会减少投资需求。这就是国家用货币政策调节经济的道理。

四、我国的投资问题

我国改革开放以来经济发展成绩巨大，但这种发展中一个问题是过分依赖投资的增长。这可以从投资率的上升中清楚看出。所谓投资率，是指固定资产投资总额与国内生产总值的比率，或者说投资率＝固定资产投资总额／国内生产总值。从 1999 年到 2010 年这 10 年多时间中，我国平均固定资产投资率由 1999 年的 0.33 上升到 2010 年的 0.7，而美国这些年的平均投资率由 0.21 下降到 0.15。这表明我国经济增长中投资的作用绝对占主要地位。

投资率上升那么快，然而投资的效率却反而下降。投资效率是国内生产总值增加额除以固定资产投资增加额。投资效率可以用增量资本的产出率来衡量,它说明 1 元钱的投资能带来几元的国内生产总值。研究表明,发达国家的增量资本产出率一般为 2—3 元,即 1 元钱的 GDP 增加需要 2—3 元钱投资。而中国 1991 到 2003 年的增量资本产出率是 4.1,后来这一指标不断攀升,最高逼近 7 的地步,就是说 1 元钱的 GDP 增量要投入近 7 元钱的资本。投资效率低到只有发达国家 1/3 到 1/2。

中国的高投资率带来了这些年来经济的持续快速增长,并使中国经济实力大幅增强,国家面貌也发生了巨大变化,成绩不可抹杀。但持续走低的投资效率使我国经济风险和金融风险丛生。中国的高投资主要是政府主导的,投资的资金主要是银行信贷而不是通过自身积累。投资缺乏效率会使银行坏账概率上升。如果大量投资项目的信贷资金收不回来只能逼得中央银行印钞票。我国 2008 年年底 2009 年年初出台 4 万亿元救市政策,地方配套投资资金高达 18 万亿元,短短两年时间就使地方债务飙升至 10 万亿元天文数字,给中国经济积累起很大风险。

以习近平同志为核心的党中央高度重视过去高投资率的增长方式带来的危害性,反复强调要重投资质量,重经济效率,要把经济发展从高速度向高质量转变。为什么?靠"资源高消耗,环境高污染,人工低成本"的粗放式高投资来拉动经济增长,在过去十多年也许是一种必然的选择,并且也确实为实现我国经济持续多年的高增长立下了汗马功劳,然而,今后持续走这条路绝对不行了。

(1) 国际环境变了。20 世纪八九十年代至 21 世纪初,以美国为首的西方发达国家有着充裕的资金渴望到国外投资,旺盛的需求渴望有大量中国这样价廉物美的产品去消费,加上中国实行改革开放初要大力发展加工贸易,这些都为迅速拉动经济提供了条件。然而,时至今日,西方发达国家对中国产品需求开始大幅萎缩,还用贸易保护主义棒打中国出口。

(2) 资源容忍度变了。多年以来,我国包括矿产资源、土地资源、水资源等大量资源被过度消耗,如果以后再要像过去那样,恐怕所有资源都无法容忍。拿土地资源来说,如果再快速扩大投资,势必 14 亿人口吃饭用的耕地也保不住了。

(3) 生态环境变了。我国以往持续多年大规模投资使生态环境受到了破坏,空气、河流、湖泊、近海以及土地都受到了污染。如果再像过去那样拼资源、拼环境地粗放式增长,我国自然环境实在不堪承受。

(4) 人口红利变了。所谓人口红利,是指一个国家生育率的迅速下降在造成人口老龄化加速的同时,少儿抚养比也迅速下降,劳动年龄人口比例上升,在老年人口比例达到较高水平之前,将形成一个劳动力资源丰富,老人和小人的抚养负担较轻,从而对经济发展十分有利的"黄金时期"这种情况。我国人口生育高峰期是20世纪50—70年代。后来由于实行计划生育,出生率迅速下降,而老龄化还只是慢慢到来,因此20世纪90年代起至21世纪初,我国人口年龄结构就处于人口红利阶段。每年劳动供给总量约1 000万,保证了劳动力的足够需要。同时,由于改革开放后国家允许农民到城里务工,大量农民工流入城市打工,不仅本身工资要求低,而且使原来的城市普通工人的工资也无法与经济发展同步提高。这种劳动供给充裕和低工资格局十分有利于投资扩张拉动经济增长。然而,这种格局现在已开始变化:一方面老龄化过程加速,许多本来是劳动者年龄的人步入老年人队伍,而由于目前养育孩子的成本提高,人们一般也不愿意多生。因此我国人口红利开始消失。另一方面,这些年随着政府对农民负担逐步减轻,农民工进城的机会成本在提高,如果不给进城务工者增加工资,企业就招不到人。这些都表明,要再像过去那样靠低工资吸收劳动者来满足扩大投资规模从而快速发展经济的路已走不通了。

上述这些变化都说明,靠过去那条粗放式投资来拉动经济增长的路已越来越难走了。当然,增加投资是扩大生产、促进经济发展所必需的手段和渠道,问题是增加什么项目的投资。显然,重复建设的、高能耗的、重污染的、产能过剩的、投资效率低下的,为政府领导装潢门面而与改善民生无益的投资项目等都不可再上。有些投资项目目前投资效率还小但将来会有效率的,如有些地区的高速公路和城市地铁工程等市政项目,则应根据各地财政的实际情况而定。

哪些投资项目会得到鼓励呢?根据新发展理念,那些高新技术领域项目,包括信息技术、生物技术、新材料技术、现代制造业等这些领域的投资项目都会受到青睐。因此,诸如航空航天技术产业,生物制药产业、新能源、新材料产业等都是值得鼓励的。然而,即使在这些领域中的投资也不能一窝蜂地盲目冲动。例如,光伏太阳能利用发电的新能源产业,有良好发展前景。但目前也不能一下子摊子铺得太大。

综上所述,投资作为一国经济发展拉动的一驾马车是非常重要,在短期看是构成总需求重要部分,从长期看则增强了供给能力。然而,再像过去那样在GDP增长中占比过高,经济就会失衡。

第四节 对外贸易

一、拉动经济的总需求之一

出口就是外国对本国的商品购买,就是外国的收入流向本国,因此扩大出口从来就是各国促进经济增长的重要政策选择。无论是几百年前的重商主义,还是20世纪的凯恩斯主义,一直到当前世界各国政府都这样。所谓出口导向型经济就是指靠推动出口来促进增长的经济。当然,有出口必然就有进口。出口和进口都是对外国的贸易,不同于商品在国内交易的国内贸易。

二、中国对外贸易依存度

对外贸易额是出口和进口加在一起的总价值额。这个进出口总值额占GDP的比例称为对外贸易依存度。对外贸易依存度十分重要,可以看出我国家与全球经济联系的紧密程度。外贸依存度高说明我国和世界经济联系程度高,世界经济波动对我国经济波动影响就会大些;反之,影响会小些,世界上有些国家的这一依存度高达100%,如新加坡、马来西亚、泰国等。它们是贸易立国。我国当然没有那么高。

尽管如此,改革开放以来,尤其21世纪以来,我国外贸依存度有很大提高,其原因主要有:①中国的贸易导向战略导致我国外贸增长速度明显高于GDP增长。近二三十年来,我国一直鼓励进口设备以促进技术进步,同时又鼓励出口。正是在这些激励下,进出口快速上升。②经济全球化加速发展,为中国对外贸易发展提供了良好机遇。

三、我国对外贸易发展成就、隐患与对策

我国对外贸易这些年来的发展,为中国经济的快速发展作出了很大贡献,不仅通过大量出口换得了大量外汇,还通过进口获得了为提高生产力所需要的先进设备,对中国经济的高速发展立下了汗马功劳,从而成为推动经济快速持续发展的一驾重要马车。

然而,我国外贸大发展中也存在一些隐患。①外贸依存度过高的一大因素是加工贸易比重较大,而加工贸易的市场主要在国外,这就容易使我国外贸甚至整个经济过多依赖于海外市场。②我国外贸快速发展尤其是出口大于进口的多年顺差贸易发展易引发摩擦,一些发达国家以各种名义对我国实行新的贸易保护主义政策,包括关税、汇率、知识产权、技术贸易壁垒等,对中国出口加以限制。③多年来出口贸易的高速发展主要靠出口更多的资源消耗和廉价劳力产品,国际竞争力不强。随着中国人口红利慢慢消失,劳动力成本不断上升以及其他资源价格的不断上涨,低成本出口的优势逐渐丧失。④我国最大几个贸易伙伴包括美国、欧盟、日本等对我国关系的变化都会影响我国的进出口贸易。⑤国际贸易地位上升后,贸易竞争对手随之增加,不仅有发达国家,也有新兴发展中国家。可见,尽管我国还不应忽视对外贸易在拉动经济中的作用,但如果希望外贸再像过去那样发挥作用恐怕就不切实际。怎么办?

(1)要在尽可能巩固现有外贸市场份额基础上,扩大国内市场对经济增长的拉动作用和影响。我国是一个人口众多的经济大国,发展应更多立足于扩大内需,尽量减少国际经济对我国经济增长的负面影响。

(2)放弃以追求进出口数量持续增长为贸易政策目标的思路,建立科学的贸易政策实施效果的评价指标体系,将"以质取胜"定为外贸政策的核心,推动中国从贸易大国走向贸易强国,提高外贸核心竞争力。

(3)大力增强核心技术能力,切实优化商品结构,从劳动密集型和资源密集型出口向资本、技术和知识密集型过渡,提高出口产品附加值,发展高新技术产品。将粗放型贸易转向效益型贸易。

(4)要充分利用"一带一路"机遇,扩大进出口。

目前,我国开始十分重视扩大进口的积极作用:第一,扩大进口,包括

扩大国外消费品进口,有利于提高人民对美好生活的需求;第二,扩大进口,让更多商品进入中国市场,有利于增强国内企业的竞争压力和观念;第三,有利于平衡进出口贸易,减少与相关国家的贸易摩擦。

关　键　词

消费倾向　　消费率　　固定资产投资　　重置投资　　投资率
投资效率　　外贸依存度

复习思考题

1. 你认为经济增长是由需求决定还是供给决定?
2. 怎样理解经济增长由三驾马车决定?
3. 应当如何正确理解生产与消费的关系?为什么消费需求应该是总需求的基础?
4. 为什么边际消费倾向通常小于1,而平均消费倾向可能大于、等于、小于1?
5. 影响消费支出的重要因素有哪些?为什么消费成为我国经济增长的主要拉动力还有一个过程?
6. 影响投资的主要因素有哪些?什么是投资函数?
7. 什么是投资率和投资效率?我国高投资率形成的原因是什么?为什么说我国主要靠粗放式投资拉动经济是不可持续的?
8. 我国外贸依存度迅速提高的原因有哪些?
9. 我国前几年外贸快速发展中存在些什么隐患?如何消除这些隐患?

第十三章 经济增长与供给

如果说经济在短期内主要靠总需求来稳定和拉动,那么,在长期内主要靠供给来支持和推动。为什么?因为需求本身也要靠供给来创造。如果没有产品生产出来,哪里会有收入和需求。一个人或家庭是这样,一个社会、一个国家也是这样。供给指什么?指生产,而生产能不能发展,关键又是制度,因为生产要靠人,人的积极性、创造性全要靠制度来调动。因此,影响供给或者说生产的因素除了生产要素及其效率,还有影响效率的制度。世界上有些国家富裕,有些国家贫穷;有些国家经济发展很快,有些国家经济长期停滞,归根结蒂是供给问题,在经济学中,通常涉及经济增长与经济发展问题。经济增长是社会(国家)在长期中生产能力的变动问题,经济发展是本来落后国家的经济如何发展的问题。

第一节 经 济 增 长

一、经济增长及其衡量

经济增长常指一个国家或一个地区生产的产品增加。如果考虑到人口增加和物价变动情况,经济增长还指人均福利的增长。

经济增长和经济发展是两个有联系又有区别的概念。第一,经济增长偏重于数量方面,一般指经济总量或 GDP 总量或一国人均国民收入增加,而经济发展的含义要更广泛一些,不仅指人均收入增加,还包括适应这种增长的社会制度和意识形态的变化。第二,经济增长理论大多专门研究发达国家经济增长问题,而经济发展理论研究一个国家如何由不发达状态过渡到发达状态。

经济学一般采用国内生产总值(GDP)作为衡量商品和劳务生产总量的标准。然而,国内生产总值增长率不能完全看作就是经济增长率。

首先,国内生产总值增长中含有的物价上涨因素必须剔除。前面说过,国内生产总值有名义和实际之分。真实衡量经济增长的只能是实际国内生产总值的变动。如某年国内生产总值增长20%,但一般物价水平也上升20%,则实际国内生产总值并没有增加。

其次,应考虑人口变动因素。假如某一国家某一时期GDP增长3%,人口增长也是3%,则按人口平均计算的GDP根本没有增加。如人口增长率超过GDP增长率,人均GDP就要下降,从而人们实际生活水平就要下降。

再次,有些经济学家认为,衡量经济增长,不应以实际的GDP为标准,而应以国家的生产能力即潜在的GDP(详见第十四章)为标准,方可抽去总需求变动因素。假定失业率为4%时的产量水平是潜在GDP水平,若某年总需求水平很低,实际失业率是8%,则实际GDP低于潜在GDP。如果下一年总需求增加使失业率达到4%,则实际GDP似乎增加很多,但这实际上不是提高生产能力本身获得的,而仅是提高生产能力利用率而已。因此,实际GDP不能作为衡量经济增长的真实标准。实际GDP在经济周期中的扩张,不能看作经济增长,而只是经济波动中的膨胀。

最后,一些经济学家认为,不管是用实际的GDP,还是潜在的GDP来作为衡量经济增长的标准,都有缺陷。若经济增长局限在物质产出上,会忽视人类其他方面福利的增进,如工作时间缩短,产品质量改进,医疗进步等都难以得到反映;又如,不经过交易市场的许多活动无法统计到经济增长中去;还有,增长给社会带来的环境污染、资源枯竭等也难以计算进去。假定某一时期某国家,生态退化和环境污染造成的经济损失大约相当于GDP的8%,而GDP年增9%的话,真实增速其实只有1%。

总之,经济的增长衡量标准问题还有待进一步研究。

二、经济增长的源泉

理论和实践都告诉我们,任何一国或地区的经济增长都离不开这样五个因素：①人力资源,包括劳动力数量和质量;②资本,包括机械设备、工矿、道路等;③自然资源,包括土地、矿藏、环境资源等;④技术,包括生产技术、管理技术和企业家才能等;⑤制度,包括产权制度、企业制度及其他各种激励制度。

如果先假设自然资源和制度都是外生不变的(事实上不是不变的),那么可把注意力集中在劳动、资本和技术对经济增长的作用方面。这样,经济增长源泉的分析所要说明的中心问题就是劳动的增加,资本存量的增加及技术进步在促进经济增长中所起作用的大小,也就是探讨是什么力量使一国经济增长率增加,比方说由3%提高到4%。

下面就分别分析生产要素供给和生产要素的生产率对经济增长所起的作用。

1. 生产要素供给的增长

大多数经济的生产要素的供给一直在增加着,劳动力在增长,资本存量在增加。那么,产出的增长中有多少是直接依靠要素供给的增长而取得的呢?

为了使这个问题的分析简单明白,假设经济只生产一种产品,假定生产要素只有劳动和资本,而且劳动是单一的工种,资本设备是单一的机器,还假定生产要素的数量在增长,但质量没有改进,已存在的生产方法即生产技术也没有变化。

在以上假定的条件下,投入和产出关系如何呢? 如果劳动和资本的投入按相同的比例增加,产出也按相同比例增加,例如劳动和资本供给各增加1%,则产出也增加1%,这就是所谓规模报酬不变。在这样的情况下,产出的增长率取决于劳动和资本组合起来的增长,即取决于总要素的投入。

"产出的增长率取决于劳动和资本组合起来的增长",要理解这句话,首先要明确劳动和资本如何量度。劳动一般用劳动小时量度,比方说,今年投入的劳动比去年增加1%,是指投入的劳动小时数比去年增加1%。资本一般用资本设备(机器、厂房设备)总量来测量,比方说,今年投入的资本比去年增加1%,是指资本设备总量增加了1%。生产必须有劳动和资本相结合,然而,劳动和资本对产出所起的作用并不相同。劳动和资本对产出的增加所作的贡献通常用每一要素所获得的国民收入份额来测量。如果劳动得到 3/4 的国民收入而资本得到 1/4 的国民收入,那么就说,劳动比资本"重要"三倍,在计算综合的增长率时,劳动的增长率占 3/4,而资本增长率占 1/4。这个原理可用公式表示。

令:

$\dfrac{\Delta Y}{Y} = $ 产出增长率

$\dfrac{\Delta K}{K} = $ 资本供给增加率

$\dfrac{\Delta L}{L} = $ 劳动供给增加率

$\alpha = $ 资本产出占国民收入份额

$\beta = $ 劳动产出占国民收入份额

劳动和资本的综合增长率是:资本收入份额×资本增长率＋劳动收入份额×劳动增长率,用符号表示是

$$\alpha \cdot \dfrac{\Delta K}{K} + \beta \cdot \dfrac{\Delta L}{L}$$

由于假定规模报酬不变,所以:

$$\dfrac{\Delta Y}{Y} = \alpha \cdot \dfrac{\Delta K}{K} + \beta \cdot \dfrac{\Delta L}{L} \tag{13.1}$$

这个方程的含义是,在一个规模报酬不变和没有技术进步的经济中,产出的增长率是资本和劳动增长率的加权总和。

假如,假设劳动得到 3/4 而资本得到 1/4 的国民收入,劳动供给每年增长 1%,而资本供给增长 3%,则产出的增长率为

$$\dfrac{\Delta Y}{Y} = \dfrac{1}{4} \cdot 3\% + \dfrac{3}{4} \cdot 1\% = 1.5\%$$

2. 生产要素的生产率——剩余

美国经济学家约翰·肯德里克在测算一些国家长时期投入和产出的增加时,发现产出的增长率一般大大高于投入的增加率。比方说,某国一年实际投入增长 2%,产出会增长 4%。产出的实际增长和根据要素投入

增加而预测的增长之间的差额可称为剩余。它说明,生产要素的生产效率如何,是一个除劳动和资本增加以外的一切产出增长的源泉。

约翰·肯德里克曾经考察1889—1957年美国经济的产出增长情形,如表13-1所示。

表13-1 美国产出和投入的增长(1889—1957年)

	年度百分数增加		剩余
	国民生产总值增长率 $\frac{\Delta Y}{Y}$	投入要素增长率 $(\alpha \cdot \frac{\Delta K}{K} + \beta \cdot \frac{\Delta L}{L})$	
1889—1919年	3.9	2.6	1.3
1919—1957年	3.2	1.1	2.1

资料来源:约翰·肯德里克.《美国生产率的趋势》(Productivity Trends in States),普林斯顿1961年版,转引自[美]劳埃德·雷诺兹.《宏观经济分析和政策》,商务印书馆1986年版,第402页。

从表13-1中明显看出,产出增加率 $\frac{\Delta Y}{Y} \neq \alpha \cdot \frac{\Delta K}{K} + \beta \cdot \frac{\Delta L}{L}$,而 $\frac{\Delta Y}{Y} > \alpha \cdot \frac{\Delta K}{K} + \beta \cdot \frac{\Delta L}{L}$,两者的差额,即要素生产率的增长率。在1889—1919年,美国国民总产值的年度增加率(3.9%)中约有2/3由于较多的要素投入,要素的生产率提高的贡献占1/3。但自从1919年以后,这两个增长的来源相对的贡献改变了。投入贡献的增长率下降而生产率的贡献增加。在1919—1957年,总的要素投入贡献每年只增加1.1%,但要素生产率贡献从1919—1957年每年增加2.1%,大大快于过去。在这40年里,每年产出增加3.2%,其中,要素生产率增加的贡献约占2/3,而要素投入增加的贡献仅是1/3。这是技术进步的结果。

研究发现大部分产出增长归因于总的要素生产率的增长,这推动了对要素生产率增加原因的研究。差不多近一个世纪以来,生产要素生产效率大大增进的原因是什么呢?

(1)资本品积累(投资)的增加。每个工人拥有的资本品越多,越是用先进的工具和机器设备把自己武装起来,他们的产出就会越大。在欠发达的国家,农民种的粮食仅够养家糊口,而今天在美国,占人口3%的农业工作者所生产的农产品在足够美国人消费之外还大大有余,可供出口,原因就是农业机械化使美国农民今天工作一小时相当于他们在 50 年前或 75 年前工作一周。

(2) 劳动力质量提高。劳动者愈有技能,其生产率就愈高。先进的技术设备,必须有高素质的劳动者来操纵,劳动者如果没有受到良好教育,别说现代知识经济,就是过去的工业经济也难以运转。现代的高科技对劳动者素质的要求更高了。

(3) 资源从低生产率部门不断转移到高生产率部门的重新配置。例如,劳动力从生产率低的传统农业部门转移到生产率高的现代工业部门,社会生产率就大大提高。今天,在美国,这一资源重新配置的趋势正在加速。一个以高科技产业为龙头的"新经济"浪潮正在崛起,信息产业在迅速发展,20 世纪 90 年代以来,其销售额增长 57%,超过了建筑、食品加工和汽车业,一跃成为美国第一产业。

(4) 技术变革尤其是高新技术转化为现实的生产力。技术的进步体现在更高的产品质量,更好的生产方法和组织生产的更好方式上。当年亨利·福特开发的流水线在一年之内把生产率提高好几倍。今天,在美国,由于有风险资本的介入和支持,使一批又一批具有高度不确定性的中小型高新技术企业迅速成长,推动了新技术的采用,尤其是信息产业的发展,使整个社会的劳动生产率大大提高。在过去几年中,美国经济增长中差不多有 27% 应归于高科技企业①。

美国当年发生的故事,现在在中国正在发生,因为中国在经济增长方式转变中强调把创新作为第一动力。

三、经济增长的前途

较高的经济增长率总意味着社会财富的增加,人们的需要得到更多满足,社会福利增进,这是 18 世纪英国经济学家亚当·斯密以来的传统信条。但从 20 世纪 60 年代以来,西方国家经济增长过程中出现了环境污染,工业废物处理,自然资源枯竭,居民公害病症增多以及城市人口拥

---

① 以上分析,主要参阅:[美]斯蒂格利茨,《经济学》下册第 37 章,中国人民大学出版社 1997 年版。

挤,交通阻塞等诸多问题,引起人们普遍关注。所以,60年代后期就有经济学家提出要考虑经济增长的代价问题。

经济增长是否值得向往的问题由英国经济学家米香(E. J. Mishan)于1967年首先提出。他指出,西方社会继续追求经济增长,在社会福利方面得不偿失。技术发明固然给人们提供较多福利,但也会因颓废风险加大而增加他们的焦虑。飞速的交通工具使人们趋于孤立;移动性增加反而使转换时间更为增多;自动化程度的提高反而使人们产生隔离;电视增多使人们更少交往,人们较以往更少理解他们的邻居。物质财富的享受不是人们快乐的唯一源泉,还有闲暇、文化和美丽的环境。然而,这些令人们向往的事物,现在却成了经济增长的牺牲品。

1972年美国经济学家麦多斯(D. H. Meadows)等人写了《增长的极限》一书。书中指出,由于粮食缺少、资源枯竭和环境污染等问题之严重及相互反馈的结果,人口和工业生产的增长将带来严重后果并最后出现"世界的末日"。要避免这种灾难性情况的发生,从1975年起,要停止人口的增长,到1990年停止工业投资的增长,以达到"零度人口增长"和"零度经济增长"的全球性均衡。

零增长观点一经提出,就引起西方社会的广泛讨论,持有异议的认为:

(1) 实行一种阻止经济继续增长的决策是不容易的。用行政命令控制的方式本身不可取。政府不可能命令人们停止发明扩大生产力的方法,而且厂商冻结其产出水平也是无意义的,因为人们需要的变化会要求某些工业扩大生产,同时也会要求另一些工业紧缩生产。究竟哪些工业需扩大和哪些需紧缩,如要由政府出面干预以达到零增长,这将是既浪费又挫伤人们情绪的方式。

(2) 零增长将严重损害在国内或国外消除贫困的努力。当前世界上大多数人口仍处在需要经济增长的状况中,发达国家又甚不愿意对发展中国家提供过多援助。较少的增长意味着贫困延续。就改善一些发展中国家人们的生活状况而言,经济增长是完全必要的。

(3) 经济零增长不容易对有效的环境保护提供资金。消除空气和水流污染以及净化城市生活,每年需要大量费用,只有经济增长,才能获取这些资金,又不致减少现行消费。如果经济不增长,这些方案都无法实施,最后仍将使人们贫困和环境恶劣。

总之,一些经济学家认为,零经济增长是不能实现的,也是不应实现的。

尽管经济零增长的观点不可取,但它提出的现代经济带来的环境污染、生态破坏、资源枯竭问题却引起了人们的高度重视。

中国经济经过多年高速增长,环境污染和生态恶化同样很严重,引起了人们高度重视。党中央下决心加以治理,并作为2018年三大攻坚战之一。

第二节 经 济 发 展

一、发展中国家概念

世界银行曾按人均收入将世界各国划分成低收入国家、中低收入国家、中上等收入国家和高收入国家四类。各等级收入标准在不同年份会有变化,属于各等级的国家在各个年份也会有变化,但各类收入国家在一定历史时期还有一定的相对稳定性。例如,美国、英国、日本、法国、德国、加拿大、澳大利亚等二十多个国家大体总属于高收入国家。另外三类收入的国家总称发展中国家,有时又被称为欠发达国家或不发达国家,历史上也曾称为落后国家。这三类收入的国家范围很广,其中有些国家如韩国、新加坡、马来西亚等近二十多年来经济发展得相当不错,但大部分国家仍处于比较贫困甚至十分贫穷的境地,包括非洲、拉丁美洲及亚洲地区相当多国家。这些经济落后国家最重要的特征是人均收入低,人们过着贫苦的生活,营养不良,文化水平低,预期寿命短。发展中国家大约有40%的人口年收入无法提供足够的营养。尽管发达国家只占世界人口的1/4,但消费着世界产量的3/4,而占世界人口3/4的发展中国家仅占有世界收入的1/4。这些发展中国家的人口绝大部分居住在农村里,劳动特别繁重,工具相当原始,生产效率低下,缺医少药,文盲比例很高。如果用人均实际GDP、人们预期寿命、儿童入学率、成人识字率这些指标来衡量经济和社会发展程度的话,发展中国家尤其是其中一些特别落后的国家,这些指标都极低。"贫困落后"可说是这些国家状况的总概括。

二、阻碍经济发展的因素

造成发展中国家贫困落后的因素是什么?经济学家提出了种种看法,但都离不开关于生产因素的分析,因为任何一国的经济,其基础总是生产。国家之所以贫穷,是因为缺乏资本、劳动、自然资源和技术这些要素的投入。

先说资本短缺。发展中国家人均收入低,即使消费水平低,绝大部分收入还是被消费掉,储蓄极有限,形成资本的能力极低,从而生产率也难以提高,收入水平就无法上去。这样,就形成了一个低收入到低收入的恶性循环。

再看劳动要素。发展中国家劳动数量在人口迅速增加的形势下总是过剩,但质量很低,体现在劳动力中的知识和技巧少得可怜,即使给他们现代化装备,也无法操作。越穷的国家中人口增长越快的原因是农民没有社会保障,只能养儿防老,而儿童死亡率高又促使其父母不得不多生,加上子女的抚育成本低,以及现代避孕知识和手段缺乏,高出生率就不可避免。正如人们所说,富人家里多财产,穷人家里多孩子。对整个国家来说,情况同样如此。对许多贫穷国家来说,既存在"穷了多生,多生了穷"的循环局面,又存在人力资本短缺和只会干粗活的普通劳动者严重过剩并存的局面。

自然资源是生产中不可缺少的条件。许多贫困国家的自然条件很恶劣,但也有些发展中国家的资源并不少。例如刚果就有丰富矿藏,但仍很穷。相反,有些国家(如日本)自然资源不见得很丰富,却很发达。这表明,能否富起来,关键并不在自然资源本身,而在于如何对待和利用这些资源。

技术进步是经济发展最重要的因素。科学技术有很大外部性,发展中国家完全可以模仿发达国家的先进技术,而不必从头研究和开发。问题是有没有这样的人才(科学家、工程师等)去进行模仿,有没有这样的资金用以购买代表先进技术的设备,有没有这样具有创业精神和创新意识的企业家去引进和利用先进技术。

除了生产因素的制约,市场也是制约经济发展的因素。从购买力角度看,也许十个穷人不如一个富人。如果产品没有销路,企业只能关门。显然,低购买力也成了经济发展的制约。

还有一种在发展中国家较为流行的观点,即认为贫困国家是发达国家剥削的产物。尽管殖民统治的时代早已过去,但现在许多落后国家在经济上仍依附于发达国家。发达国家通过诸如不平等贸易等手段影响着发展中国家的经济,损害穷国利益。因此,要求建立"国际经济新秩序"的呼声常会在国际舞台上听到。

然而,如果再深层次思考一下,就可以发现,还有更为重要的因素在阻碍那些贫困国家的经济发展,那就是制度、政权和秩序。就资本短缺来看,发展中国家人均收入低,不等于人人收入低,大多数家庭贫困不排除还有少部分家庭是富有的。这些富人很少有储蓄和投资的积极性,宁肯作炫耀性消费或把资金转移到国外,这是因为国内缺乏投资的激励机制,缺乏投资的安全环境,政局经常动荡不安。再看人力资源,发展中国家真的是完全没有人才吗?不是,有本领的人才跑国外去了,或在国外留学后不回国就业,原因是那些国家缺乏吸引人才的制度和环境。资源禀赋问题,情况同样如此。为什么刚果丰富的矿藏不能成为国家财富来源?因为腐败的官员把财富装进了自己的腰包作奢侈浪费用了。日本的自然资源并不丰富,但明治维新以来的制度创新却把它造就成一个经济强国。总之,推动发展中国家把经济搞上去的,根本上说是制度、政权和秩序,包括稳定的政局、明晰的产权、良好的投资环境、强有力的激励机制、健康的市场秩序、健全的立法和司法等。此外,还需要政府能实行一系列正确的发展战略。

三、发展战略

把发展中国家经济搞上去应走什么路,人们反复思考,各国不断实践。这里,有几个属于发展战略中的重大问题。

(1)工业化和农业发展的关系问题。经济发达国家基本上都是高度工业化国家,城市人口占总人口的大多数,工业生产率远高于农业。于是许多发展中国家在政治上独立后都致力于发展工业,甚至不惜以牺牲农业来求取工业的发展。但实践证明,这种做法并不可取。工业不但需要大量资本,还要有市场,离开了农业的发展、农民收入的提高,不仅资金无法积累,国内市场也不能开拓。发展农业所需资金较少,还可容纳大量劳动力。实践证明,大力发展农业,会使这些后进国家经济的基础更扎实些,因此,较好的办法还是农业与工业同时协调发展。

（2）计划指令还是市场调节？任何一个国家发展经济时都要选择资源配置方式,究竟是市场导向还是政府计划指导？很多发展中国家原来都倾向实行政府计划干预,因为这些国家原来商品经济不发达,不相信市场力量能指导经济发展,加上文化传统和宗教信仰等都和市场经济不合拍,因此,不少后进国家在经济发展中不但有五年计划之类的目标指引,还有在价格、产量、就业、工程项目等方面的直接指令和控制。但实践说明,政府行政命令的经济效果都不理想,不但造成资源配置错位,效率低下,还造成寻租之风盛行、物资短缺等问题。在这样的情况下,许多国家开始放松行政命令式的经济控制,逐步转向在计划指导下的市场配置轨道。

（3）进口替代还是出口推动？不少发展中国家为了发展本国工业,都曾不同程度地实行一种支持发展那些能生产替代进口产品的本国工业的贸易战略,包括使用关税、进口限额等手段。结果往往事与愿违。进口高关税(有时高达200%)使国内工业不受国际竞争影响,受保护的企业丧失了改进技术、降低成本、提高产品质量、增加花色品种的动力,经济效率低下,资源大量浪费,生产者和消费者都享受不到国际分工的好处,该进口的不能进口,该出口的不能出口,外汇短缺状况更严重了。与进口替代相反的是出口推动战略。第二次世界大战后日本在这一战略实施中取得了惊人成就。自1970年开始,亚洲一些国家和地区如韩国、新加坡、马来西亚、中国的台湾和香港地区通过出口推动也取得了高速增长的成就。出口推动战略主要包括用汇率、税收、信贷等各种手段对出口产品生产予以大力支持。但随着世界市场竞争日益激烈,这一战略也面临严峻挑战。

（4）人口控制还是自由放任？人口增长过快,一直是困扰发展中国家经济发展的难题。由于人口增长过快,资本积累、人力资本投资、市场需求及生态环境等一系列问题都难以解决。为了打破"贫穷—多生—贫穷"的怪圈,一些有识之士和政府开始重视人口控制,以加速经济发展,提高人均收入。人口要控制,就得实行计划生育。生育是夫妻的权利,但计划生育是他们应承担的义务。在实行计划生育问题上,绝不能放任自流。固然,一个国家经济高度发展了,文化水平普遍提高了,即使人均预期寿命大大延长了,由于生育率的大幅下降,人口自然增长率也会迅速下降。但问题是,一个国家在贫困阶段,人们不可能自觉降低生育率。如果非洲肯尼亚的人口年增长率保持 4.2% 不变,那么国家是不可能变富的,而贫困又会使 4.2% 的人口增长速度降不下来。怎么办?一个必要的措施是实行严格的计划生育,用行政、法律、经济和思想教育等各种手段努力把出生率降下来。如果说物质生产领域应该实行市场调节,那么,人口生产领域有必要用计划和行政命令加以控制。可惜,不是每个后进国家都能成功做到这一点,在这方面中国取得了令人瞩目的成就。

四、中等收入陷阱

近几十年来,不少发展中国家遇到了所谓"中等收入陷阱"问题。"中等收入陷阱"指一个国家或地区的人均年收入达到世界中等水平(通常认为人均 3 000—10 000 美元)后,由于不能顺利实现发展战略和发展方式的转变,导致新的增长动力不足,经济长期停滞不前,同时以往快速发展中积聚的问题集中爆发,造成贫富分化加剧,产业升级困难,腐败多发,就业困难,信仰缺失,金融体系脆弱,社会矛盾凸显。例如,拉美、东南亚一些国家早就成为中等收入国家,之后则陆续掉进"陷阱",至今尚未进入人均 10 000 美元以上的高收入国家行列。

"中等收入陷阱"形成的原因似乎是多方面的。一是这些国家在从低收入阶段进入中等收入阶段后,工资成本迅速上升而失去同现在仍是低收入的国家竞争的优势,并且又没有及时进行产业升级因而无法在高端技术领域与发达国家竞争,仍旧倚重于以往投资驱动的增长方式,使资源与环境压力日益增大。二是以往经济发展中形成的贫富差距日益扩大,使国内消费需求严重萎缩,产业结构难以合理改善。三是以往改革中形成的既得利益集团蜕化为进一步改革的阻力,以及其他原因。这些原因中增长方式和发展战略未能及时转变可能是关键性的。

因此,突破"中等收入陷阱"可能主要得靠创新驱动、转型发展。当年日本、韩国之所以能成功跨越"陷阱",就是因为能抓住时机实行产业升级和技术立国。我国要避免掉入"中等收入陷阱",也必须切实转变发展方式,从依赖于廉价劳力和资本投入的粗放增长驱动,转移到依靠技术和制度创新驱动的方式上来,从过分依赖外需转移到主要靠扩大内需的增长方式上来。所有这些都要靠进一步改革开放,释放更多改革红利。现在,中国的发展在习近平同志为核心的党中央领导下,正在"创新、协调、绿色、开放、共享"这五大新发展理念下,从高速增长转向高质量发展阶段,正在昂首阔步实现两个一百年的伟大目标,不仅完全能成功跨越"中等收入陷阱",而且还能实现中华民族伟大复兴的中国梦。

关 键 词

经济增长　　经济发展　　零经济增长　　发展中国家　　中等收入陷阱

复习思考题

1. 如何说明生产要素供给增长和生产要素的生产率(效率)对经济增长的影响程度?

2. 你认为零经济增长的观点可取吗?

3. 制约发展中国家经济发展的因素有哪些?为什么更深层因素是制度?

4. 发展中国家为何不能离开农业单纯强调工业化?

5. 略述发展中国家实行进口替代的利弊得失。

6. 什么是"中等收入陷阱"?如何才能跨越"中等收入陷阱"?

7. 假定资本增长率为 2%,劳动增长率为 0.8%,产出或收入增长率为 3.1%,资本和劳动的国民收入份额 α 和 β 分别为 0.25 和 0.75,在规模报酬条件下,技术进步对经济增长的贡献是多少?

第十四章 经济波动中的失业与通胀

第十二章和第十三章讨论了需求与供给对经济增长的影响。任何国家的需求与供给在一定时期都是会变动的,这种变动,尤其是需求的变动,会形成社会经济的波动,造成经济繁荣或者萧条,进而形成失业与通胀。

第一节 经济波动与经济周期

一、什么是经济波动与经济周期

所谓经济波动,通俗点讲就是经济一段时间繁荣或者说很景气,工作好找,产品好销;一段时间萧条或者说不景气,工作难找,产品难销。

经济学家通常把经济波动说成是经济在运行中对其趋势的偏离。如果是这样,那么经济在运行中的趋势指什么,通常指潜在 GDP 的变动途径。潜在的 GDP 是指充分就业状态下的国民收入,也就是利用社会上一切可利用的经济资源(劳力、资本、土地等)所能够生产的产品和劳务的最大量值,或者说就是一国的经济潜力充分利用或发挥时所能够达到的最大产出量,故称潜在国民收入。潜在国民收入水平取决于一国在一定时期可利用的资本、劳力、自然资源等生产要素的总量以及所达到的技术水平。然而一国在一定时期的潜在国民收入不一定是该国在该时期实际所生产的国民收入。实际国民收入是整个社会(该国家)的消费支出、投资支出、政府购买和净出口加总而构成的总需求水平决定的。当种种因素决定的总支出（总需求）水平较低时，实际收入就会低于潜在收入，经济就萧条，失业率会上升。反过来，经济就高涨，就繁荣，这时易出现通货膨胀。

什么是经济周期？实际上就是上面所讲的这种繁荣和萧条交替出现的周期性波动。因此经济周期也就是经济波动，不过是交替出现的周期性波动。

关于经济周期形成的原因，经济学家有过许多理论，这里不予赘述，只介绍一种决定国民收入水平的总需求-总供给模型，以便和下面讲失业和通胀相联系。

二、总需求-总供给模型

决定国民收入水平的总需求-总供给模型可以用下面一张图（图 14-1）表示。

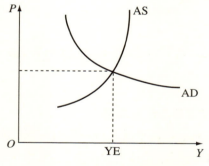

图 14-1　总需求-总供给模型

图 14-1 的纵轴表示价格水平，横轴表示社会产出水平或者说国民收入水平。向右下倾斜的 AD 曲线是总需求曲线，向右上倾斜的 AS 曲线是总供给曲线。

总需求曲线向右下倾斜表示，价格和收入水平反方向变化。为什么？

（1）价格总水平上升，将使货币需求增加，利率必然上升，从而使投资水平下降，并使总支出水平和收入水平也下降。这种价格总水平变动引起利率同方向变动和投资、产出水平反方向变动的情况，称为利率效应。

（2）物价总水平上升，以货币表示的资产的购买力下降，人们的实际消费和投资支出水平就会下降；价格水平下降了，表示人们的财富增加了，他们的实际消费和投资支出水平就会上升。这种情况，称为实际余额效应。

（3）价格水平上升会导致人们名义收入增加从而进入更高的纳税等级，税负增加，实际可支配收入下降，进而使人们消费和投资水平下降。这也造成总支出水平和物价总水平成反方向变化。

（4）如果考虑到经济是开放经济的话，则物价总水平变动也会在以下两方面造成总需求变动。①其他情况未变而本国物价总水平上升会使进口增加，出口减少，使净出口减少，就会使总需求水平下降。②物价总水平上升后，本国生产成本上升，则到外国投资显然比较合算（因为成本较低），则造成国内投资减少，这也降低国内总需求水平。

将以上几点结合起来，可以说国内物价总水平上升，必然使国内总支出水平下降。反之，国内物价总水平下降，必然使国内总支出水平上升。总支出水平的变动，会使均衡产出水平发生相应变动。这就形成了向右下倾斜的总需求曲线。

总供给曲线为什么向上倾斜？

（1）社会价格水平上升时，由于工人工资受到工资合同约束不会立即跟着上升，这等于实际工资有了下降，企业会多雇佣工人增加生产。企业都这样做时，整个社会生产水平就上升。反过来情况也是这样。

（2）社会价格水平上升时，本企业产品价格由于受产品供销合同等因素影响可能不能马上跟着上升，这等于本企业产品价格实际下跌了，于是销路会增加，从而促使生产会增加。反过来也是如此。

（3）企业可能误把社会价格水平上升当作是本企业产品价格相对别人产品价格上升并认为是因为销路增加，因此也会增加生产。反过来情况同样如此。

以上是经济学家的一些说法。实际上，社会产品价格水平上升是因为整个经济景气度上升，产品总的好销，因此企业纷纷愿意增加生产。这样，社会生产水平就会与价格水平同方向变化。

总需求曲线和总供给曲线相交所决定的价格水平和生产量水平或者说收入水平，就是社会实际的价格和生产水平。如果总供给不变而总需求上升，物价水平和社会生产都会增加；反过来，总供给不变而总需求下降,物价水平和社会生产水平都会下降。相反,如果总需求不变而总供给发生了变化,价格水平和生产水平也要发生变化。比方说,某年一个国家发生了严重自然灾害,农业大歉收,不仅农产量会减少,而且农产品价格也会上涨,甚至整个社会经济都要受到冲击,出现经济波动。

第二节 通货膨胀

一、通货膨胀及其分类

通货膨胀一般指物价水平在一定时期内持续的普遍的上升过程,或者是说货币价值在一定时期内持续的下降过程。可见,通货膨胀不是指这种或那种商品及劳务的价格上升,而是指物价总水平的上升。如果本期价格总水平即本期价格指数比基期价格总水平上升72.7%,就是这一时期(从基期到本期)的通货膨胀率为72.7%。

按照不同的划分标准,经济学家把错综复杂的通货膨胀划分成不同的类型。以下几种划分是常见和较有意义的。

如果把物价上涨速度作为分类标准的话,通货膨胀可分成爬行的通货膨胀、温和的通货膨胀、飞奔的通货膨胀和恶性通货膨胀四类,但要精确地划定这四种通货膨胀的数量界限是困难的。爬行的通货膨胀一般指物价上涨不超过2%—3%。3%—10%的通货膨胀称为温和通货膨胀。两位数的通货膨胀是"飞奔的"。如果物价水平以超过每月50%的速度上涨,那就是恶性通货膨胀。

如果以通货膨胀的原因作为分类标准,可以把通货膨胀分成需求拉上的通货膨胀、成本推进的通货膨胀和结构性通货膨胀三类。把通货膨胀看成由各种因素特别是货币因素造成的过度需求拉上的,就是需求拉上的通货膨胀;假如认为通货膨胀是由于工资、利润、原材料价格以及其他成本因素提高所引发的,这属于成本推进的通货膨胀;如把通货膨胀的起因归于特定的经济制度、控制系统、信息系统和决策系统的结构因素或这些结构的变化,则属于结构性通货膨胀。

如把通货膨胀预期作为分类标准,可以把通货膨胀划分成已预期到的和未预期到的通货膨胀两类。如通货膨胀事先已被完全预期到,那么,各经济主体就将按其预期来调整其行为,如工会在物价上涨前就要求增加工资,从而通货膨胀在短期的扩张效应也将不复存在。

如果以经济模式中市场机制起多大作用作为分类标准,那么,可以把通货膨胀分成开放性的和抑制性的两种。如果市场机制对物价的调整作用是充分的、有效的,那么,这种通货膨胀被看作开放性的。如果政府对价格进行某种形式的控制使得物价同市场供求脱离关系时,过度需求便不会引起物价水平上升,或物价上涨有限而不足以反映过度需求的真实水平。此时的通货膨胀称为抑制性的。在抑制性通货膨胀中,过度需求不会因政府对价格的控制而消失,而是转化成商品短缺和供应紧张,形成隐蔽的通货膨胀。

二、需求拉上和成本推进的通货膨胀

需求拉上的通货膨胀模型把一般物价水平的上升归于用于投资、政府购买、消费以及出口的以货币计量的对社会商品的需求超过了按现行价格可能得到的供给。在实际经济生活中,总需求增加时社会上还有未被利用的生产资源,那么一方面生产量会扩大,另一方面产品价格会提高。如果生产能力的利用开始接近充分就业水平,当总需求水平再提高时,产量很难再增加,价格则随总需求增加而较快地上升。

成本推进的通货膨胀指物价水平上升是由生产成本提高而推动的。它又可细分为工资推进的、利润推进的和原材料以及房租等因素推进的通货膨胀。

工资推进的通货膨胀是企业将工资的上升打入成本转嫁到消费者头上。产品价格的上涨又使工资再上涨,形成工资和物价的跳背游戏。利润推进的通货膨胀的原因是不完全竞争市场中的厂商对利润的追逐,利用其垄断地位通过利润加成以获取高额垄断利润,从而造成产品价格上涨。

除了工资和利润上升的推进,原材料和能源等涨价也会使成本提高,使总供给曲线向左上方移动,也形成通货膨胀。从实际情况看,从 20 世纪70年代世界石油大涨价以来，世界各国通货膨胀率上升与能源、原材料等资源价格节节上升大有关系。

需求拉上和成本推进的通货膨胀会相互影响。例如，需求拉上通货膨胀后工资要上涨，这又会推动物价进一步上升。这就是需求拉上通货膨胀对成本推进通货膨胀产生了影响。

三、通货膨胀的经济效应

通货膨胀的经济效应指通货膨胀对经济生活的影响。通货膨胀是一个到处扩散其影响的经济过程，经济中的所有单位都在某种程度上受到它的影响。下面主要从两方面来考察。

（1）再分配效应。

首先，通货膨胀不利于靠固定的货币收入维持生活的人，其实际收入因通货膨胀而变少，他们收入的购买力将随价格的上升而下降，因而他们的生活水平必然相应地降低。最为明显的就是那些领救济金、退休金的人，那些白领阶层、公共雇员以及靠福利和其他转移支付维持生活的人。特别是那些只得少量救济金的老人，更是苦不堪言，他们是通货膨胀的牺牲品。相反，那些靠变动收入维持生活的人，则会从通货膨胀中得益，这些人的货币收入会走在价格水平和生活费用上涨之前。例如，那些从利润得到收入的企业主就能从通货膨胀中获利，如果产品价格比资源价格上升得快的话，则企业的收益将比它的成本增长得快。

其次，通货膨胀对储蓄者不利。随着价格上涨，存款的实际价值或购买力就会降低。那些口袋中有闲置货币和存款在银行的人会受到严重的打击。同样，像保险金、养老金以及其他固定价值的证券财产等，它们本来是作为未雨绸缪和蓄资防老的，在通货膨胀中，其实际价值也会下降。

最后，通货膨胀还可以在债务人和债权人之间发生收入再分配的作用。通货膨胀靠牺牲债权人的利益而使债务人获利。假如某甲向乙借款1万美元，一年后归还，而这段时间内价格水平上升一倍，那么一年后甲归还给乙的1万美元相当于借时的一半。如果借贷的名义利率为10%，而通货膨胀率为20%，则实际利率为－10%。实际利率为名义利率和通货膨胀率的差额，若名义利率为10%，通货膨胀率为5%，则实际利率为

5%。只要通货膨胀率大于名义利率,则实际利率就是负值。

实际研究表明,第二次世界大战以来,通货膨胀从居民户手中把大量再分配的财富带到公共经济部门去。原因有两点:第一,政府已经负债累累,而大量的债券掌握在居民户手中。也就是说,政府是大债务人,而居民户是债主。于是,战后的通货膨胀就经常将财富从居民户那里转到政府方面。第二,所得税是累进的。所以,在通货膨胀期间,人们要多缴税。这不但因为他们的货币收入提高了,而且还由于他们进入较高的纳税级别,因此,要支付他们收入的较大比例给政府。所以,很难希望政府会努力去制止通货膨胀。

(2) 产出效应。国民经济的产出水平会随着价格水平变化而变化。可能出现三种情况。

第一种情况:随着通货膨胀而出现,产出增加。这就是需求拉上的通货膨胀的刺激,促进了产出水平的提高。许多经济学家认为温和的或爬行的需求拉上通货膨胀对产出和就业将有刺激的效应。假设总需求增加,产生经济复苏,造成一定程度的需求拉上的通货膨胀。在这种条件下,产品的价格会跑到工资和其他资源的价格的前面,由此而扩大了企业的利润。这会刺激企业扩大生产,从而发生减少失业、增加国民产出的效果。

第二种情况:成本推进通货膨胀引致失业。如果发生成本推进通货膨胀,则原来总需求所能购买的实际产品的数量将会减少,从而实际产出会下降,失业会上升。20世纪70年代的情况就证实了这一点。1973年末,石油输出国组织把石油价格翻了两番,成本推进通货膨胀的后果使1973年至1975年的物价水平迅速上升,与此同时,美国失业率从1973年的不到5%上升到1975年的8.5%。

第三种情况:飞奔和恶性通胀会导致经济崩溃。当人们完全丧失对货币的信心时,货币就再不能执行它作为交换手段和储藏手段的职能。这时,任何一个有理智的人将不愿再花精力去从事财富的生产和正当的经营,而会把更多的精力用在如何尽快把钱花出去,或进行种种投机活动。等价交换的正常买卖,经济合同的签订和履行,经营单位的经济核算,以及银行的结算和信贷活动,等等,都无法再实现,市场经济机制也无法再正常运行,别说经济增长,大规模的经济混乱也不可避免了。

四、通货紧缩

什么是通货紧缩？经济学家有几种说法。一般认为,通货紧缩是指一般物价水平持续下降的一种货币现象。实际上,判断某个时期的物价下跌是否是通货紧缩,一看通货膨胀率是否由正转变为负,二看这种下降的持续是否超过了一定时限。在正常情况下,通货膨胀率总是正的,只要通货膨胀率不太高,比如不超过 4% 就是正常的。为什么？①人们工资总要慢慢上涨,否则没有积极性;②包括原材料、土地等资源随着经济发展都会慢慢稀缺,使用代价会逐步上升;③各国政府因为各种原因都要不断增发货币。这些因素都会导致物价慢慢上涨。因此,通货膨胀率由正转变为负就是通货紧缩了,当然这种物价下降还要是全面的而不是局部的或者某一种的,是持续一段时间比方说三个月以上而不是几天的。

为什么会出现通货紧缩？可能也有多种原因,可能是政府突然减少货币发行,但通常是种种因素导致的社会有效需求下降,形成社会上商品总体供过于求。

通货紧缩对社会经济影响如何？有利有弊,但总体是弊大于利。一般来说,适度的通货紧缩,通过加剧市场竞争,有助于调整经济结构和挤去经济中的"泡沫",也会促进企业加强技术投入和技术创新,改进产品和服务质量,对经济发展有积极作用的一面。尤其在人们看中货币贬值而纷纷借钱,造成债务规模不断扩大的情况下,通缩是非常好的遏制手段,可以遏制人们借钱购买房产,再拿房产抵押继续借钱购置产,而后等待货币贬值从中获利的行为。通缩可遏制因此带来的债务规模不断扩大造成的恶性循环,可以引导资金流向实体经济。通缩还能遏制资本外流,并能提高已经外流后的资本回流时的代价,防止国际恶意大资本"抽血"行为。通缩还能在本国货币国际化时候产生积极作用,只有慢慢升值的钱才会被全世界所欢迎,每种货币在成为国际流通货币前,都会经历一波强劲的升值时段,所以通缩并不一定意味着经济不行,而是一种经济操控的手段,可以配合其他的辅助措施(如减税、补贴等)来引导资金的走向。美元对全世界的"剪羊毛"其实也算是通缩手段。

但过度的通货紧缩,会导致物价总水平长时间、大范围下降,市场银根趋紧,货币流通速度减慢,市场销售不振,影响企业生产和投资的积极性,强化企业"惜投"和居民"惜购"心理,造成资金闲置,影响社会有效需求增长,最终导致经济增长乏力,经济增长率下降,对经济的长远发展和人民群众的长远利益不利。通货紧缩持续下去会导致因货币增值而使债务负担加重,企业投资收益下降,消费者消极消费,国家经济可能陷入价格下降与经济衰退相互影响、恶性循环的严峻局面。

由于通货紧缩形成的原因比较复杂,因此,治理的难度甚至比通货膨胀还要大,必须根据不同国家不同时期的具体情况研究对策。治理通货紧缩的一般措施,大体包括两个方面:①实行扩张性的财政政策和货币政策。实行积极的财政政策,就是要在加大支出力度的基础上,优化财政收支结构,既要刺激消费和投资需求,又要增加有效供给。实行扩张性的货币政策,就是增加货币供给,以满足社会对货币的需求,以影响和引导商业银行及社会公众的预期和行为。财政政策与货币政策的配合运用,是治理通货紧缩和通货膨胀的主要政策措施,但由于货币政策具有滞后性的特点,而且在通货紧缩时期,利率弹性较小,因此财政政策的效果一般比货币政策更直接有效。②加大改革,充分发挥市场机制的作用。市场经济是在全社会范围内由市场配置资源的经济。虽然市场经济不是万能的,但实践证明它是最优的,政府对"市场缺陷"的矫正,必须限制在一定的范围。

第三节 失 业

一、失业的原因和种类

就业是人类社会最重要问题,因为劳动在现阶段是人们谋生手段,就业就是有饭碗,失业就是失去饭碗,因此任何政府都把增加就业或称降低失业率当作一个重要的经济政策目标。

一般说来,失业按其原因大体可分几类。

(1) 摩擦性失业,它是因劳动力市场运行机制不完善或因经济变动过程中工作转换而产生的失业。它被看作一种求职性失业,即一方面存在职位空缺;另一方面,存在着与此数量对应的寻找工作的失业者。因为劳动力市场的信息不完备,厂商找到所需要的雇员和失业者找到合适的工作都需要花费一定的时间。在一个变化着的经济中,消费者的偏好会随时间的推移而改变,从而使某些行业衰退,产生过剩劳动力;另一些行业新兴,需要大量增加劳动力。但劳动者从一种职业或一个行业流向另一种职业或另一个行业会因流动成本、职业技能、个人特长和居住地区等原因而出现困难,从而造成暂时的失业,尽管同时存在着职位空缺。摩擦性失业在任何时期都存在,并将随着经济结构变化加快而有增大的趋势。经济学家通常认为,摩擦性失业的存在与充分就业并不矛盾。

(2) 季节性失业指某些行业中由于工作的季节性而产生的失业。如农业、旅游业和农产品加工业对劳动的需求有季节性,在需求淡季时,就会存在失业。季节性失业也被看作一种"正常"的失业。

(3) 周期性失业指经济周期中的衰退或萧条阶段因需求下降而造成的失业。在经济衰退时期,产品的生产和需求下降,因有效需求不足而使部分工人失业,这种失业是和经济的周期变化联系在一起的。它对各行业的影响是不同的。一般来说,需求的收入弹性越大的行业,周期性失业的影响越严重,即人们收入下降,产品需求大幅度下降的行业,周期性失业情况较严重。

(4) 需求不足型失业。当一个经济的有效需求水平过低,不足以为每一个愿意按现行工资率就业的人提供就业机会,即失业人数超过了以现行工资率为基础的职位空缺,由此产生的失业便是需求不足型失业。

如果需求的增长速度慢于劳动力的增长速度和劳动生产率的提高速度,由此产生的失业可称为增长不足型失业。上述的周期性失业和增长不足型失业都是需求不足型失业的两种类型。但周期性失业是需求的短期下降造成的,而增长型不足则属需求长期跟不上劳动力增加和劳动生产率提高。这些都是凯恩斯主义的观点。按照新古典学派的见解,工资水平是有弹性的,它能调节劳动市场的供求,在有效需求不足的情况下,劳动者之间的竞争会使实际工资下降,从而使劳动的供给减少,对劳动的需求增加,由此消除需求不足型失业,所以他们不承认存在这类失业。

(5) 技术性失业指由于技术进步,或采用了节约劳动的机器而引起的失业。这种失业是由于资本代替了劳动,从而造成工人失业。例如火车头改为电力机车后,原有的火车司机不再需要了,他们原有的劳动技艺要转移到其他行业是很困难的,因此造成失业。这种失业是为技术进步经济发展而必须付出的代价。

(6) 结构性失业指因经济结构变化、产业兴衰转移造成的失业。这种失业的特点也是失业与职位空缺并存。结构性失业与技术性失业有部分重叠,但除技术进步排挤劳动力之外,国际竞争,非熟练工人缺乏培训,消费习惯改变,政府的财政、税收和金融政策对产业结构的影响等因素都可能导致结构性失业。结构性失业与摩擦性失业也有差异,两者的共同特点是职位空缺与失业并存,但结构性失业更强调的是空缺职位所需要的劳动技能与失业工人所具备的劳动技能不相符合,或空缺职位不在失业工人所居住的地区,或失业工人无力支付昂贵的培训费用和迁转费用,因此,尽管失业工人能够获得劳动市场有关职位空缺的信息,但他无法填补空缺的职位。

(7) 自愿失业是指工人所要求得到的实际工资过高,或不愿接受现行的工作条件而未被雇用而造成的失业。这种失业在西方不被看作真正的失业。凯恩斯提出与此相对的失业是非自愿失业是指具有劳动能力并愿意按现工资率就业,但由于有效需求不足而找不到工作造成的失业,因而这种失业是可能被总需求的提高而消除的,这种失业与需求不足型失业是一致的。

二、失业的代价和充分就业

失业会给社会和个人都带来损失,这就是社会和个人为失业而付出的代价。高失业率会使社会损失很多本来应当并且能够生产的产量。有的经济学家认为,失业率每提高1%,实际产量会损失3%。一个社会为失业付出的代价可以这样估算:假定某年充分就业时的自然失业率为4%,则在该失业率水平下社会应当生产的产量就是充分就业的产量水平。然后把该年每一季度的实际产量与此产量相比,看一看是差多少,就计算出损失的大小。这些损失的产量是本来应当生产出来的,因为存在失业就没有生产出来。当然,未被利用的自然资源是可以留给将来用的,但失业中浪费的劳动力是永远丧失了。

失业给失业者本人及家庭造成了损失。他们失去了本来用劳动可以换得的收入。失业津贴虽然会减轻他们一点这方面的损失,然而毕竟弥补不了这种损失。而且对社会来说,失业津贴也是从有工作的家庭和企业所纳税金中筹得的,因而,失业津贴也是加重社会的负担。

失业工人及其家庭的地位和声望也会因失业而下降,因而他们的身心健康也会受到摧残。在失业率很高时,社会秩序也会受到影响。经济学家和社会学家根据调查认为,在严重的经济衰退中,即失业问题尖锐时,心脏病、酒精中毒、婴儿死亡、精神错乱、虐待儿童以及自杀的比率都会上升。

为此,降低失业率,实现充分就业,是政府进行宏观经济管理的重要目标之一。政府要用多种对策来解决失业问题。一般说来,治理摩擦性失业,要用完善劳动市场、沟通市场信息、促进人员流动的办法来解决;治理结构性失业,要用增加人力资本投资、加强职工培训的办法来解决;治理周期性失业,需要政府用财政政策和货币政策即总需求管理的办法来对付。

怎样才算充分就业?充分就业并不是百分之百就业,因为即使有足够的职位空缺,失业率也不会等于零,也仍然会存在摩擦性失业和结构性失业。在一个日新月异的经济中,永远会存在职业流动和行业的结构性兴衰,所以总有少部分人处于失业状态。

有关充分就业的定义,经济学家曾提出几种说法。凯恩斯认为,如果"非自愿失业"已消除,失业仅限于摩擦性失业和自愿失业的话,就是实现了充分就业。另外一些经济学家认为,如果空缺职位总额,恰好等于寻业人员的总额即需求不足型失业等于零的话,就是实现了充分就业。还有些经济学家认为,如果再要提高就业率,必须以通货膨胀为代价的话,那么就已实现了充分就业。

与充分就业相联系的一个概念是自然失业率。自然失业率这一概念是由货币主义代表人物弗里德曼提出的,它是指在没有货币因素干扰的情况下,让劳动市场和商品市场的自发供求力量起作用时,总需求和总供给处于均衡状态下的失业率。要确定一定时期中自然失业率的大小比较困难,因为它取决于劳动力市场的结构特征,并且随时间的推移不断变化,技术进步的速度,劳动力和劳动生产率增长的速度,获取劳动力市场信息的费用和寻业的成本都将影响自然失业率的大小。

货币主义提出自然失业率的概念,在于反对凯恩斯"非自愿失业"的提法。他们认为,在排除了垄断的劳动市场上,工资是有弹性的,劳工有流动性,供求信息也较易获得,因而所有有劳动技能并愿意就业的人迟早会获得工作,失业只是摩擦性的或结构性的,这种失业是不能以提高通货膨胀率为代价而消除的。

三、通货膨胀和失业的关系

物价水平上升究竟与就业是否存在一种此消彼长的关系?对这一点,经济学家有不同看法。

1958年,当时在英国伦敦经济学院工作的新西兰经济学家菲利普斯通过整理英国1861—1957年的近一世纪的统计资料,发现在货币工资增长率和失业率之间存在一种负相关的关系,把这样一种关系用曲线的形式反映出来,就是图14-2的菲利普斯曲线。图中横轴表示失业率,左面的纵轴表示通货膨胀率,右面的纵轴表示货币工资增长率。

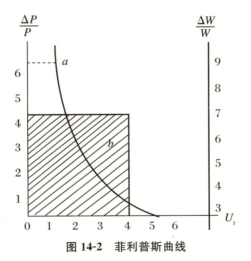

图14-2 菲利普斯曲线

菲利普斯曲线自左上方向右下方倾斜,表明货币工资上涨率或通货膨胀率越低,失业率越高,反之亦然。当失业率为5%时,货币工资上涨率为3%,通货膨胀率为零。当失业率为4%时,货币工资上涨率为4%,通货膨胀率为1%。

失业率之所以与货币工资上涨率负相关,经济学家解释说是,对劳动的需求越是超过供给,失业率越低,雇主之间的竞争会驱使货币工资率上升。反之,失业率越高,劳动市场上越是供过于求,货币工资率上涨就越低。工资是成本的主要构成部分,从而也是产品价格的主要构成部分。因此,菲利普斯曲线描述的那种关系可延伸为失业率与通货膨胀率的替代关系:失业率高时,通货膨胀率就低;反之亦然。当然,通货膨胀率与货币工资上涨率并不是同一的,两者的差额为劳动生产率的增长率。假定劳动生产率的年增长率为3%的话,货币工资也上升3%,则不会引起物价上涨,所以左纵轴上的刻度比右纵轴上的刻度少3%。如果货币工资上涨率超过劳动生产率的增长率时,物价就会随货币工资的上升而上涨。

菲利普斯曲线提供的失业率与通货膨胀率之间的关系为实施政府干预、进行总需求管理提供了一份可供选择的菜单:用较高的通货膨胀率来降低失业率或实现充分就业;而要降低通货膨胀率和稳定物价,就要以较高的失业率为代价。假定政府认为失业率或通货膨胀率超过4%社会就无法接受,那么这4%的失业率或通货膨胀率就成为一定时期社会所能承受最大极限,称为"临界点"。图14-2中有斜线的区域就是临界点以内的区域。假定通货膨胀率或失业率超过临界点,那么,政府可以通过紧缩性或者扩张性的政策加以调节,使两者都处于临界区之内。这就是所谓相机抉择的做法。在20世纪70年代以前,西方国家奉行的就是这套政策。

菲利普斯曲线与标准的凯恩斯理论是有差异和出入的。标准的凯恩斯理论认为,失业和通货膨胀两者不会并存,在未达到充分就业时增加总需求并不会引起通货膨胀,只有在充分就业后再增加总需求才会引起通货膨胀。而菲利普斯曲线却表明失业和通货膨胀可以并存,两者为负相关关系,可以此消彼长,只有高失业率和高通货膨胀率才不会并存。

西方国家自20世纪70年代以来,菲利普斯曲线所描述的失业率和通货膨胀率的交替关系发生了新的变化,表现为只有用比过去更高的通货膨胀率为代价,才能把失业率降到一定的水平。对此,凯恩斯主义经济学家认为,这是因为人们对通货膨胀产生了预期,只要把预期因素考虑进来,失业与通货膨胀相互替代的关系还是存在的。这种理论遭到了另一些经济学家的反对。他们认为,菲利普斯曲线所表示的失业与通货膨胀之间的此消彼长关系,只有在短期才存在,在长期,菲利普斯曲线变成一条垂线,通货膨胀率与失业率之间不存在相关关系。

　　为什么短期内通货膨胀率与失业率之间会存在交替关系呢？他们认为,如果工资契约是在不存在通货膨胀预期的情况下订立的,那么,物价上涨会导致实际工资下降,因而厂商愿意扩大产量,增加就业。当工人们发现实际工资下降时,他们会要求增加货币工资,但货币工资的增长总是滞后于物价上涨。一旦当工人对物价完全清楚预期时便会要求增加货币工资,把这种预期放入工资合同,这样一来,厂商就不愿意增加产量和多雇工人了,失业率又回到原来水平;而政府为了降低失业率,采取了刺激性更强的通货膨胀政策,使工资的增长再次滞后于物价上涨,使厂商因实际工资提高慢于物价上涨而再次愿意增加产量和增雇工人,这样,更高的通货膨胀率与失业率又存在交替关系。这种过程如不断持续下去,换取一定失业率的通货膨胀率必然越来越高,菲利普斯曲线不断向右移动,最终演变成为一条垂直的菲利普斯曲线。这就是长期菲利普斯曲线。这条长期菲利普斯曲线说明,在长期中通货膨胀和失业之间没有交替关系。

　　短期菲利普斯曲线不断右移,不但会形成垂直的长期菲利普斯曲线,甚至可能形成向右上倾斜的正相关曲线。如果实际通货膨胀率为3%,而人们预期为5%,并以这一预期要求提高工资,则企业就会把雇工不仅减到原先水平,甚至低于原先水平。这样,就会产生通货膨胀与失业并发的"滞胀"局面。

　　20世纪70年代,出现了一个更加极端的新学派,称为理性预期学派。该学派对凯恩斯主义的需求管理理论和政策主张否定得更为彻底,其理论实质是以更严密的形式重申正统的古典经济学。

　　他们认为,政府和公众的关系好像是下棋的双方,公众棋高一着,因其信息来源更广,决策更灵活,行动更迅速,政府每走一步,公众便知其后几步的着法,将其一一化解,所以政府只能采取出其不意的手段来欺骗公众,但这只能收效于一时,公众会逐步修正预期,从而消除预期误差。比如,在失业和通货膨胀的关系上,如果失业率较高,公众会事先估计到政府会采取通货膨胀政策,于是抢先一步把预期的通货膨胀率考虑到工资合同中去,这样,在政府推行扩张性政策时,由于货币工资率与物价同步上涨,实际工资没有下降,所以厂商并不扩大产量和增雇工人,政府即使在短期内也不能用提高通货膨胀率的方法来降低失业率。

这样,政府的相机抉择的政策是无效的,因此,他们认为,政府不如干脆放弃这类政策,让市场机制自行调节,经济反而更加稳定。进入 20 世纪 80 年代以来,这个学派有了重大发展,并在此基础上形成了新古典宏观经济学。新古典宏观经济学运用最优化行为假设、理性预期假说和市场出清假设,得出了一套主张政府应尽量少干预经济的自由主义思想。这套经济自由主义思想与 80 年代在西方形成的另一套思想——新凯恩斯主义思想正好相反。新凯恩斯主义者认为总需求管理的政策对稳定经济不仅是有效的,也是完全必要的。

关　键　词

经济波动　　经济周期　　总需求曲线　　总供给曲线　　通货膨胀
通货紧缩　　摩擦性失业　　自愿失业　　非自愿失业　　自然失业率
菲利普斯曲线

复习思考题

1. 什么是潜在的和实际的国民收入？它们各由什么因素决定？
2. 为什么总需求曲线和总供给曲线分别向右下和左上倾斜？
3. 涨价和通货膨胀有没有区别？
4. 需求拉上通货膨胀和成本推进通货膨胀有什么区别？两者能不能相互影响？
5. 为什么正常情况下通货膨胀率总是正的？

6. 通货膨胀和通货紧缩各有什么利弊?
7. 失业按其原因大体分为哪几类?
8. 失业会让个人和社会造成哪些损失?
9. 为什么充分就业不等于百分之百就业?
10. 为什么有些经济学家认为失业和通胀存在交替关系?

第十五章　宏观经济政策

现代市场经济国家中,政府参与经济活动起着重要作用,一方面是因为经济社会化程度越来越高;另一方面,是因为所有的人都越来越离不开社会而生存。前面几章讲了经济增长、波动。如何促进增长,如何抑制波动,都需要国家或者说政府发挥作用。本章就来讨论政府发挥作用的经济政策。

第一节　宏观经济政策及其作用

一、宏观经济政策及其目标

宏观经济政策指政府为了增进社会整体经济福利、改善整体经济运行状况,以达到一定的政策目标而对宏观经济领域进行有意识的干预。这种干预经济的政策,有的是用于抑制经济波动,如用财政政策或者货币政策来控制经济萧条或者过热;有的用于促进经济增长,如税收政策或者信贷政策支持创新创业等。

通常来说,宏观经济政策目标主要有四种:充分就业、物价稳定、经济持续衡定增长和国际收支平衡。当然除了上述目标,一些经济政策也可以在其他方面发挥作用,如调节收入分配、调整产业结构、平衡地区经济发展和治理环境污染等。

二、财政政策和货币政策

用来调节宏观经济的政策主要是财政政策和货币政策,为什么?由于政府有权收税、发行公债、进行公共开支、控制货币供给等,而这些都会影响经济总需求和总供给,影响整个社会经济的运行。因此,政府用来调节经济的政策主要是变动政府收支的财政政策和变动货币供给的货币政策。

财政政策是指为了减轻经济波动而造成失业和通货膨胀并实现经济稳定增长而对政府的收入和支出所作的决策,也就是国家通过变动政府收支来干预和影响社会经济运行的政策。例如,经济萧条时,政府采用减税措施来刺激消费和投资,或者增加政府购买和转移支付来增加总需求。相反,经济过热、通货膨胀严重时,政府也可以采用增税、减少政府支出等措施来给经济降温以控制通胀。前者是扩张性财政政策,后者是紧缩性财政政策。

货币政策是指货币当局即中央银行通过银行体系变动货币供给量来调节总需求的政策。例如,经济萧条时增加货币供给,一方面可降低利息率,刺激私人投资;另一方面,货币供给增加可直接支持企业扩大投资,进而刺激消费,使生产和就业增加。相反经济过热、通货膨胀严重时,可减少货币供给,以提高利率,抑制投资和消费,给经济降温以控制通胀。前者是扩张性货币政策,后者是紧缩性货币政策。

但是,财政政策和货币政策在总需求调节上还是有区别的。财政政策通过变动政府收支直接形成社会购买力,影响投资和消费,如减税和增加转移支付就直接增加了消费,扩大公共工程建设或者政府购买,直接增加了投资和消费需求。可是货币政策影响总需求通常是要通过影响利率或者信贷再影响投资和消费。例如,中央银行增加了货币供给,先是影响利率再影响投资。利用信贷政策影响投资和生产也必须通过商业银行。正因为如此,在总需求调节上,财政政策的作用比货币政策的作用更直接、更显著。尤其当经济不景气时,扩张性财政政策的作用要比货币政策大得多,因为经济不景气时企业家投资信心普遍不足,即使扩大货币供给并降低利率,企业也不愿意增加投资。为此,通常把解决经济萧条问题的政策重点放在财政政策上。

第二节 政府收支与财政政策

一、政府的收入

既然财政政策是国家运用变动政府收入和支出来干预和影响社会经济运行的政策，因此，财政政策工具就是那些财政收入和支出的项目。

1. 税收性质和分类

税收是市场经济中政府收入中最主要的部分。税收是国家为了实现政府的职能按照法律预先规定的标准，强制地、无偿地取得财政收入的一种手段。所谓强制，是说纳税人（企业或个人）必须依法纳税，偷税、漏税都是犯法行为。所谓无偿，是指纳税人缴税不像商品买卖那样具有交换性质，至于有的税（如出口退税）按一定比例返还也不是一种交易行为。税收产生的原因，这里不予详述。本书仅指出，对企业或个人来说，之所以能安稳地生活、工作和生产经营，绝对离不开国家或者说政府。如果没有国家建立军队和国防抵御外来侵犯，如果没有政府的力量保卫你的劳动和经营成果，如果你的人身安全和财物安全受到侵犯没有法院、警察来为你维护，那么简直无法设想。实际上，一个人的财产越多，收入越高，得到国家的保护也越多，因此应当纳的税也越多。这是清楚的道理。一个国家财政收入的增长，最主要来源于税收的增长。自觉依法纳税是每个公民的应尽基本义务之一。有些人因为认为我国税制有不合理地方，或者觉得国家财政收入使用不当，或者感到政府没有尽到政府责任，因而就不愿自觉纳税，甚至逃税、抗税，这是很错误的。通常说来，发展中国家公民的纳税意识比发达国家公民要差些，这是市场经济意识薄弱的一种表现。

根据不同标准，税收可以作不同分类。按增税对象，税收划分为流转税、所得税、财产税、资源税和行为税几大类。流转税是与商品流通的流转金额为对象的税种，增值税、消费税、关税都属此类税。所得税是以纳税人各种应税所得为征税对象的税种。企业所得税、个人所得税和外商投资企业所得税都属此类税种。财产税是以纳税人拥有的财产数量或者价值为征收对象的税种。房地产税、车船税、城市土地使用税等都属此类税。资源税是以自然资源和社会资源为征税对象的税种。行为税以纳税人某种特定行为为征税对象的税种,如城市维护建设税、印花税、契税、土地增值税都是此类税。

税收也可以按征管体系划分为工商税、关税和农业税三大类。

税收按其收入支配权限划分为中央税、地方税以及中央和地方共享税。

税收按收入中被扣除的比例划分为累退税、累进税和比例税三种。累退税随征税客体总量增加而递减。累进税随征税客体总量增加而增加,如所得税税率就是累进的。比例税按固定比率从收入中征税。

税收还可以按纳税人能否将税收负担转嫁而划分为直接税和间接税。

2. 税收的作用

在市场经济国家,税收有很大作用。

(1) 组织财政收入。税收不仅能保证财政收入来源的广泛性,同时由于税收具有强制性、无偿性、固定性的特征,因此税收就把财政收入建立在及时、稳定、可靠的基础之上,成为国家满足公共需要的主要财力保障。

(2) 合理配置资源。市场决定资源配置,但可能出现市场失灵(如无法提供公共物品、外部性、自然垄断等)。这时,就有必要通过税收保证公共物品的提供,以税收纠正外部性效应(对有负外部性企业征税,给有正外部性单位补贴),以税收配合价格调节具有自然垄断性质的企业和行业的生产,使资源配置更加有效。

(3) 调节需求总量。税收不但能自动调节总需求(如经济高涨时税收自动增加,经济不景气时自动减少),而且能根据经济情况变化,制定相机抉择的税收政策来实现经济稳定,下面会讲到。

(4) 调整经济结构。例如,可以通过合理设置税种,确定税率,鼓励薄弱部门的发展,限制畸形部门的发展,实现国家的产业政策;可以通过税收配合国家价格政策,运用高低不同的税率,调节产品之间的利润差别,促进产品结构合理化;可以通过对生活必需消费品和奢侈消费品采取区别对待的税收政策,促进消费结构的合理化。

(5) 调节收入分配。通过开征个人所得税、遗产税等,可以适当调节个人间的收入水平,缓解社会分配不公的矛盾。

(6) 保护国家权益。例如,对进口商品征收进口关税,保护国内市场和幼稚产业;对某些出口产品征收出口关税,以限制国内紧缺资源的外流;为扩大出口,实行出口退税制度;根据发展生产和技术进步的需要,实行税收优惠政策,鼓励引进国外资金、技术和设备,加速经济的发展;对外国人和外国企业来源于中国的收入和所得征收所得税等。

要充分发挥这些作用,就必须加强税收监督,坚决杜绝偷逃税款的现象,严肃税收法令和纳税纪律,揭露、制止和查处违反国家税法的行为,增强纳税人依法纳税的自觉性,保证国家税法得到正确贯彻执行。

3. 我国税收制度改革

我国税收在发展经济过程中发挥了不少作用。但随着形势的发展,现行税收制度也暴露出与市场经济发展要求不相适应的问题,需要通过深化改革才能进一步发挥其作用,包括要完善分税制和地方税体系,逐步提高直接税比重,推进个人所得税制度改革,加快房地产税立法并适时推进改革。下面仅说一下提高直接税比重和推进个人所得税制度改革问题。

关于逐步提高直接税比重。直接税是纳税人无法把税收负担转嫁给他人的税收,纳税人就是税收负担人。个人所得税、财产税、遗产税等都就是直接税。与此相反,间接税是纳税人可以把税收负担转嫁给他人的税收。增值税、消费税等流转税就都是间接税。这些税看起来是向工商企业征收,实际上企业都把这些税收放到商品价格里让消费者负担。目前中国的税制主要是以增值税为主的间接税制,而不是直接税制。就是说,税收负担主要落在间接税上。这有一定道理,因为中国是从计划经济向市场经济转型过来的。计划经济时代所有企业的收入都直接上交政府,称上缴利润,老百姓是低工资,不用缴税。实际上低工资是因为上缴利润多,上缴利润多等于缴了税。但因为用了上缴利润形式,老百姓就没有纳税意识。现在经济转轨了,上缴利润改为上缴税收。老百姓收入也开始上升。但纳税观念不可能一下建立起来,因此,国家就把税收主要放在间接税中,以减轻老百姓纳税阻力,有利于减少征管成本。在我国税收征管机构能力较低时实行这种体制可以保证税收收入稳定。因此一般经济落后国家往往采取间接税为主的体制。然而,这种税收体制的弊端很大。①不利于调节贫富差距。本来,税收应当体现权利和义务对等原则,富人得到国家保护多,理应多负担税收。可是间接税为主的体制却逆向而行,税收负担主要落到了中低收入者身上。由于人们负担的流转税和他们购买的商品数量成比例,富人购买商品数量占他们收入的比重要远远小于穷人。一个每月三万元收入的人负担的间接税在收入中比重当然会远远小于一个月三千元收入的人。因此,间接税为主的体制是劫贫济富。直接税为主的体制可以纠正这个弊端。直接税无法转嫁并且往往税率累进(收入越高,税率越高),从而可有力调节贫富差距。②间接税为主的体制会加剧物价上涨。由于间接税负担都会打入商品价格,因此会成为成本推进的通货膨胀的因素之一。有人统计说,我国商品价格里有不少来自税收。如果实行直接税为主的体制,大大降低间接税,显然有利于控制通货膨胀。③有利于培养百姓当家做主的意识。间接税不由纳税人直接缴纳,税收负担就不易为纳税人感觉到,从而是"身在税中不知税",因此也不会关心政府拿了纳税人的钱派了什么用处。相反,直接税则能激发纳税人的"税痛"感觉,就必然会关心政府拿了纳税人的钱究竟派了什么用处。可见,直接税为主的体制有利于培养公民参与财政预算的当家做主精神。

关于进一步推进个人所得税制度改革。目前世界上个人所得税模式大体分三类。①分类所得税,即同一纳税人不同类别所得按不同税率分别收税。②综合所得税,即纳税人在一定时期内(比方说一年)各种所得加总一起,减去法定免税额度,对其余额按收入高低征收累进的所得税。这种制度能较好体现量能负担(纳税能力强的多纳税)原则,但不能体现不同性质所得的差别待遇,并且征管成本高,对申报人诚信和税务机构的稽查水平要求都高。③分类综合税,指按纳税人各类所得先征分类税,再综合其余额,如果达到一定数额,再课以累进所得税。目前,我国实行的是分类税,难以体现量能负担原则,现在已根据实际情况开始逐步改革。

加快房地产税立法并适时推进改革。房地产税是主要的财产税种。目前我国对房地产持有不征税,财产税在我国实际上等于没有,造成地方政府不得不严重依赖土地财政,拼命提高地价房价,严重伤害了实体经济的健康发展。但是,房地产税开征又遇到一系列障碍,需要创造一系列条件。因此首先要加快立法,才能适时推进改革。

我国还有其他方面的一些税收体制也需要改革,包括消费税、资源税、环境保护税等,还有如何清理、规范各地、各种为招商引资的税收优惠政策,也有一系列改革要推进,才能更好地发挥税收在社会主义市场经济发展中的作用。

4. 公债

当政府税收不足以支撑政府支出时,就会发行公债,使公债成为政府收入的又一组成部分。公债是政府对公众的债务,或公众对政府的债权。公债不同于税收,是政府运用信用形式筹集财政资金的特殊形式,包括中央政府的债务(国债)和地方政府的债务。

在我国计划经济年代相当长年份里,国家没有发行公债,并以"既无内债,又无外债"为荣,表明那时不懂也不重视公债的作用。改革开放以后,我国结束了"以阶级斗争为纲",一切以经济建设为中心,开始重视运用公债这一政策工具。国债规模(包括内外债)逐年扩大。这种规模包括三层含义:一是历年累计的债务总规模;二是当年发行的公债总规模;三是当年到期需还本付息的债务总额。我国的国债发行规模从 1979 年发行 35.31 亿元到 2018 年末国债余额限额为 156 908.35 亿元,国债规模大大上升了。这种增速和目前的国债发行规模会不会带来巨大风险?

通常判断国债规模适度与否可用下列一些指标衡量。①国债依存度,指当年国债发行量占该年财政支出的比重,反映财政支出对国债的依赖程度。指标越高,说明财政支出对债务依赖性越大。②国债负担率,指国债余额占当年 GDP 的比例,反映国民经济国债化程度。指标越高,表示国债对经济的干预性越强,从而财政税收收入相对不足。③国债偿债率,指国债到期还本付息额与财政收入的比例,反映国债发行规模与财政收入是否相适应。指标越高,表明以前所发国债对财政形成的压力越大。从我国实际情况看,目前我国国债规模已非常庞大,并且以很高速度在递增。

先看国债依存度,20世纪90年代中期以来就已超过国际公认的安全控制线,表明我国财政尤其中央财政支出已过分依赖债务收入。

从国债负担率看,尽管目前还未达到国际警戒线,似乎国债余额占国民收入比例还不算大,还有发债空间,然而应看到我国举债历史比较短,不能将我国国债余额与西方发达国家国债余额做简单类比。西方发达国家的国债余额是上百年时间累积形成的,而我国不到40年,可见我国国债负担率增长较快。长此以往,我国财政可能不堪重负。

从国债偿债率看,早在20世纪90年代初就已超过国际警戒线,表明中央财政支出中相当大的比重是用来还债的。

我国过去几年债务规模不断增大的原因在于从中央到地方的领导都追求GDP高增长,追求GDP增长的捷径是增加投资,增加投资需要巨额资金,巨额资金仅靠税收不够,于是靠借债。如果发公债得来的钱能用于有效益的投资,那么高效的经济增长会转化成切实的还债能力。如果搞大量的重复投资,产能过剩投资以及纯粹追求政绩工程的投资都可能浪费发债得来的资金。众所周知,借来的钱总是要连本加利归还的。怎么办?借新债还老债。但是,如果国债发行规模年复一年膨胀下去,并且债务的经济效益不佳的话,债务连本加利会像滚雪球一样越滚越大。越来越大的国债利息支出会成为每年财政支出中的重要负担。

政府发行的公债除了中央政府发行的国债,还有地方政府发行的公债。从前一些地方的公债都由中央财政部代理发行与归还,今后不仅仍要中央审批,而且都要自借自还,以进一步约束地方政府的借债行为。

自从凯恩斯主义在西方国家流行以后,发行公债或者说国债就成为弥补财政赤字最常用方法。但对于公债的利弊得失,人们一直有不同看法。许多经济学家认为,国债是个累赘,甚至是经济活动障碍。①国债虽是政府债务,但归根到底都是由纳税人负担的。公债不仅是加在当代人身上的负担,也是加给下一代人的负担,是当代人提前支取下一代人的面包。②由于提高税收方面的困难,政府不得不举新债还旧债,债台越筑越高,最终可能迫使政府多印纸币,造成通货膨胀,用纸币贬值来减轻债务。③国债增加意味着公众以国债形式占有的财富比重增加,而且占有国债多的基本上是有钱人,这不利于缩小贫富差距。

然而,另一些经济学家认为,国债的问题比想象中的要小得多。①对公众而言,作为公债购买者,他们拥有国债的债权,作为纳税人,又欠下自己的债务,这样,除向外国借的部分债务外,所有债务都可以看作自己欠自己的债,可以一笔勾销。②国家会长期存在,完全可以用新债偿还老债,不存在一次性偿还债务的压力。对公众而言,只要国家长存,就能确保每笔债务兑现,因此,公债是一种安全的个人投资方式。③统计资料表明,一些国家国债绝对值在急剧增加,但是,随时间推移,经济也在增长,特别在和平时期,国债占有国内生产总值的比例可能逐渐下降。可见,公债并不可怕,关键是国债的用途,只要政府不用于战争和浪费,而是用于促进经济增长,且经济增长速度高于国债增长速度,举债是值得的。

在西方发达国家,除了税收和公债收入,政府很难再有其他收入。但在我国,除了上述两项收入,政府还有一大块称之为非税收入。所谓非税收入是指除税收以外,由各级政府、各级机关、事业单位、社会团体及其他组织依法利用政府权力、政府信誉、国家资源、国有资产或提供特定公共服务以及相当于公共服务而取得的并用于满足社会公共需要的财政资金。非税收入管理范围包括:行政性事业性收费、政府性基金、国有资源有偿使用收入、国有资产有偿使用收入、国有资本经营收益、彩票公益金、罚没收入以及政府名义接受的捐赠收入、主管部门集中的收入以及政府财政资金产生的利息收入等。

目前我国非税收入在管理上存在不少问题。目前,我国中央政府在推行结构性减税的同时,正在大力清理整顿地方政府的非税收入。

二、政府的支出

1. 西方国家的政府支出

在西方国家中,近几十年来政府参与经济活动的规模有了显著增长。拿政府支出来说,现在美国政府支出大约占 GDP 的 1/3,而在第一次世界大战前的 1913 年,政府支出还不足 GDP 的 1/10。要知道,美国政府支出按经济规模的比例在主要工业化国家中还是小的。在法国和德国,政府支出占 GDP 的近一半。

为什么政府支出规模越来越大？只要看看政府支出是些什么项目以及这些项目的性质和内容就会明白了。政府支出指整个国家中各级政府支出的综合，由许多具体支出项目构成，主要可分为政府购买和政府转移支付两大类。政府购买指政府对商品和劳务的购买。如国防军需品、机关公用品、政府雇员报酬、公共项目工程所需的支出等都属于政府购买。显然，随着现代社会的发展，这些支出不仅不会减少，只会增加，因为政府对社会公共服务和监管功能会越来越强化。政府购买有着商品和劳务的实际交易，因而直接形成社会需求，其规模直接影响到社会总需求水平。政府购买支出对总需求有直接调节作用。在总需求或总支出水平过低时，政府可提高政府购买支出水平，如举办公共工程以增加社会整体需求水平。反之，当社会经济过热时，政府可减少购买支出，降低社会总需求水平，以抑制通货膨胀。

政府支出中另一部分是转移支付。与政府购买不同，政府转移支付指政府在社会福利保险、贫困救济和补助方面的支出。由于社会越是现代化，公民生产生活自给自足程度越来越小，对社会依赖性越来越大，同时随着人口越来越老龄化，社会养老金和医疗的需求会不断上升，因此，包括养老、医疗在内的政府转移支付必然会不断增加。政府这种支出是一种单方面货币支出，并没有商品和劳务的交换发生。例如，政府给老人发放养老金，给伤残人发放救济金，给失业人员发放失业救助金，并不是因为这些老人、伤残者和失业者提供了商品和劳务因而付给报酬。相反，是因为这些人员因年老、伤残和失业从而失去了通过劳动获得报酬的能力和机会，才需要政府给予单方面的货币支付以保障他们的基本生活。就是说，转移支付虽然也属政府支出，但它是一种不以取得本年生产出来的商品和劳务作为报偿的支出。因此，转移支付不能算作国民收入的组成部分。它做的仅仅是通过政府将收入在不同社会成员之间进行转移和重新分配，全社会总收入水平没有变动。然而，政府转移支付的变动也不是说对社会总需求没有影响，因为转移支付增加时，会增加能获取转移支付收入的那些社会成员的可支配收入，因而会增加他们消费需求，从而间接影响社会总需求水平，这样，转移支付也可成为政府调节经济的财政政策工具。

政府支出中各个构成部分在支出总额中的相对重要性是会变化的。总的说来,如果冷战能逐步结束,国防费在中央政府支出中的比重会逐步下降,但由于老年人的增加,包括为老年人支付在内的社会保障支出所占比重可能会逐步上升。同时,公债利息支出所占比重会逐渐由于公债规模的增长而逐步增加。就是说,政府支出中购买部分相对变小而转移支付部分可能会相对变大。

2. 我国的政府支出

我国目前政府支出情况和上面所说西方国家政府支出情况存在一定差异。这主要是因为目前我国还处在从传统计划经济体制向市场经济体制转型过程中。由于我国前几年这一体制转型还未完成,财政支出预算的供给范围还未有效统一规范在市场经济中政府的职能范围上,因此,财政供给范围依然过大,包揽过多。大量事实表明,我国多年来在"经济建设为中心"和"稳定压倒一切"的大政方针下,地方政府尤其县级政府对基本建设、社会治安等比较重视,而教育、医疗卫生和社会保障等民生服务上,由于成效、成本等原因,地方政府的自主投入往往不够。

党的十八大以来,在习近平同志为核心的党中央领导下,随着我国经济新常态判断的形成,经济供给侧结构性改革主线的构建,五大新发展理念的确立,我国财政支出的构成和态势发生了很大变化。医疗、教育等民生福利支出比例不断上升,支持创新、创业以及科研经费年年增加,生态环境保护和治理的费用也有所增加,而政府行政支出费用则逐步下降,特别是"三公消费"(政府人员因公出国经费、公车购置、运行费和公务招待费)大幅度减少。当然高铁、道路、机场、港口等建设经费还是有很大比重。更需要提出的是,政府支出的规范化和公开化程度大大提高。在中国特色社会主义新时代中,这一趋势还会加强。

三、财政政策

财政政策是指为减轻经济波动而对政府的收入和支出所作的决策或者说选择。政府的收入和支出已在前文说明,这里将阐述政府如何在收入和支出两方面作出决策以应对经济波动,以减轻失业和通胀。先说西方国家一些做法,再说明中国财政政策的演变。

1. 西方国家的财政政策

西方财政制度本身对经济波动具有一定自动调节作用,称为自动稳定器,在经济过热时能自动抑制通货膨胀,在经济衰退时能自动减轻萧条。哪些财政制度有这种自动稳定的调节作用呢?

(1) 税收的自动变化。经济衰退时,企业和个人收入减少,所得税自动会减少,留给人们的可支配收入也自动少降一些,从而使消费和投资相应少下降一些。在实行累进税的情况下,情况更会如此,因为衰退会使纳税人收入自动进入较低纳税档次,这使税收下降幅度超过收入下降幅度,从而起到抑制衰退的作用。相反,经济繁荣或过热时,情况就反过来,税收会多增加些,使人们可支配收入和消费需求都少增加些,从而起到抑制通胀的作用。

(2) 政府转移支付的自动变化。经济衰退时,失业人数和需要救济的人数增加,会使政府的失业救济金和贫困补助金发放自动增加,这样就可抑制人们可支配收入和消费需求的下降;经济繁荣时情况则相反。

(3) 农产品价格维持制度。经济萧条时,国民收入下降,农产品价格也会下降,政府依照农产品价格维持制度,按支持价格收购农产品,可使农民收入和消费维持在一定水平上;经济繁荣时情况相反。这样就有助于减轻社会总需求的波动。

这些都是西方财政制度对经济的自动稳定作用。显然,为使自动稳定器有效,必须要有这些制度。如果一个国家经济衰退时税收不相应减少,还因财政收入减少而征收过头税,或者经济衰退时因财政拮据就减少失业和贫困救济,或者根本没有农产品价格维持制度,这些财政制度就不能有自动稳定作用。

上述西方财政制度在应对经济波动方面虽然有一定作用,但这种作用还是有限的,难以应对剧烈的经济波动。为了确保经济稳定,西方国家政府通常会审时度势,主动采取一些财政措施,变动支出水平或税收,以稳定总需求,稳定物价和就业。当政府认为总需要水平很低,即出现经济衰退时,政府就通过减税,降低税率,增加政府开支或双管齐下以刺激总需求。相反,当总需求非常旺盛,经济过热,出现通货膨胀时,政府就增加税收或削减开支以抑制总需求。前者称为扩张性财政政策,后者称为紧缩性财政政策。这种交替使用的扩张性和紧缩性财政政策,称为补偿性财政政策,即斟酌使用的或权衡性的财政政策。究竟什么时候采取扩张性财政政策,什么时候采取紧缩性财政政策,应由政府对经济运行的形势加以分析权衡,斟酌使用。这样一套经济政策就是凯恩斯主义"逆经济风向行事"的所谓需求管理。

2. 中国财政政策的演变

中国的财政政策同样是政府实施宏观调控的重要工具之一,主要是通过税收、贴补、赤字、国债、收入分配和转移支付手段对经济运行作调节,既要作为平抑经济波动的工具,又要发挥资源配置,发展经济的作用。

本着上述宗旨,我国改革开放以来,针对各个时期国民经济的变化的需要,相继出台了各种不同的财政政策。这些政策有这样几个特点:①我国财政政策同样具有"逆经济风向"行事味道,即经济偏冷时实施积极财政政策,经济过热时实施"从紧"或"稳健"的政策,主要是调节经济增长速度和通货膨胀幅度;②政策调控手段和方式上,逐渐放弃以行政手段为主的直接调控,转向适应市场经济体制的以经济手段为主的间接调控体系。

根据以往社会和经济发展情况和当前特点,作为宏观经济调控的重要工具,估计今后相当长一段时间内,我国财政政策演变可能会有以下几个特点。

(1) 牢牢把握不同时期经济发展中的主要矛盾,妥善处理稳定经济增长、调整经济结构和管理通货膨胀预期这三者的关系。哪一方面矛盾更加突出时,财政政策的重点可能更倾向那方面。

(2) 围绕落实深化经济体制改革、调整经济结构和转变发展方式这些方面迈开更大的步伐,包括完善结构性减税(如降低能源、先进设备和关键零部件进口税,减轻小微企业税费负担等);降低流通成本以支持商贸流通体系建设;健全社会求助和保障标准与物价上涨挂钩的联动机制,落实好对困难群体生活的帮助;着力优化投资结构和财政支出结构,支持保障性安居工程、水利建设、科教文卫基础建设、节能减排和生态建设和自主创新能力建设,以及促进新疆、西藏等少数民族地区的经济发展;加大科技投入,加强重点节能工程建设,大力支持战略性新兴产业和现代服务业发展,加强生态保护建设等。

（3）改革和完善政府预算收支制度建设，进一步提高财政收支的透明度和效率，包括严格控制"三公消费"的支出并透明公开，严格控制各种会议和差旅支出以降低行政成本。

第三节 货币需求、供给与货币政策

一、货币的重要性

货币是财富价值的代表，古代就有"钱能通神""有钱能使鬼推磨"等说法。历史上曾有不少人设想，可否消灭货币，用消灭货币来消除人间许多罪恶和不平等现象。但人类历史证明，只要人类社会有商品交换，就无法消灭货币。货币的形态可以改变，比如古代用金银货币，现代用纸币、电子货币等，但货币不能消除。商品离不开货币，市场经济离不开货币流通。

同样，老百姓每天过日子需要货币；任何企业要正常运转、生存、发展，都离不开有一定数量货币；任何一个工程项目要兴建，首先得考虑所需资金从哪里来，因为土地、原材料、人工等都要货币去购买。有了货币，人们就能够生活，企业就能营业、运转，工程项目就能开工兴建。就是说，有了货币，企业才能生产出产品来，人们才能创造出财富来。总之，货币对发展市场经济非常重要。

二、货币需求

货币本身不能吃、不能穿，为什么人们总需要保持一定量货币在手头呢？

（1）交易的需要，即人们需要货币是为了进行交易或者说支付。就个人或家庭而言，一般是定期取得收入，经常需要支出。为购买日常需要的生活资料，他们经常要在手边保持一定数量的货币。就厂商而言，他们在取得货款以后，为应付日常开支，如购买原材料或者发放员工工资，也需要持有一定数量的货币。可见，货币交易需求的产生，是由于人们收入和支出的非同步性。

（2）预防的需要，即人们需要货币是为了应付不测之需。无论个人还是厂商，尽管对未来收入和支出总有一个大致估计，但这种预测不一定完全合乎实际，遇到不测之需是常事。为此，人们总需要持有一部分货币以防万一。可见，预防需求的产生是由于人们未来收入和支出的不确定性。

出于上述两个动机对货币的需求量，主要取决于人们的实际收入。实际收入越高的家庭，支出水平也越高，因而需要的货币数量也越多。可见，这些方面的货币需求是和实际收入水平同方向变化的。

（3）投机的需要，指由于未来资产收益率或者说利率的不确定，人们为避免资产损失或增加资本收益，需及时调整资产结构，因而形成的对货币的需求。我们知道人们暂时不用的财富，可用货币形式保存，也可以借给别人使用以取得利息。假定用购买债券代表取得借给别人使用的债权，那么债券价格和利率即收益率相联系。假定一张每年取得10元利息的债券，价格为100元时，利率就是10%；价格为200元时，利率就是5%。当现行利率过高，即债券价格过低时，人们估计利率会下降，即债券价格会上升，于是，他们就会放弃货币，买进债券，以待日后债券价格上涨时卖出以获利。这样，人们手头对货币的需求就会下降；反之，利率过低即债券价格过高时，人们会认为买债券有很大风险（因为其价格估计会跌），于是人们宁愿多留货币在身边也不愿去多买债券从而对货币需求就会增加。这种为避免资产损失或增加资产收益而及时调整货币和债券数量而形成的对货币的投机需求，通常与利率呈反方向变动。需要指出的是，上面所讲的货币需求是名义需求，将名义需求除以价格水平，就是用购买力表示的货币实际需求，公式表示是 $\dfrac{M_d}{P}$。

这样，实际货币需求与其影响因素之间的关系称为货币需求函数，可用公式表示为：

$$\frac{M_d}{P}=ky-hr \qquad (15.1)$$

货币需求函数还可用图形表示。图 15-1 中，L_1 和 L_2 都是货币需求曲线,它们都向右下倾斜,表示实际货币需求量 $\frac{M_d}{P}$ 随利率下降而增加,L_2 位于 L_1 之右,表示 L_2 是和收入 y_2 相对应的货币需求函数,L_1 是和收入 y_1 相对应的货币需求函数,而 $y_2 > y_1$,因而在同样利率水平 r_1 下,货币需求量 $\frac{M_d^2}{P} > \frac{M_d^1}{P}$。当利率降低到 r_2 时,货币需求成为无限的,因而货币需求曲线成水平状。

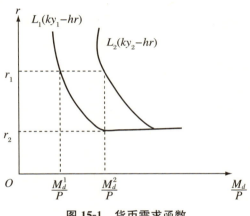

图 15-1　货币需求函数

下面举一个例子加以说明。假定 $k=0.15$,$h=9\,000$,则 $\frac{M_d}{P} = 0.15y - 9\,000r$,或 $M_d = (0.15y - 9\,000r)P$,当 $P=1$ 时,则 M_d、y 和 r 之间有如表 15-1 所示的关系。

表 15-1　一个假设的货币需求　　　　　　　　（单位:亿美元）

(a)			(b)		
y	r	M_d	y	r	M_d
20 000	5	2 550	20 000	5	2 550
20 000	6	2 460	22 000	5	2 850
20 000	7	2 370	24 000	5	3 150

表 15-1(a)表示,收入不变时,货币需求随利率上升而减少;表 15-1(b)则表示利率不变时,货币需求随收入上升而增加。

三、银行体系与货币供给

1. 货币的计算口径

要讲货币供给,先要弄清货币的计算口径与银行体系问题。根据资产的流动性程度,可把货币供应量划分为不同的层次。各国中央银行发行的钞票最有流动性,随时可作为流通手段和支付手段投入流通。这些现钞货币就是通货。这些现钞通货(或者说现金)加上商业银行的活期存款,称为狭义的货币,通常称为 M1。活期存款之所以也是狭义的货币,是因为它随时可用来支付。狭义的货币具有直接、迅速、没有限制等特点,它们的流动性最高。

除了狭义的货币,储蓄存款和定期存款也可看作货币。这是因为,定期存款和储蓄存款虽然比狭义的货币的流动性要差,不能像活期存款那样作为支付手段,然而,很容易转变为活期存款而成为支付手段,因而这些都被称为准货币。M1 加上这种准货币称为 M2。这样,就使货币的范围扩大了,如果再加上其他流动性资产或货币近似物(如个人及厂商所持有的债券等),则有更广义的货币,称为 M3。

2. 电子货币

货币供给中,还有电子货币即用电子信息作工具的货币。时下人们使用的信用卡、储蓄卡、借记卡、IC 卡、消费卡、电话卡、交通卡、煤气卡、电子支票、电子钱包、网络货币、智能卡以及支付宝等,都属于电子货币。这种电子货币说到底不过是观念化的货币信息。它实际上是由一组有关信息的数据构成的特殊信息,也可称为数字货币。人们使用电子货币交易时(如刷卡购物、用餐、乘车等),实际上是交换相关信息,这些信息输送到开设这种业务的商家后,交易双方进行更方便、快捷的结算。

电子货币是信息技术和加密技术高度发展的产物,是电子商务需求时代金融机构追求最大利润的一种业务创新。电子货币的使用可提高货币流通效率,节省货币流通费用和商品交易费用。

各种各样电子货币的发展,会不会取代现有的现金、存款等而成为独立的交易货币? 至少目前还不可能,因为这些电子货币都必须在原有现金或存款基础上才能发行使用。例如,你的电话充值卡或交通卡里必须有钱,否则只是空卡。你用借记卡购物支付,卡里也要有钱,透支也有额度限制,透支了必须连本加利及时归还。可见,电子货币并非独立通货形式,电子货币必须同比例兑换成传统货币(现金或存款)才能完成借贷和支付。电子货币不是独立的通货形式,不能独立发行,只能以别的货币作为发行和流通的基础,因此,至少目前它还只是在传统货币支持下流通的二次货币形式。尽管如此,但其发行与流通对现有货币供给还是有影响的。

3. 银行体系

现代市场经济国家的银行体系主要是由中央银行、商业银行和其他金融机构所组成。

商业银行之所以称为商业银行,是因为早先向银行借款者大都经营商业。银行把给商人的贷款加到他的活期存款账户上,商人则给银行一张期票(期票是一种信用凭证,由债务人签发,载有一定金额,承诺在约定的期限由自己无条件地将所载金额支付给债权人的票据),并以货物作担保。但是随着商品、货币经济的发展,出现了两个新的情况:一是除了商业以外,工业、农业、建筑业、消费者也日益依赖银行的资金融通;二是商业及其他行业要求银行提供的服务越来越多样化了,除了存款、贷款、结算以外,还有证券经销、票据承兑、保险、担保、外汇咨询等业务,而贷款、存款又各有不同的期限和条件。为了适应这些变化,商业银行变成了不只是对商业融通资金的机构,它的顾客遍及国民经济的各个部门,业务多种多样,名称仍旧冠以"商业银行"字样,不过是沿用旧习罢了。

中央银行是一个国家的最高金融管理机构,它统筹管理全国的金融活动,实施货币政策以影响经济。当今社会除了少数地区和国家,几乎所有国家都设立了中央银行,如美国的联邦储备局、英国的英格兰银行、法国的法兰西银行、日本的日本银行等。一般认为中央银行具有三个职能。

(1) 作为发行的银行,即发行国家的硬币、纸币。但美国、日本、德国等的硬币和辅币由财政部发行。此外,中央银行还管理国家的黄金和外汇储备。

(2) 作为银行的银行,为商业银行开户,吸收它们的存款。中央银行最大的存款来源是各商业银行交存的存款准备金。央行通过贷款、贴现、公开市场操作,为各银行提供资金支持。它是银行的最后贷款者,还为各银行之间的交易办理非现金结算。

(3) 作为政府的银行,代办政府预算收支。

在现代金融体系中,还有许多非金融机构,如保险公司、信托投资公司、邮政储蓄机构等。

4. 存款创造和货币供给

商业银行吸收的存款不管是否活期存款,银行都负有随时给客户提取的义务,即使是定期存款或者储蓄存款,客户也可以在一定条件下(如放弃原来存款利率)变成活期存款。尽管如此,但很少会出现所有储户在同一时间里取走全部存款的现象,因此银行可以把绝大部分存款用来从事贷款或购买短期债券等营利活动。但银行每日接受的存款未必能应付提取的需要。银行必须经常保持一定数量的货币,作为随时支付的准备。这种经常保留的供支付存款提取用的一定货币数额,就是存款准备金。在现代银行制度中,这种准备金在存款中起码应当占的比率是由政府(具体由中央银行代表)规定的,称为法定准备金率。准备金一部分以通货(钞票和铸币)保留在商业银行以应付日常需要,另一部分存入中央银行。由于所有商业银行都想赚取尽可能多的利润,它们就会把法定准备金以上的那部分存款当作超额准备金贷款放出去。正是这种以较小的比率的准备金来支持活期存款的能力,使得银行体系能够创造货币。下面举个例子来说明这个问题。

假定法定准备金率 $\gamma=20\%$,现假定银行客户甲将一笔货币收入 100 万元以活期存款形式存入甲银行,使银行系统增加了 100 万元的资金来源。甲银行保留 20% 的钱(20 万元)作法定准备金存放到中央银行账户上,其余 80 万元全部贷出。假定 80 万元贷给一家公司用来购买机器,机器制造商乙得到这 80 万元支票存款后全部存入与自己往来的乙银行,乙银行扣除 16 万准备金后又可放贷出去 64 万元,得到这笔贷款的客户又会将它存入丙银行,丙银行得到这笔支票存款后,又可贷出 51.2 万元。由此不断存贷下去,各银行的存款总和是:

$$100+80+64+51.2+\cdots=100\times(1+0.8+0.8^2+0.8^3+\cdots)=\frac{100}{1-0.8}=500(万元)$$

而贷款总和是：$80+64+51.2+\cdots$
$$=100\times(1+0.8+0.8^2+0.8^3+\cdots)=400(万元)$$

从以上例子可以看出，存款总和（用 D 表示）同原始存款（用 R 表示）及法定准备金率之间的关系为 $D=\dfrac{R}{r}$，贷款总和（用 L 表示）与活期存款之间的关系为 $L=D-R$。这样，当中央银行增加一笔货币供应流入公众手中时，货币供应量（活期存款总和）将扩大为新增货币的 $\dfrac{1}{r}$ 倍。在上例中就是 5 倍。这 $\dfrac{1}{r}$ 就是货币创造的乘数，简称货币乘数，可用 K 表示。它是法定准备率的倒数。货币乘数也称信用乘数，它是准备金变动所引起的货币存量（存款）变动与该项准备金变动之间的比率。

这里说明的问题是：①研究货币的供给不能只看到中央银行发放的货币，而必须更为重视派生的存款，即由于乘数的作用而使货币供给量的增加，这种增加被称为货币的创造；②货币创造量的大小，不仅取决于中央银行投放的货币量，而且取决于存款准备率。存款准备率越大，货币创造的乘数就越小，反之就越大。

同时也应看到，以上所说的货币创造乘数为法定准备金率的倒数是有条件的。①商业银行没有超额储备，即商业银行得到的存款扣除法定准备金以后，都会贷放出去。但是，如果银行找不到可靠的贷款对象，或厂商由于预期利润率太低，不愿贷款，或银行认为给客户贷款风险太大而不愿贷款，诸如此类原因使银行的实际贷款低于其本身的贷款能力。这样，实际准备率就会提高，这超过法定准备金的部分就是超额储备（也称超额准备，用 ER 表示），这对于活期存款就是一种漏出。用 α 表示超额准备（ER）对存款的比率，则存款总额就变成 $D=R/(\gamma+\alpha)$。例如，上述这笔 100 万元的原始存款，扣除法定准备金 20 万元（按 20% 的法定准备金率）以后，本来银行应有 80 万元的贷款能力，却实际只贷出 75 万元。这样，银行的 ER 就是 5 万元，α 为 $\dfrac{5}{100}$ 即 0.05，实际准备金率为 $(0.2+0.05)\times100\%=25\%$，则存款总额 $D=100/25\%=400$ 万元。由此我们看出，正是由于有了 5 万元的漏出，才使得 100 万元原始存款只能产生

400万元的存款总额。②银行客户将一切货币存入银行,支付完全以支票进行。假若客户将得到的贷款不全部存入银行,而抽出一定比例的现金,这也是一种漏出。在这种情况下,存款总额减少的情况将和上述第一种情况一样。假设现金占存款的比率 $\beta=Cu/D$。于是存款总额 $D=\dfrac{R}{r+\beta}$。在有法定准备、超额准备和现金漏出情况下,货币创造乘数为 $k'=\dfrac{D}{R}=\dfrac{1}{r+\alpha+\beta}$。

显然,非银行部门(个人或企业)将其持有的货币存入银行时,商业银行的超额储备金就会增加。这就为存款扩张和货币创造提供了基础。存款扩张的基础是商业银行的储备总额(包括法定和超额的)加上非银行部门持有的货币,称为"基础货币",它是一种活动力强大的货币,具有高能量,故又称为高能货币(简写为 H),如果用 Cu 表示非银行部门持有通货,RR 表示法定储备,ER 表示银行的超额储备,则 $H=Cu+RR+ER$,这就是商业银行借以扩大货币供给量的基础。考虑到货币供给 $M=Cu+D$,则 $\dfrac{M}{H}=\dfrac{Cu+D}{Cu+RR+ER}$,再将等式右边的分子分母除以 D,则得 $\dfrac{M}{H}=\dfrac{Cu/D+1}{Cu/D+RR/D+ER/D}$,其中 Cu/D 是现金对存款的比率 β,RR/D 是法定准备金率 γ,ER/D 是超额储备率即 α,则上式可写成 $\dfrac{M}{H}=\dfrac{\beta+1}{\beta+r+\alpha}$。

以上介绍的货币创造的道理很重要。它告诉我们:中央银行增加一笔货币,例如在债券市场上买进1 000万元债券,这笔投放到市场的1 000万元货币,将成为存款扩张的基础,即这笔货币如果为商业银行掌握,就成为超额储备,如果为企业和个人所掌握,就可成为他们到商业银行进行活期存款的新来源。假定法定准备金率 $\gamma=20\%$,没有现金和超额准备金漏出,则 $\dfrac{M}{H}=\dfrac{1}{r}$,即 $M=\dfrac{1}{r}H$,货币供给量将扩大新增货币量的 $\dfrac{1}{r}$ 倍。这样,中央银行通过增加和减少基础货币 H 就能达到控制货币供应量的目的。然而,如上所述,由于非银行部门手持通货和商业银行的超额储备一般不可能等于零,因此中央银行又不能完全控制 $\dfrac{M}{H}$ 的比例,即不能完全通过增加或减少一笔基础货币 H 来按法定准备金率决定的货币乘数有效控制货币供应量 M。例如，政府为了降低利率，假定必须增加货币供给量 500 亿元。若法定准备金率 $\gamma=20\%$，则无漏出时中央银行只要增加 100 亿元（H）就行了，然而，如有货币漏出，其漏出比率若为 5%，则增加 100 亿元只能使货币供给增加 400 亿元。

尽管如此，货币供给基本上还是由银行储备量决定的，而商业银行的储备量从根本上说又是中央银行和财政部的活动决定的。因此，货币供给一般被看作由政府政策决定。扩张性政策必须增加货币供给，紧缩性政策必须减少货币供给，并进而影响和投资以及整个国民收入。

四、货币政策及其工具

货币政策指中央银行通过控制货币供应量来调节利率进而影响投资和整个经济以达到一定经济目标的经济政策。

中央银行运用哪些工具来变动货币供给量呢？

（1）再贴现率政策。再贴现是中央银行对商业银行及其他金融机构的放款。本来，这种贴现是指商业银行将商业票据出售给当地的中央银行，中央银行按贴现率扣除一定利息后再把所贷款加到商业银行的准备金账户上作为增加的准备金。商业银行也可以用自己持有的政府债券作担保向中央银行借款，所以现在都把中央银行给商业银行的借款称为"贴现"。中央银行作为最后贷款者，主要是为了协助商业银行及其他金融机构对存款备有足够的准备金。如果一家存款机构（当然主要指商业银行）的准备金临时感到不足，比方说某一银行客户出乎意料地要把一大笔存款转到其他银行时，就会出现临时的准备金不足的困难，这时该银行就可用它持有的政府债券或合格的客户票据到中央银行的贴现窗口（办理这类贴现业务的地方）办理再贴现申请借款。当这种再贴现增加时，意味着商业银行准备金增加，进而引起货币供给量多倍增加。当这种贴现减少时，会引起货币供给量多倍减少。贴现率政策是中央银行通过变动给商业银行及其他金融机构的贷款利率来调节货币供应量的。贴现率提高，商业银行向中央银行借款就会减少；贴现率降低，向中央银行借贷就会增加，准备金和货币供给量就会增加。

(2) 公开市场业务。这是目前中央银行控制货币供给量最重要也是最常用的工具。公开市场业务是指中央银行在金融市场上公开买卖政府证券以控制货币供给和利率的政策行为。政府证券是政府为筹措弥补财政赤字资金而发行支付利息的国库券、债券，这些被初次卖出的证券在普通居民、厂商、银行、养老基金等单位中反复不断被买卖。中央银行可参加这种交易，在这种交易中扩大或收缩货币供给。中央银行买进证券时，对有价证券的市场需求就增加，证券价格会上升即利率下降，反之亦然。显然，央行买进证券就是创造货币，因为当它把比方说 100 万元的证券从某银行买进时，它只要通知那家已卖出证券的银行，说明准备金存款账户上已增加 100 万元就行了。因此，央行可根据自己意愿创造货币。

现在常听到的一个量化宽松货币政策的说法，实际上就是一种扩张性货币政策。量化宽松货币政策俗称"印钞票"，2001 年由日本央行提出，指一国央行通过大量印钞、购买国债或企业债券等方式向市场注入超额资金，以降低市场利率并刺激经济。美国金融危机给经济带来严重影响时，也实行了量化宽松货币政策。

(3) 变动法定准备金率。中央银行有权决定商业银行和其他金融机构的法定准备金率。如果中央银行认为需要增加货币供给，就可以降低法定准备金率，使所有金融机构对每一笔客户的存款只要留出更少的准备金，或反过来说，让每 1 元的准备金可支撑更多的存款。假定原来法定准备金率为 20%，则 100 元存款必须留出 20 元准备金，可贷金额为 80 元，这样，增加 1 万元的准备金就可以派生出 5 万元的存款。若中央银行把法定准备金率降低到 10%，则 100 元存款只需 10 元准备金就行了，可贷金额为 90 元，这样，增加 1 万元的准备金就可以派生出 10 万元的存款，货币供给就因此增加了一倍。可见，降低法定准备金率，实际上等于增加了银行准备金；而提高法定准备金率，就等于减少了银行准备金。从理论上说，变动法定准备金率是中央银行调整货币供给最简单的办法，然而，中央银行一般不愿轻易使用变动法定准备金率这一手段。这是因为，商业银行向中央银行报告它们的准备金和存款状况时有时滞，而变动的准备金率的作用十分猛烈，一旦准备金率变动，所有银行的信用都必须扩张或收缩。因此，这一政策手段很少使用，一般几年才改变一次准备金率。如果准备金率变动频繁,会使商业银行和所有金融机构的正常信贷业务受到干扰而感到无所适从。

上述三大货币政策工具常常需要配合使用。例如,当中央银行在公开市场操作中出售政府债券使市场利率上升(即债券价格下降)后,再贴现率必须相应提高,以防止商业银行增加贴现。商业银行向其顾客的贷款利率也将提高,以免产生亏损。相反,当中央银行认为需要扩大信用时,在公开市场操作中买进证券的同时,也可降低再贴现率。贴现率政策和公开市场业务虽然都能使商业银行准备金变动,但变动方式和作用还是有区别的。当中央银行在市场出售证券时能一般地减少银行准备金,但究竟哪个银行会减少以及减少多少却无法事先知道,因而究竟会给哪些银行造成严重影响也无法事先知道。原来超额准备金多的银行可能没有什么影响,即使其客户提取不少存款去买证券时,也只会使超额准备金减少一些而已。然而,那些本来就没有什么超额准备金的银行马上就会感到准备金不足,因此其客户提取存款后,准备金就会降到法定准备金率以下。在这种情况下,中央银行之所以还可大胆进行公开市场业务,就是因为有再贴现政策作补充。当中央银行售卖证券使一些银行缺乏准备金时,这些银行就可向中央银行办理贴现以克服困难。

货币政策除以上三种主要工具外,还有一些其他工具,道义劝告就是其中之一。所谓道义劝告,是指中央银行运用自己在金融体系中的特殊地位和威望,通过对银行及其他金融机构的劝告,影响其贷款和投资方向,以达到控制信用的目的。如大衰退时期,鼓励银行扩大贷款;在通货膨胀时期,劝导银行限制扩大信用。道义劝告虽可收到一定效果,但由于没有可靠的法律地位,因此并不是强有力的调控措施。

五、货币政策的效果

货币政策既然是通过变动货币供给量来调节利率进而影响投资和国民收入的,那么,影响货币政策效果的因素就可概括为以下两个方面。

(1)如果货币需求对利率变动反应很灵敏,即利率稍有变动,货币需求就会有大幅度变动,比方说,利率稍有一点下降,货币需求就增加很多,在这样的情况下,中央银行增加货币供给量时,利率就只会有很小幅度的下跌，从而投资增加幅度就不大，国民收入增加也不多，即货币政策效果小。反之，中央银行增加货币供给时，利率会大幅度下降的话，货币政策效果就大。

（2）如果投资对利率变动反映很灵敏，即利率稍有降低，投资就会增加很多的话，则中央银行变动货币供给对投资和国民收入变化的影响就大，即货币政策的效果就大。反之，则政策的效果就小。

西方国家实行货币政策，常常是为了稳定经济，减少经济波动，但在实践中也存在一些局限性。

（1）从反衰退的作用看，在经济衰退时期，厂商对经济前景普遍悲观，即使中央银行松动银根，降低利率，投资者也不肯增加贷款从事投资活动，银行为安全起见，也不肯轻易贷款。这样，货币政策作为反衰退的政策，其效果就甚微。

从反通货膨胀方面看，货币政策的作用也主要表现于对需求拉上的通货膨胀有一定抑制作用，而对成本推进的通货膨胀，货币政策效果就很小。由于物价的上升是由工资、原材料价格等上涨或由垄断厂商为获取高额利润引起，因此，中央银行想通过控制货币供给来抑制通货膨胀就比较困难了。

（2）从货币市场均衡的情况看，增加或减少货币供给要影响利率的话，必须以货币流通速度不变为前提，如果这一前提不存在，货币供给变动对经济的影响就要打折扣。在经济繁荣时期，中央银行为抑制通货膨胀需要紧缩货币供给，或者说放慢货币供给的增长，然而，那时公众一般说来会增加支出，而且物价上升越快，公众越不愿把货币持在手上，而希望快快花费出去，从而货币流通速度会加快。这时候，即使中央银行把货币供给减少，也难以使通货膨胀率降下来。反过来说，当经济衰退时期，货币流通速度下降，这时中央银行增加货币供给对经济的影响也就可能被货币流通速度下降所抵消。可见，货币流通速度加快或放慢时，用变动货币供给量的办法来影响利率、投资和国民收入的货币政策效果就会受到影响。

（3）货币政策作用的外部时滞也影响政策效果。中央银行变动货币供给量，要通过影响利率，再影响投资，然后再影响就业和国民收入，因而，货币政策作用要经过相当长一段时间才会充分发挥。因此，市场利率变动以后，投资规模并不会很快发生相应变动。利率变动以后，厂商变动生产规模，更不是一件容易的事。在此过程中，经济状况有可能发生和人们原先预料的相反方向变化。比方说，经济衰退时中央银行扩大货币供给，但未到这一政策效果发挥出来时经济就已转入繁荣，物价已开始较快地上升，则原来扩张性货币政策不是反衰退，却为加剧通货膨胀起了火上浇油的作用。

六、中国的货币政策

1. 货币政策类型及目标

在西方市场经济国家，货币政策和财政政策一样，一般只有扩张性和紧缩性以及既不扩张又不紧缩性的中性的三大类，在我国，实质上也是有这几大类。但文件上、报刊媒体上却有更多的称呼。例如，稳健的货币政策、适度从紧的货币政策、适度宽松的货币政策和从紧的货币政策等。

所谓稳健的货币政策，是指在货币供给方面，正确处理防范金融风险和支持经济增长的关系，在提高贷款质量前提下，保持货币供应量适度增长，以支持国民经济持续快速健康发展。这种提法具有中国特色，是制定货币政策的指导思想和方针，它不同于经济学教科书关于货币政策操作层面的提法（如上述扩张的、紧缩的和中性的货币政策提法）。稳健的货币政策与稳定货币目标相联系，包括既防止通货紧缩又防止通货膨胀的要求，根据经济形势需要对货币政策实行适度扩张或紧缩的操作。

如果说"稳健的"提法是从货币政策制定的指导思想和方针角度出发的，那么，"从紧""宽松""适度从紧"和"适度宽松"都是货币政策操作层面上的提法。"从紧"和"紧缩"，"宽松"和"扩张"，其基本意思差不多，而"适度从紧"和"适度宽松"只不过是"从紧"和"宽松"的尺度适当一些而已，意思是略"从紧"或略"宽松"一些。

不管什么提法的货币政策，也不管是从货币政策的指导思想还是操作层面，都要服从和服务于我国货币政策的目标。我国货币政策目标是什么？对此，一些人根据世界上很多国家经验，认为央行的货币政策目标应当主要是控制通货膨胀，防止货币贬值。的确，虽然西方发达国家的货币政策和财政政策一样有着控制失业率、通胀以及经济适度增长和国际收支平衡四个目标,但货币政策主要是用来对付通货膨胀的,因为通货膨胀说到底是一个货币现象。然而,就中国的实际情况看,目前中国还处在经济改革和转轨阶段。市场化取向的经济改革的重要任务就是要实现资源优化配置,而要达到这一点,必须有一个合理的价格体系。由于我国价格改革任务至今尚未完成,包括水资源价格、劳动力价格、能源价格、公共交通和公用事业服务等的价格关系都要进一步理顺,这就会推动我国物价上涨。如果货币政策不许有这一类成本推动的通货膨胀,就等于要抵制优化资源配置的经济改革,这是其一。其二,中国的经济必须有适度增长,但只要有增长,就一定会伴随适度的物价上涨。货币政策也应当允许有一点这种上涨。其三,国际收支基本平衡也要求货币政策相应起作用。

2. 货币政策工具

在我国,按中国人民银行(央行)法有关规定,可运用的货币政策工具有:①商业银行要按规定比例交存存款准备金;②确定中央银行基准利率;③为在央行开列账户的商业银行办理再贴现业务;④向商业银行提供贷款;⑤在公开市场上买卖国债、其他政府债券和金融债券及外汇;⑥国务院确定的其他货币政策工具。下面仅对①⑤和⑥说明一下。

变动法定准备金率本来就是重要的货币政策工具,但是如果普遍降低法定准备率,许多商业银行可能会把资金用于国家不希望支持的行业,或者再进一步吹大资产泡沫。为了把货币政策变动能够和调整经济结构和转变发展方式相结合,我国实行了一种定向降准的货币政策。例如,为了支持"三农"和小微企业发展,中央银行规定,凡是"三农"和小微企业贷款达到一定比例的银行,可以降低法定准备金率,并且要求降准来的资金真正用于进一步支持"三农"和小微企业发展。

关于在公开市场上买卖国债、其他政府债券、金融证券及外汇,就是公开市场操作,这是中央银行的一项主要业务,也是货币政策的一种基本工具。央行买进这些有价证券时,就向社会投入一笔基础货币;卖出有价证券时则是收进一笔基础货币。中国人民公开市场操作的工具是国债、其他政府债券、金融债券和外汇。通过这种买卖,调整基础货币。上一节里已讲过,公开市场操作之所以能成为货币政策最重要的工具,是由于该政策及其效果的主动权掌握在央行手中。央行可以独立地选择在金融市场上买卖各种债券的时间、地点、种类和数量，无需考虑商业银行配合与否，比较灵活机动。

关于国务院确定的其他货币政策工具，由于目前我国还处于向市场经济体制转轨过程中，央行有必要根据难以预料的经济形势变化而采取一些其他政策措施，如贷款限额（央行用指令性计划对商业银行贷款总额加以限定）、信贷收支计划（央行利用计划机制对全社会信贷资金来源、运用数量和构成作综合平衡控制）、现金收支计划（央行对全社会现金收支运动的计划控制）、窗口指导（央行与商业银行长联席会议制度以加强对商业银行信贷业务等的管理）、货币发行（央行适当控制货币发行，有计划注入基础货币）。

我国经济发展进入新常态后，主要任务是要推动创新驱动，促进经济结构调整，转变经济增长方式，因此，我国今后相当长一段历史时期内的货币政策需要有一个十分有效的政策组合。

关 键 词

财政政策　　税收　　公债　　政府支出　　自动稳定器　　财政政策
货币政策　　货币需求　　货币供给

复习思考题

1. 为什么政府用来调节经济的政策主要是财政政策和货币政策？
2. 税收的性质是什么？税收有哪些作用？
3. 什么是直接税和间接税？为什么我国税制改革中要提高直接税比重？
4. 公债的性质和作用有哪些？衡量国债规模合适与否有哪些指标？
5. 什么叫财政制度中的自动稳定器？什么是权衡性财政政策？

6. 我国目前的政府支出方式还有哪些方面可以改进？
7. 企业和个人对货币的需求来自哪些方面？
8. 为什么货币需求通常与收入成正比，与利率成反比？
9. 为什么货币供给与银行体系有关？商业银行如何创造活期存款？
10. 什么是货币创造乘数？货币创造乘数与法定准备金率有何关系？
11. 假定货币需求函数 $L=ky-hr$ 中的 $k=0.5$，消费函数 $C=a+bY$ 中的 $b=0.5$，再假设政府支出增加10亿美元，试问货币供给量（假定价格水平 $P=1$）要增加多少才能使利率不变？
12. 什么是扩张性的和紧缩性货币政策？
13. 货币政策工具主要有哪些？
14. 我国的货币政策要兼顾哪些目标？

第十六章 开放经济

前面各章叙述的是一国不和外国经济往来的所谓封闭经济。但当今世界经济日益走向一体化,各国相互间必然有贸易、资金、人员的往来。国际贸易的发生、国际资本的流动对参与国以及整个世界经济的增长和发展都有着越来越重要的作用。和许多发展中国家一样,对外开放的政策使我国走上了国际经济运转的大轨道,我国对外经济交往的规模也不断扩大,遇到的问题也愈来愈复杂。如何开放本国经济,加入到国际经济大家庭,这一章就讨论这些问题。

第一节 国际贸易

一、国际贸易的原因

国与国之间的差异是国家间产生贸易的主要原因,国家之间相互贸易可以使贸易参加国都受益,提高本国的社会福利和经济效率。对此,经济学家是这样说明的。

(1) 绝对优势论。英国古典政治经济学代表亚当·斯密提出,一国在某种产品的生产上所花费的成本绝对地低于他国时,就拥有了绝对优势,该国就应该专门发展这种产品的生产,并出口该产品,以换得他国在生产上拥有绝对优势的产品,这样做为贸易双方都通过交换获得了他国更多的更便宜的商品。

该理论说明了在某些产品生产中具有绝对优势的国家参加国际分工

和贸易能获益。但是,如果一个国家在所有产品的生产上所花费的劳动时间都比别国多,即该国没有任何具有绝对优势的产品,该国家就不可能参加国际贸易吗？比较优势理论则很好地回答了这一问题。

(2) 比较优势论。比较优势理论是英国经济学家大卫·李嘉图在继承斯密的经济思想的基础上发展而来的。他认为,一国不仅在本国商品与他国商品相比处于绝对优势或劣势时可进行贸易,而且只要它与其他国家相比,生产各种产品的相对成本不同,就可以通过专门生产相对成本较低的产品来出口,换取其生产中相对成本较高的产品,从而获益。

例如,假定A国在毛呢和葡萄酒生产上比B国都有绝对优势,成本都比B国低；但酒成本更低,B国成本都比A国高,但酒成本更高,而毛呢则相对低些,在这种情况下,A应专生产酒,B应专生产毛呢,然后交易,对双方都有利。

比较优势论论证了无论生产力水平高的国家,还是生产力水平低的国家,只要按照比较优势原则参加国际分工和贸易,都可以提高总产量和消费水平,获得实际利益。比较优势论在更广的范围内解释和推动了国际贸易。但该理论同绝对优势论一样假设劳动力是唯一的生产要素,比较优势仅来自国家间劳动生产率的差异,但在现实世界里,贸易可能不仅仅是由于劳动生产率的差别,国家间自然资源上的差异也能导致贸易。比如,加拿大向美国出口木材并非因为加拿大伐木工人的劳动生产率比美国高,而是由于其人均森林面积较美国大。这就是资源禀赋论所解释的。

(3) 资源禀赋论。资源禀赋论是由两位瑞典经济学家赫克歇尔和俄林发展起来的,因此又称赫克歇尔-俄林模型（H-O模型）,它是用生产要素的丰缺程度解释国际贸易产生的原因和商品流向的理论,因此称为资源禀赋论。

该理论认为,任何产品生产需要多种生产要素的投入,比如土地、劳动力、资本和自然资源等。这些要素按一定比例投入生产,不同的产品要素投入的比例各不相同。比如,在农产品和制成品的生产中,农产品需要投入相对较多的劳动力,而制成品则需要投入相对较多的资本。这样,对于劳动力相对丰裕的国家,由于劳动力成本较低,选择生产农产品就具有相对优势；而对于资本相对丰裕的国家，使用资本的成本较低，选择生产制成品就具有相对优势。因此，当一个国家生产和出口大量使用本国相对丰裕的生产要素的产品时，其产品的价格就低，可以获得比较利益；相反，生产大量使用本国稀缺生产要素的产品，价格就昂贵，出口就不利。所以，一国应出口其丰裕要素所生产的商品，进口其稀缺要素所生产的商品，并从中获益。该理论能很好地解释发展中国家大都出口劳动密集型产品，而发达国家大都出口资本或技术密集型产品的贸易模式。但当前世界贸易中，发达国家之间的贸易比重不断增大，其相互贸易的产品所使用的生产要素比例没有很大差别：比如美国、日本、欧共体国家相互之间的汽车贸易是双向的，彼此之间既有出口，又有进口。这是资源禀赋论难以解释的，需要产业内贸易理论来说明。

（4）产业内贸易论。产业内贸易是指国家之间进口和出口基本上相同或相似的产品，这无法用比较优势论来解释。为什么会发生产业内贸易？经济学家用个人偏好、规模经济、垄断竞争等来加以说明。一方面，各国消费者的偏好是多样的。对同一产品，如汽车，有的美国人喜欢日本车，有的欧洲人喜欢美国车，这样，虽然美、日、欧三方都生产和出口汽车，但同时也要相互进口一些汽车来满足国内消费者不同偏好的需求。事实上，消费者收入越高，对需要的产品尤其是奢侈品在花色品种上变化的欲望也越强烈。富有的人们不断变换着他们对啤酒、汽车、服装、音乐、旅行经历的选择，结果导致更多的产业内贸易。另一方面，在一些垄断竞争的行业中，规模经济限制了该行业只能生产某些种类的产品，而不能生产所有种类的产品，因为如果要把本国有限的生产资源用于生产所有种类的产品，就无法使这些产品的生产实现规模经济所要求达到的规模，也就无法实现效率最大化。为追求规模经济，各国就只能选择有限种类的产品进行生产，而不生产的那些种类的产品可依靠进口获得，这是垄断竞争和规模经济导致产业内贸易的原因。

二、贸易条件

贸易条件（terms of trade）指一国在一定时期内（一般是一年）的出口商品价格与进口商品价格之间的比率。由于国际贸易中的产品种类繁多,很难直接使用进出口商品的价格进行计算,因此通常用一国在一定时期内(一般是一年)的出口商品价格指数与进口商品价格指数之间的比率来表示,即

$$贸易条件指数 = 出口价格指数 / 进口价格指数 \times 100$$

一般选择一个基准年,将该年的进出口价格指数均定为100,贸易条件指数也就为100,然后再以该年为基础,得出所要计算年份的进出口价格指数,并代入公式。根据这个公式计算出来的数值如果大于100,即对外贸易中交换比价上升,以相同数量的出口商品换回的进口商品比以前多了,就表明贸易条件改善了;反之则是恶化了。例如,以2007年为基准年,如果某国的出口价格指数在2007年下降了10%,为90,进口价格指数上升了20%,为120,则其2008年的贸易条件指数为

$$90/120 \times 100 = 75$$

与2007年的贸易条件指数100相比,贸易条件恶化了25%。

三、贸易与收入分配

根据前面的分析,国际贸易可以使贸易参加国都受益,但这种受益是从整个国民经济的角度来说的,是指整个国家总产量和社会福利的提高,并不意味着贸易参加国内的每一个阶层、每一个利益集团都获益或同样获益。有些人会因贸易获益,有些人却会遭受损失,当然从整体上看,收益要大于损失,贸易国最终是获益的,但不可否认,贸易的发生改变了一国的收入分配。

在自由贸易体制下,一国国内某产品的价格若高于外国同类产品的价格,外国产品就会涌入本国,这样本国消费者就成为最直接的受益者,因为他们以更低的价格消费到了该产品,他们得到了更多的满足,等于间接增加了他们的收入。而对于该产品的国内生产者来说,廉价的进口商品严重冲击了自己原来的市场,他们被迫降低产量,甚至破产关门,这样就造成了该产业部门经营者收入降低,工人失业,收入没有保障。这就是贸易发生时对国民收入分配最直接的作用。这种作用对刚刚打开国门的发展中国家最为明显:这些国家的工业部门大都比较脆弱,没有国际竞争

力,一旦实施完全自由贸易,价廉物美的发达国家的制成品将直接威胁其许多工业部门的生存,结果将导致失业增加、收入分配失衡,甚至动摇经济和社会的稳定性。所以,大部分的发展中国家都选择贸易保护政策,或渐进式开放政策,以减轻和放慢本国生产者所承受的压力,保护本国产业。

四、贸易保护

为什么实行贸易保护?

西方关于贸易保护的理论主要代表有李斯特的保护贸易论、凯恩斯的超保护贸易论和普莱维什的保护贸易新论。李斯特是19世纪德国经济学家,当时的德国经济比英国和法国落后,产业革命刚刚开始,其民族工业受到了来自英法的商品的威胁,甚至有灭顶之灾。李斯特正是顺应了当时德国的经济发展要求,提出反对自由贸易,倡导保护关税政策,以保护本国市场,促进国内生产力的发展。李斯特认为工业部门是一个国家中最重要的部门,工业的繁荣可以带动农业生产力水平的提升,因而保护的对象应是工业而非农业,同时并非所有的工业部门都需要保护,只有那些具有发展前途的幼稚工业才需要保护。李斯特把关税视为最主要的保护手段,认为对不同的行业的保护程度也应不同,而且保护也不能是无限期的,保护的最终目的不是保护,而是在一定期限内的保护下扶持幼稚工业迅速成长。该理论对发展中国家外贸政策的制定起到了一定作用。

超贸易保护论产生于20世纪30年代大危机之后,其主要代表人物是英国著名经济学家凯恩斯。当时的资本主义世界商品严重过剩,企业破产倒闭,工人大量失业,经济十分萧条,市场成为制约经济发展的重要因素,于是主张保护国内市场、扩展国外市场的超贸易保护论应运而生。凯恩斯主张国家干预对外贸易,设置贸易壁垒阻挡外国商品进口,并积极采取措施鼓励出口,以保持贸易顺差,解决国内经济衰退和失业问题。与李斯特不同,凯恩斯的超贸易保护论不再是保护本国尚还脆弱的生产力,而是以争夺国内外市场为目的;不再把幼稚工业作为保护对象,而主要是保护经济发达国家的夕阳工业;不再只使用关税做保护手段,而且动用了各种非关税壁垒;不再仅仅防御对方进口,保护本国市场,而且主动出击,以各种鼓励出口的政策抢占他国市场。凯恩斯的贸易理论尽管在大危机后的一段时间内得到了西方许多国家的青睐,但也成了国际贸易摩擦愈演愈烈的重要根源。

保护贸易新论的代表人物是阿根廷的经济学家普莱维什。他的理论主要代表了发展中国家的利益。普莱维什把国家经济体系分为中心国(少数发达国家)和外围国(广大发展中国家)两大阵营,中心国由于在资本、技术方面具有先发优势,因而在国际分工和国际贸易中占据主导地位,而外围国则由于劳动效率低下、资本缺乏、技术落后、产品附加价值低,贸易条件不断恶化,因此在国际经济体系中处于被动地位。如果在这种国际经济格局中推行自由贸易,发展中国家将无法改变产业结构低下和贫穷落后的局面,其分享的比较利益要远远低于发达国家,世界上南北差距将不断拉大。因此,发展中国家可以通过适度的保护性贸易措施来一定程度地控制进口数量,以保护本国民族工业的发展,更快地实现工业化,改善贸易格局中只能生产和出口初级产品的被动状况。保护贸易新论反映了发展中国家发展经济、改善不平等贸易格局的要求。

各国有哪些办法或措施来实行贸易保护呢?

贸易保护措施主要包括关税、非关税壁垒、鼓励出口的措施等。

关税是进出口商品经过一国关境时,由该国政府设置的海关向进出口商征收的税金。关税是最古老、最常用的一种保护措施,它最初是作为增加政府财政收入的一种渠道,后来发展成为行之有效的保护本国市场、限制进口、实现贸易歧视以及改善贸易收支状态的重要手段。

非关税壁垒的保护则具有隐蔽性、灵活性和歧视性。它是由于20世纪70年代以来全球性的经济萧条而日益加强的。非关税壁垒种类繁多,对进口的限制程度也较关税更强,它又可分为直接的非关税壁垒和间接的非关税壁垒。直接的非关税壁垒包括以下几种:进口配额制,指一国政府在一定时期(一般为一年)以内对某些商品的进口规定一个数量上或金额上的限额,限额内的商品允许进口,超过限额则禁止进口,或征收较高的关税甚至罚款后才允许进口;自动出口配额制,指出口国家或地区迫于进口国的要求,自己规定在一定时期内(一般为1—3年)某些商品对该国的出口限额,在规定的配额内自行控制出口,超过配额即禁止出口;进口许可证制,指进口商只有领取了政府有关行政管理机构审批的进口许可证书之后才可以进口商品。间接的非关税壁垒是指政府不直接规定进口商品的数量或金额,而是通过对进口商品制定各种严格的条件来渐进地限制商品的进口,如进口押金制、歧视性政府采购、繁琐的海关手续阻碍、技术标准壁垒、安全卫生标准壁垒以及近几年来在环保浪潮中出现的绿色壁垒等。

鼓励出口的措施主要包括以下几种:鼓励出口的财政政策(包括财政补贴、出口退税、出口减税、出口奖励等)、鼓励出口的信贷政策(包括出口信贷和出口信贷担保制)、鼓励出口的组织政策、经济特区政策以及倾销政策等。

尽管贸易保护理论中列出了种种保护的理由,但是贸易保护提高了进口商品的价格,减少了进口商品的数量,因而首先剥夺了一部分消费者剩余,损害了消费者的利益;其次,贸易保护使国内的受保护产业感受不到外来的竞争,缺少提高效率、改进技术、降低成本的动力和压力,而且保护的程度和期限很难有量的控制,因此保护的结果往往是国内的企业离国际水平差距愈来愈大;此外,隐蔽性极强的非关税壁垒还容易造成腐败、受贿等权力寻租现象,影响社会稳定。总之,实施贸易保护政策将破坏社会总体资源的最优配置,所以运用时应谨慎地比较其静态和动态、近期和长远的收益和损失。

为了减少贸易保护,促进自由贸易,以利各国经济发展和社会福利提高,各国寻求建立一个世界性组织——世界贸易组织。

五、世界贸易组织

世界贸易组织(简称 WTO)是协调各国对外贸易政策、规范各国对外贸易行为、协助解决各国间贸易摩擦的全球多边贸易组织。世界贸易组织于 1995 年 1 月正式成立,其协定于 1995 年 7 月 1 日正式生效,它是一个永久性的机构,与世界银行、国际货币基金组织一起并称为世界经济体系的三大支柱。

世界贸易组织具有以下特点:第一,世界贸易组织是一个正式的具有法人地位的组织机构;第二,世界贸易组织管辖的范围不仅包括农产品和纺织品,而且包括服务贸易与贸易有关的知识产权和投资措施等;第三,世界贸易组织具有运作机制健全和解决贸易争端的能力;第四,世界贸易组织与世界银行和国际货币基金组织的联系和合作比较紧密。

中国在加入世贸组织问题上经历了艰难曲折的道路,但终于在2001年12月解决了。虽然加入世界贸易组织可能会使我国相对落后的民族工业受到一定的冲击,而且在未来也有可能会受到世界经济周期性波动的影响,但总的来说是利大于弊的。加入世界贸易组织可以使我国经济与世界经济的运行全面接轨,更好地分享国际分工和国际贸易带来的利益;可以享受关税与贸易总协定和世界贸易组织以前所达成的关税减让等成果;可以提高我国的国际经济和政治地位,在国际贸易事务中有更多的发言权和主动权;可以享受世界贸易组织对发展中国家的种种优惠;可以利用世界贸易组织的纠纷解决机制公平合理地处理与其他国家的贸易争端。

第二节 国 际 投 资

一、跨国公司

伴随着经济国际化的深入,跨国公司已成为国际经济中的重要力量,并对整个世界经济的增长起着发动机的作用。所谓跨国公司,是指在两个或两个以上的国家从事生产经营活动的经济组织;该组织必须有一个中央决策系统,组织内部各个组成单位的活动都必须是为全球战略目标服务的;组织内部各个单位共同享有资源和信息,共同承担责任和风险。

跨国公司有哪些特点?

(1) 战略目标的全球化。跨国公司的经营战略不再像一般国内的大企业一样主要以国内市场为导向,只在本国有限的范围内组织生产和经营,而是把整个世界市场作为导向,在全世界的范围内组织生产和经营,以谋求利润的最大化和更为长远的利益,这就是"全球化战略目标"。

(2) 高度集中的管理体制。跨国公司的母公司是其最高权力机构,其分布在世界各地的分公司和子公司都必须服从母公司的统一指挥,生产经营活动都必须服从总公司的整体利益,遵循共同的战略。

(3)以直接投资为主的多种经营方式。跨国公司一般以对外直接投资作为主要经营手段:一开始,主要是输出商品和在国外建立销售分公司,随着经营国际化的加深,便开始在东道国设立生产和销售网,或者就地建立新企业,或者购买兼并东道国原有的企业。像著名的耐克公司,就是靠掌握"耐克"这一品牌和某些重要的技术而实现对全球耐克产品的生产和销售。

(4)科学技术中的绝对领先地位。跨国公司面临的是激烈的国际竞争,为了在竞争中保持不败,跨国公司在开发新技术、研制新产品等方面花费了巨大的财力和人力。

(5)经营产品的多样化。在发展初期,跨国公司一般是横向经营,即母公司和子公司经营的是同一种类的产品。20世纪70年代以来,为提高生产效率,增强产品的竞争力,跨国公司开始转向垂直型经营,即母公司和各子公司生产不同的产品,但这些产品的生产过程是相互衔接的,比如:原本经营原材料的母公司投资东道国的制造业,以保证其市场,而制造业公司投资采掘业,以保证原料的供应。70年代以后,跨国公司开始向综合多样化经营发展,即母公司和各子公司之间经营的产品各不相同,甚至是毫无关系的。综合经营更充分地使用了跨国公司的资本,防止过剩资本的出现,也有利于公司分散风险,稳定经济效益,还有利于公司合理分配资金,提高各种生产要素和副产品的利用率,延长产品的生命周期。

跨国公司不仅在公司外进行贸易,而且进行公司内贸易。跨国公司的公司内贸易是指在跨国公司内部展开的"国际贸易",即母公司和各国外子公司之间,以及各子公司之间所发生的内部贸易。这种贸易导致了商品和劳务跨越国界的流动,也会影响两国的国际收支,因此具有国际贸易的特征;但是其交易主体事实上是同一个所有者,而且这种交易的价格不再像传统的国际贸易一样是由世界市场的供求决定的,而是由跨国公司根据其全球战略目标由母公司确定的,称为转移价格或调拨价格,因而这种贸易又具有公司内部调拨的特征。据统计,20世纪80年代初期,世界上最大的 800 家跨国公司的国际贸易总额占世界贸易总额的 90%，而其中有 30% 是在公司内部发生的。

20 世纪 80 年代初以来，中国企业的跨国经营逐步形成和发展起来。

跨国经营对中国经济的发展作出了重要贡献：进出口贸易总额成倍增长，国民生产总值不断攀升，与国外的经济文化交流日渐加深，国际地位越来越高，更和谐地融入了国际分工和世界经济体系中等等，而其中最重要的贡献则是对我国社会主义市场经济体制和国有企业改革的推动。

当然，由于起步较晚，发展时间短，中国的跨国公司还存在着不少问题，比如：中国的跨国公司规模一般较小；中国企业的海外投资与外国合资经营的多，独资的少；跨国经营的公司中从事非生产性的公司较多，从事生产性的公司较少；跨国经营的区域分布偏重于与中国较近的国家和地区；跨国投资的国家中，发展中国家较多，而发达国家和地区较少；跨国生产和经营的产品中科技含量较低；从经营的情况来看，盈利高的公司不多，而多数处于中下水平。针对这些问题，我国一方面要加强对从事跨国经营的国有企业经营体制的改革；另一方面，要制定正确的企业跨国经营和跨国公司发展战略，要根据具体国情，特别是资金和技术能力以及各国市场的具体情况，来选择投资区位和投资部门。中国跨国经营的区位选择，应从发展中国家起步，逐步向发达国家扩展。

二、引进外资

引进外资既包括引进国际直接投资，如外国跨国公司在东道国投资或合资建立企业；也包括引进国际间接投资，如本国取得的国际金融组织的贷款、外国政府贷款、外国银行及非银行金融机构的贷款以及发行外币债券等。外资的构成也多种多样，既有外币、机械设备、交通运输工具等有形资产，也有科学技术、产权、专利权等无形资产。

引进外资对东道国，尤其对带动发展中国家经济发展的作用非常重大。首先，外资的流入可以弥补国内资本积累的不足；其次，引进外资，尤其是引进外商直接投资所带来的不仅仅是货币资本，还有先进的技术、管理理念、成熟的销售网络、商标和知识产权等非货币资本，这有利于提高东道国的生产效率、管理水平,改变原来落后的观念,更快地与国际接轨;再次,外资的引入可以帮助东道国的企业形成一定的规模,取得规模收益,而且,外商投资企业在东道国进行的生产以及引进新产品、新工艺对东道国的产业会产生或前或后的关联效应,为当地企业提供了更为广阔的投资天地和盈利机会,并有效促进竞争效率,改善东道国的产业结构;最后,引进外资还可以在一定程度上改善东道国的国际收支状况:从短期来看可带来外汇收入,从长期看可以提高贸易顺差,改善国际收支。

当然,引进外资带来的负面效应也是明显的:资本在现期的流入意味着将来的偿付,如果借贷的数量、期限、结构和用途安排不当,则很容易造成将来的偿付危机,20世纪80年代南美的债务危机即是例证;引进外资还容易使本国的企业、产业甚至整个经济为外来投资者所控制,在一定程度上丧失自主权。但是,应该看到,引进外资的积极作用是主要的,关键是看东道国如何制定有效的外资引进政策,尽量避免其负面效应。

我国自改革开放以来,不断改善投资环境,并制定和实施了许多引进外资的优惠政策,引进外资的步伐不断加快。我国引进外资的步伐到目前为止可大致分为三个阶段:第一阶段为1979—1986年,是我国引进外资的起始阶段,像广大的发展中国家一样,该时期引进外资的产业集中在劳动密集型产业和旅馆、服务业;第二阶段为1987—1991年,外商投资的重点开始向加工工业部门和出口贸易部门转移;第三阶段从1992年至今,外资投入的产业更加合理化,广泛分布于加工工业、机电、农业、高科技、贸易以及金融、保险、零售等服务业。而且西部地区外商实际投资比重上升,投资项目的平均规模也大幅度提高。可以看到,随着在引进外资方面经验的增加,我国已经渡过了过分迷信外资、盲目引进外资的阶段,目前无论在引进外资的政策制定,还是在保持合理的引资速度、形成合理的引资结构等方面都进入了一个成熟期。当前,积极引进外资已成为我国经济增长与发展的发动机之一。

第三节 国际收支

一、国际收支平衡表

一个国家在一定时期(一年、一季度或一个月)内,由于政治、经济和文化交往而发生的、必须立刻结清的、来自其他国家的货币收入总额与付给其他国家的货币支出总额的差额,称为国际收支。如果货币收入总额大于货币支出总额,即出现国际收支顺差,反之为国际收支逆差,逆差一般以红字书写,所以也可称为国际收支赤字,国际收支顺差则可称为国际收支黑字或盈余。

一个国家在一定时期(一年、一季度或一个月)所有对外收支总额的对照表称为国际收支平衡表。它是一种以复式登录的簿记方法为基础的会计表格。平衡表两边分别是贷方和借方,贷方账户记录那些使外汇流入国内的项目,借方账户则记录造成外汇支出的项目。如果贷方账户的价值大于借方,即产生盈余;反之即是赤字。值得注意的是,盈余或赤字只存在于国际收支中的特定范围,而对于整个国际收支平衡表而言,借方总额和贷方总额总是相等的,即国际收支总是平衡的。

国际收支平衡表包括以下主要项目。

(1) 经常项目。经常项目又称往来项目,包括商品贸易、劳务贸易以及单方面转移三项重要的收支项目。

(2) 资本项目。资本项目反映的是以货币表示的债权债务关系在国家之间的变动。它包括一切造成对外资产和对外负债的增减的交易。

资本项目分为短期资本和长期资本两类。借贷期限为1年以内的称为短期资本,主要包括为了暂时周转、逃避货币风险或投机而发生的短期借款、贷款以及购买1年期内的汇票或证券等。长期资本的借贷期为1年以上,主要包括直接投资与证券投资,如购买外国政府的公债、公司债券、股票等。

(3) 误差和遗漏。按照编制国际收支平衡表的收支平衡的会计原则,经常项目与资本项目之间的净差额应该由官方储备的收(增)与付(减)来获得最终的平衡,也就是说,以上几项的收入方与支出方的总额应该是相等的。

(4) 官方储备项目。官方储备是一国的货币当局在该国的国际收支出现顺差或逆差(经"误差和遗漏"项目调整过的数字)时进行平衡的记载项目。其主要内容包括外汇储备的增减、外国中央银行借入或贷出的款项以及黄金储备及特别提款权的增减。

在这里,需要提一下在国际收支平衡表的官方储备项目中占有一定地位的由国际货币基金组织分配到的特别提款权(special drawing rights, SDRs)。特别提款权是由国际货币基金组织发行的,它按照各个会员国在国际货币基金所摊付的份额的比例而分配给各会员国,摊付份额多的国家分得的特别提款权就多。一国分配到的特别提款权可计入该国国际收支的收入项下。特别提款权与黄金、外汇一起可作为国际储备,也可以向其他会员国兑换可自由兑换的外币。

二、国际收支调节

国际收支平衡表是按照会计制度编制的,从其定义而言,其借贷双方总是相等的,即国际收支平衡表在账面上总是平衡的。但若考虑国际收支的经济含义,这种账面上的平衡并非就是实际经济中的平衡。国际收支平衡表中记载的经济行为的性质并非简单的数字能完全表达;如经常项目中的商品或劳务贸易、长期资本项目中的经济交易都是经济主体出于一定的经济目的而自主地进行的,属于自主性交易;而当上面的自主性交易出现差额时,则需要短期资本移动或官方储备的增减来弥补,此类交易即属于调节性交易。自主性交易与调节性交易在国际收支的经济分析中的作用是不同的,我们要分析一国的实际经济状况,应首先分析事前的自主性的经济行为,单纯的账面平衡是没有意义的。自主性交易是否平衡才是衡量一国国际收支是否平衡的主要标准。世界各国的自主性交易很难实现真正的平衡,即各国的国际收支在通常情况下或多或少地会出现不平衡现象。当这种不平衡非常严重时,就需要分析其形成原因,并采取调节措施。

国际收支不平衡的形成原因比较复杂。比如,当世界市场的需求结构发生了比较大的变化时,一国的出口商品结构的适应性调整如果不够及时,其出口额就会受到严重影响,贸易收支和国际收支可能出现较大的逆差;又如,一国为刺激出口采取本国货币贬值的政策,本币贬值意味着本国出口商品价格的下降和国际竞争力的增强,可能使该国形成巨额贸易和国际收支顺差,反之,因该国贬值性倾销而受害的国家可能出现国际收支的恶化。1997年底爆发的亚洲金融危机中,亚洲各国货币大幅度贬值,使得出口结构与之相似的中国的出口商品价格竞争力大大下降,出口额大幅度滑坡,影响了我国的国际收支,就是这个道理。此外,一国国民收入的较大改变也会影响该国的国际收支。一般说来,当一国国民收入上升时,贸易性支出(如从国外进口更多的耐用品和奢侈品)和非贸易性支出(如更多地出国旅游等使用更多的国外服务)都会增加,但当国民收入下降时,该类支出都会降低。总之,经济结构、收入货币价值的变化都会从一定程度上引发国际收支的失衡,我们只有分析清楚失衡的原因,才能找出合适的对策。

暂时的、数额比较小的国际收支失衡属于正常现象,它在很多国家都存在,它对经济的影响不大且容易协调。而一旦一国出现了大规模的、长期的国际收支不平衡,其对经济的危害可能会较大,必须引起足够的重视。长期的国际收支逆差会降低一国的国际资信水平,使该国的货币过度贬值、丧失信誉,国际储备趋向衰竭,人们长期负担巨额外债,并因缺乏外汇而难以进口经济发展必需的先进技术设备,使经济陷入恶性循环。当然,长期的国际收支顺差也会对经济产生不利影响。顺差出现过久过大,会使该国货币过度升值,相对提高了该国出口产品的价格,降低其国际竞争力,减少了其出口;此外,如果一国总维持过高的国际收支顺差而不主动调节,可能会引起他国的不满甚至报复,从而引发贸易战,结果两败俱伤,对双方都不利。

出现了国际收支不平衡如何调节?调节国际收支的政策措施主要有以下几种。

(1)外汇政策。当一个实行浮动汇率的国家出现国际收支失衡时,通过中央银行在外汇市场上买卖外汇、影响汇率可实现既定目标。比如:

一国出现国际收支逆差时,中央银行在外汇市场上卖出本币,买进外币,结果使得本币贬值,从而降低了本国出口商品的价格,增强了其国际竞争力,推动了出口,增加了外汇收入,改善了国际收支;反之,出现国际收支顺差的国家的中央银行则可以在外汇市场上买进本币,使本币升值,增加进口、减少出口,保持本国国际收支平衡。对于实行固定汇率的国家,实施外汇政策则更为直接,它可以通过货币的政策性贬值或升值以影响进出口贸易,从而纠正贸易收支和国家收支的失衡。

(2) 财政政策。当一国出现国际收支逆差时,政府可以实施紧缩的财政政策,增加税收、缩减公共支出和私人支出,从而抑制总需求。总需求的降低不仅意味着本国物价水平的降低,而且还会直接降低人们对进口产品的需求,有利于改善贸易收支和国际收支。反之,当一国出现国际收支顺差时,政府可相应实施扩张的财政政策。但必须注意一点,调节国际收支的财政政策必须结合本国实际的经济状况。

(3) 货币政策。最常用的是改变再贴现率的政策,它主要通过影响利率水平来实现。比如:当一国出现国际收支逆差时,中央银行提高再贴现率,使得商业银行和其他金融机构的利息率升高,促使追求利润最大化的资本流入,从而改善国际收支;反之,中央银行可以降低再贴现率从而降低本国利率,促使资本流出,从而改变国际收支过度顺差的状况。当然,有些国家也可以通过直接改变利息率来实现。此外,中央银行还可以通过改变准备金比率来改变货币供应量,从而通过影响总需求来改善国际收支。

(4) 直接管制。即政府通过外汇管制(鼓励外汇收入、限制外汇支出)、外贸管制等行政干预政策来实现国际收支的平衡。这种政策可能会极大地扭曲商品价格、汇率、利率等市场信号,对经济的长远发展不利,但对于某些国际收支严重不平衡的国家也有一定的利用价值。

(5) 利用国际信贷和援助。使用国际信贷、国际组织的优惠贷款和援助来弥补国际收支逆差已成为一项重要的措施,但国际优惠贷款和援助数量很少,而国际商业贷款总要归还本金和利息,这对借债国的将来仍是一项负担,因此借债国要为将来还款做好准备。否则可能会酝酿成将来更为严重的债务危机。

第四节 汇 率

一、外汇市场

外汇市场,顾名思义就是两种以上的货币相互兑换或买卖的场所。外汇市场是国际金融市场的重要组成部分。从形式上看,外汇市场可分为具体的外汇市场和抽象的外汇市场。随着计算机和通讯科技的日新月异,越来越多的外汇交易通过通讯网络完成,因此人们目前一般都将外汇市场理解为后一种抽象市场。

外汇市场的作用是十分巨大的。首先,外汇市场使各国间的各种国际经济交往得以最终的结算。不光国际贸易需要外汇市场,其他各种经济合作、资本往来以及各国在政治、军事、文化、科技、体育等各个领域的交往都离不开外汇市场的中介作用。其次,外汇市场把各个国家的资本市场和信贷市场联系在一起,使资金融通国际化成为可能。任何资本或资金的跨国界活动都需要外汇市场作媒介,正是由于外汇市场的存在,整个世界的货币资本或资本在世界范围内得到了最充分的利用,实现了最优配置。此外,外汇市场提供了套期保值、规避外汇风险以及外汇投机者谋求风险利润的场所。

二、汇率怎样确定

外汇市场上各种货币之间买卖的价格即为汇率。由于汇率表示的是两种货币的比价,因而汇率可以用两种方式表示:直接标价法和间接标价法。直接标价法是以一定单位(个、百、万等)的外国货币表示一定数额的本国货币,如中国银行挂牌的 100 美元=630.97 元人民币、东京外汇市场上的 1 美元=114 日元等都属直接标价法。世界上大部分国家采用这种标价法。间接标价法是以一定单位的本国货币表示一定数额的外国货币,如伦敦外汇市场上的 1 英镑=1.385 8 美元、纽约外汇市场上 1 美元=1.589 0 欧元等,世界上只有英国和美国采用间接标价法,这是因为英镑在历史上一度是主要的国际结算工具,而美元自二战以来取代了英镑成为主要国际结算工具,从1978年9月也开始使用间接标价法。需要说明的是,汇率是一个时点的概念,表示它时必须同时注明其发生的时间。

汇率作为一种价格总是不停地变动着的,影响汇率变动的因素很多,下面重点介绍一下西方比较流行的几种汇率决定理论。

(1) 购买力平价理论,又称为PPP理论,是西方汇率理论中最有影响力的一种。它分为绝对购买力平价和相对购买力平价两种形式。

绝对购买力平价说认为,一国之所以要兑换外币是为了购买外国的商品、劳务、技术等,所以两国的货币相比较实质上是两国货币的购买力相比较,因此绝对PPP是根据比较本币与外币在购买同一批商品的能力大小,来解释汇率是如何决定的。简单地说,如果购买这一批商品所需的本币是所需的外币的两倍,那么本币与外币的汇率用直接标价即为1∶2。通常说来,一国货币的购买力是通过该国物价水平的高低表现出来的,而货币购买力指数是同一时期物价指数的倒数,所以绝对PPP可以用两国的物价水平指数的比率来表示,即以R表示a国货币对b国货币的汇率,P_a、P_b分别表示a国、b国的物价指数,则$R = P_a/P_b$。

相对购买力平价说则认为,在纸币流通的条件下,各国经济情况不断变化,各国货币的购买力也就随着经济发生变化,即物价水平也在不断地变化,这时汇率的变化反映的就是两国物价水平在一段时间内所发生的相对变化情况。比如,在一定时期内,a国的通货膨胀率高于b国的通货膨胀率,那么a国货币就会对b国货币贬值,相反,如果a国的通货膨胀率低于b国的通货膨胀率,那么a国货币就会对b国货币升值,而若a国的通货膨胀率等于b国的通货膨胀率,两国的汇率则维持不变。即以R_0表示原来的汇率,R_1表示现在的汇率,P_{a_0}、P_{b_0}表示原来a、b两国的物价指数,P_{a_1}、P_{b_1}表示其现在的物价指数,则$R_1 = R_0 \cdot (P_{a_1}/P_{a_0})/(P_{b_1}/P_{b_0})$。

购买力平价理论把货币的对内价值和对外价值结合起来,有助于说明通货膨胀与汇率变动之间的关系,因而具备一定的适用性。但是,由于两国的产品价值很难有可比性,且该理论仅能说明汇率的长期变动趋势,而对短期和中期汇率的变动趋势却很难解释。

(2) 供求理论。外汇供求理论的主要观点是:一国货币汇率的变动,是由外汇的供给和需求决定的,而外汇的供求取决于该国对外流动债务和对外流动债权,当一国的对外债权大于对外债务时,即其国际借贷为顺差时,外汇的供给将大于外汇需求,则外汇将贬值,本币将升值,该国货币汇率将上升;当其对外债权小于对外债务时,即其国际借贷为逆差时,外汇的需求将大于外汇供给,则外汇将升值,本币将贬值,该国货币汇率将下跌。由于外汇的供求与该国的对外借贷有关系,该理论也称为国家借贷理论,它是供求规律在汇率理论中的运用。

此外,汇率决定理论还包括:以利率差异和国际资本流动来解释远期汇率的利率平价说;以资产预期收益率的高低和风险大小的分析为基础,说明因投资者对各种金融资产的偏好不同而引发资金在国家间流动,从而影响汇率的有价证券选择理论;把两国间相对的货币供应量增长率、两国间相对的国民收入增长率以及预期因素作为影响汇率变动的主要因素的货币主义汇率理论,等等。它们各自都有其合理性,但都只能从某一方面来说明问题,而不能全面地解释汇率是如何决定的。

三、汇率制度

汇率制度是汇率决定的制度安排。汇率制度有固定汇率制、浮动汇率制以及介于这两种制度间的各种中间情况,如管理浮动汇率制等。

固定汇率制即将两国货币的汇率固定在一个既定的平价水平上的制度。

国际金本位制度下的汇率制度是最典型的固定汇率制度,各国货币法定含金量比率就构成各国货币的汇率。国际金本位制崩溃以后,经历了一段动荡的时期,第二次世界大战即将结束时布雷顿森林体系的建立又重新恢复到了固定汇率制度。这时的固定汇率制已不是严格的固定汇率制,除美国之外的各国的货币不再与黄金直接联系,而是与美元挂钩,实行"可调整的钉住汇率制"。该制度规定黄金与美元直接挂钩,当时规定 1 美元等于 0.888 671 克纯金,只有美元才能直接兑换黄金;各会员国必须以美元来为其货币确定官方的中心汇率,它可根据其货币含金量的比率来确定,也可以直接确定与美元的比率;各会员国与美元的汇率的波动界限规定在上下 1% 之内,如果在外汇市场上的波动超出了该幅度,两国的货币当局有义务干预维持；会员国的货币平价一经确定后就不得任意改变。随着布雷顿体系在 20 世纪 70 年代的崩溃，与美元挂钩的固定汇率制也宣告结束。

浮动汇率制度是指汇率由外汇市场的供求决定，可以自由变动，政府不予干预。浮动汇率制度又可以分为自由浮动和管理浮动两种。

自由浮动又称清洁浮动，即政府完全听任外汇市场的供求力量自发地决定本国货币的汇率，而不采取任何干预措施。第一次世界大战之后，有些西方国家曾采用自由浮动汇率制度，其结果却是汇率波动激烈，外汇市场秩序混乱，严重影响了国际贸易、国际信贷和国际投资，阻碍了世界经济的发展。目前很少有国家采用这种汇率制度。

管理浮动又称为肮脏浮动，即政府不再听任汇率自由涨落，为使市场汇率朝着有利于国内经济的方向浮动，而在外汇市场上通过买卖外汇或明或暗地对本币汇率进行干预。当今世界有许多国家实施管理浮动汇率制度，其形式也多种多样，有单独浮动、联合浮动、钉住浮动等。

四、汇率变动的影响

汇率变动对经济的影响是多方面的，主要是：

(1) 对国际贸易的影响。汇率的变化对国际贸易的影响是很明显的。简单地说，一国货币贬值，其出口商品以外币表示的价格就会下降，而进口商品以本币表示的价格则会上升，从而起到促进出口抑制进口的作用；反之，一国货币的升值则会使出口下降进口增加。但实际上问题就不是这么简单，研究汇率变化对国际贸易的作用，我们还必须要具体考虑时间、价格需求弹性等因素。

此外，汇率变化对对外贸易的影响总有一定的时滞，一般而言，出口合同都是事先签好的，当一国货币贬值（或升值）后，在新的合同未签之前，出口的数量仍按旧合同履行，所以在本币贬值（或升值）的开始阶段，由于贬值（升值）带来的相对价格下跌（上升），出口金额反而下降（上升）了；而随着新合同的签约与履行，出口数量不断增加（减少），出口金额也就上升（下降）了。即由于时滞的存在，一国的经常项目的收支在汇率改变的初期，其变动调整与最初分析是相反的，而从长期看来才是相符的，这种运动轨迹呈现字母J的形状,称为J曲线效应(见图16-1所示)。

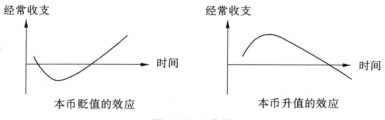

图16-1 J曲线

(2) 对国际投资的影响。汇率的变动会影响着国际投资。因为对外国的投资虽然可以获得一定的利率收益,但由于汇率的不断变化,国际投资者也要承担一定的汇率风险。比如,假设日本的年利率为5%,而美国为10%,即期汇率为1美元＝150日元,一拥有150万日元的日本投资者如在国内投资,一年后总资产会变为157.5万日元,而如将其换成1万美元,一年后的结果为1.1万美元,此时如汇率不变,日本投资者会拥有165万日元,较在国内投资多得了7.5万日元。但此时如果美元贬值,1美元＝120日元,日本投资者最终只能得到132万日元,比在国内投资反而少得25.5万日元,当然如果此时美元升值,比如1美元＝180日元,日本投资者的总资产会变为198万日元,不仅有利率收益,还有汇率收益。由此可见,汇率变动使投资者既可能承受损失,也可能获得额外的收益,因此国际投资者的投资决定不仅受利率差异的影响,而且还受到预期汇率变动的影响。一般说来,汇率稳定有利于长期资本的输出和输入,而当汇率波动过于剧烈时,汇率风险可能会阻碍投资者到国外投资,并助长投机性短期国际游资对国民经济的冲击。

(3) 对国内经济的影响。汇率变动对国内经济的影响首先表现在对物价影响上。一国货币贬值,以本币表示的进口商品的价格则会上升,必然会带动国内商品物价的上升。尤其对于那些食品和原材料大量依靠进口的国家,这种影响更为明显:食品、原材料价格的高涨推动本国消费物价水平的提高,通货膨胀加剧,国际收支逆差扩大。这些影响都关系到一国国民经济是否能够健康发展。此外,汇率的变化也会影响一国国际储备的增减,改变一国的收入分配状况,影响人们的心理预期和对经济发展的信心，甚至会影响国家之间的关系往来。

五、外汇市场干预

一国的中央银行或财政部会经常在外汇市场上进行买卖外汇的交易，这些交易除了极小的一部分是为了中央政府的涉外活动融通资金之外，绝大多数是出于维护本币对外币汇率的稳定、促进出口、改善本国国际收支状况等目的。这种活动称为外汇市场干预。外汇市场干预具有"逆经济风向而动"的特征。当本国货币剧烈下跌时，中央银行可以在外汇市场上抛出外汇、买入本币，使得外汇的供给增加而本币的需求增加，结果促使本币升值而外币贬值。相反，如果本国货币币值过分高估，或者是本国出口受阻需要通过本币贬值来增加出口商品的价格竞争力时，中央银行即可以在外汇市场上买进外汇、抛出本币，使外汇需求增加而本币供给增加，促使本币贬值。

外汇市场干预在本币币值极端不稳定或者国际收支严重失衡时是有必要采用的。但是，干预外汇市场有时却成了一些国家进行贸易战的手段，结果却造成两败俱伤，比方说甲国货币贬值，乙国以牙还牙也贬值，就形成贸易战。同时，央行在外汇市场上买卖外汇会改变本国的货币基础，影响本国国内的货币供给量，并可能对国内经济带来负面效应。例如，央行大量买进外汇时，会使本国基础货币供给量大幅度增加，影响物价、利率甚至整个经济，从而影响原有货币政策目标。况且，干预外汇市场的能力要受到一国国际储备总量的制约，因而其作用是有限度的。此外，一国汇率的走势往往反映了近一段时期内该国宏观经济的运行，如果汇率的剧烈变动是因为长期性的根本的经济形势恶化所致，而非暂时性的、因市场投机因素所致，此时若进行外汇市场干预，非但不能使汇率达到理想水平，反而只会引起本国国际储备的大量流失和经济的扭曲，造成更大损失。因此进行外汇市场干预应当是相当谨慎的，一定要与国内的财政政策、货币政策相配合使用。

六、人民币的开放

货币开放的核心内容为货币的可兑换性。而货币的可兑换性又具有阶段性。第一阶段是经常项目下货币的可自由兑换,是指取消经常项目下外汇交易的各种限制,使由进出口贸易以及劳务等非贸易项目下产生的外汇交易能够不受任何约束地实现。经常项目下货币的可自由兑换是货币可兑换的基本一步,世界上大部分国家成功的货币可兑换都是以经常项目下的自由兑换为开端的。第二个阶段是资本项目下货币的可自由兑换。贸易自由化达到一定的水平之后,必然要求资本自由化与之相配合,所以经常项目下的可兑换最终也要求资本项目下的可兑换。根据工业化国家的经验,资本项目下的可自由兑换也应当是分阶段的,应先考虑长期资本项目下货币的可自由兑换,然后逐步允许短期资本项目下的自由兑换,以免国际游资带来的种种风险和冲击。当以上两个阶段都顺利实现时,我们可以说该种货币是充分的自由兑换货币。

人民币开放的重要内容也是人民币的可自由兑换。根据经济对外开放的需要和参照他国的经验,我国将实现人民币在经常项目下的可自由兑换列为外汇管理体制改革的主要目标,并于1996年底正式实行了人民币经常项目下的可自由兑换。在人民币经常项目下可兑换之后,资本项目下可兑换的实行则必须慎重。东南亚金融危机的重要导火线之一便是它们过早地开放了资本项目,结果在国外游资的冲击下毫无抵抗力,导致了经济的危机,这给我们上了很好的一课。我国资本项目下的可自由兑换等各方面条件成熟以后也会实现。人民币的逐渐开放,有利于我国经济健康地融入到国际经济大家庭中去,有利于外汇资源的配置,对加快中国与世界经济一体化的进程有着积极的影响。

七、人民币的稳定

人民币汇率由市场来确定之后,人民币汇率的高低能正确反映外汇市场的供求状况,反映我国对外贸易、国际收支以及经济发展的实际情况。但是,市场决定的汇率经常上下波动,当由于突发事件而使汇率的波动幅度过大时,会对国际贸易、国际投资以及国内经济的稳定发展造成威胁,此时就需要中央银行的干预,使汇率相对稳定在一定范围之内,以免对本国经济造成过大危害。因此,我国的中央银行仍肩负着在外汇市场上通过抛售或买进外汇来干预人民币汇率,使之保持相对稳定的任务。

1997年底开始的亚洲金融危机使亚洲各国的货币剧烈贬值,对我国外贸造成了很大的冲击,在这种紧急关头,我国政府正确地采取了坚持人民币不贬值的政策,虽然出口一度有所下降,带来了损失,但增加了人们对人民币的信心,提高了人民币在国际上的地位,也增强了中国在国际社会中的威信。近几年来,少数经济发达国家出于摆脱自身经济困境的目的,一再要求人民币升值。但我国作为一个主权国,如何决定人民币汇率要根据我国经济发展的需要以及国内外经济环境自主决定,决不会听从外国的摆布。

第五节 经济全球化与中国

一、经济全球化

经济全球化是指世界经济活动超越国界,通过对外贸易、资本流动、技术服务而相形成相互联系、相互依存的全球范围有机经济整体的过程,也是一个以市场经济为基础,以先进科技和生产力为手段,以经济效益为目标,通过分工、贸易、投资、跨国公司和要素流动等,实现各国市场分工与协作,相互融合的过程。

经济全球化的形成,一是生产力发展、高科技发展的结果。信息技术的发展,互联网的发展,使信息沟通、资本流动、商品买卖等的速度,达到了难以想象的地步,这为经济全球化奠定了物质技术基础。二是原来计划经济的国家纷纷实现了市场化经济改革,越来越多的国家走上了市场化道路,为全球化提供了体制保障。三是跨国公司在全球范围的迅速扩张,为经济全球化提供了组织形式。

经济全球化的过程是生产社会化程度不断提高的过程。社会分工可以在更大的范围内进行,资金、技术等生产要素可以在国际社会流动和优化配置,由此可以带来巨大的分工利益,推动世界生产力的发展。长期以来,由于发达资本主义国家在经济全球化进程中占据优势地位,在制定贸易和竞争规则方面具有更大的发言权,控制了一些国际组织,所以成为全球化的主要受益者。经济全球化对发展中国家也具有积极的影响：经济全球化使资源在全球范围内加速流动，发展中国家可以利用这一机会引进先进技术和管理经验，以实现产业结构的优化，增强经济的竞争力，缩短与发达国家的差距；发展中国家可以通过吸引外资，扩大就业，使劳动力资源的优势得以充分发挥；发展中国家也可以利用不断扩大的国际市场解决产品销售问题，以对外贸易带动本国经济的发展；发展中国家还可以借助投资自由化和比较优势从经济全球化中获取利益。

但是全球化也是有代价的。代价之一是全球经济的不稳定会成为一种常态。在经济全球化过程中，各国经济的相互依赖性空前加强，因而经济波动和危机的国际传染便成为经常性的而且是不可避免的事情。任何一个国家的内部失衡都可能反映为外部失衡，进而很快影响到与其具有紧密贸易和投资关系的国家，可能将所有国家不同程度地引入失衡与危机的境地。2008年美国的次贷危机，很快传染到整个欧洲地区以及东南亚，从而形成严重的地区性金融危机，随后又波及拉美地区，形成了事实上的全球性金融动荡。

二、经济逆全球化

所谓经济逆全球化是指一种与全球化反方向而行的思潮，如主张贸易保护，反对商品、资本、人员、技术等在国际上流动，要求离开和退出国际组织或者地区性组织，走上内向道路。例如，英国要脱离欧盟，美国取消《跨太平洋伙伴关系协定》(TPP)，要求重新谈判 WTO 等。

为什么会出现这种"逆全球化"？根本原因是近几年来世界经济低迷，发达国家发展停滞；诱发因素可能是，在全球化过程中，各国内部利益分配严重不均，贫富差距进一步扩大。少数所谓"精英"更富有了，他们凭借物质资本和人力资本获取全球化得来的大量财富；相反，绝大部分中低收入劳动者得益不仅很少，而且由于全球产业链和价值的分工布局，全球生产和外包体系的建立，使很多劳动密集型制造业转移和分布到了广大发展中国家，导致欧美发达国家制造业部门的失业工人增加，促使他们成了反全球化的基层群体。英国公投中，大多数投票支持脱欧就是一个例子。政治上的诱发因素可能是国家民族主义回潮。由于全球化会使一部分国家主权有所让渡,例如贸易自由化会使本来属于国家的关税权让渡给 WTO,有关国家都要按 WTO 规则进行贸易,这就是从经济角度所谓的"去国家化",从而引起一些国家政府的不满,逐渐在政治上趋向保守,并与经济趋于内向相结合,形成"逆全球化"。然而,经济全球化是社会生产力发展的客观要求和科学技术进步的必然结果。它为世界经济增长提供了强劲动力,促进了商品和资本流动、科技和文明进步和各国人民交往,符合人类历史潮流和社会发展方向。"逆全球化"不可能成为历史趋势,只是暴露了原来发达国家主导下传统全球化的诸多弊端。打造传统全球化的升级版、推动实现新的全球化势在必行。

与发达国家主导下的传统全球化不同,新的全球化具有以下一些基本特征:①以平等为基础,确保各国在国际经济合作中权利平等、机会平等、规则平等;②以开放为导向,不搞排他性安排,防止治理机制封闭化和规则碎片化;③以合作为动力,共商规则,共建机制,共迎挑战;第四,以共享为目的,提倡所有人参与,所有人受益。

三、中国与新的经济全球化

中国改革开放以来,尤其是 2001 年加入 WTO,更积极对外开放,参与经济全球化进程,给中国带来莫大机遇和巨大利益,包括充分发挥劳动力和其他有关资源的比较优势,扩大生产,通过出口扩大总需求;利用外资弥补储蓄和外汇缺口,解决资金不足;通过吸引外资带来国外先进技术、设备及科学管理经验和方式等,都有效促进了中国经济增长,短短几年就大大缩小了与发达国家的经济差距,一跃而成为世界第二大经济体。

中国是经济全球化的受益者,也是贡献者。现在,中国作为世界上最大的发展中国家,世界第二大经济体,第一大贸易国,第一大外资吸引国,第二大对外投资国,中国将继续为世界作出理念贡献、机会贡献、制度贡献,成为推动实现新的全球化的先行者、实践者、引领者:一方面切切实实从多方面提供发展机会,包括为各国提供更广阔的市场、更充足的资本、更丰富的产品、更宝贵的合作契机;另一方面,实实在在地履行共商共建、共赢共享的全球治理担当,如倡建"一带一路",成立丝路基金、亚投行和金砖国家开发银行,积极建设全球自贸区网络,提出《全球基础设施互联互通联盟倡议》,推进《区域全面经济伙伴合作关系协定》(RCEP)谈判,推动《巴黎协定》生效并作出有关承诺。总之,中国将高举新的全球化的大旗,积极推动有利于全球共同发展的贸易、投资自由化和服务便利化,以惠及中国人民和世界人民。

关　键　词

绝对优势和比较优势　　H-O 模型　　产业内贸易　　贸易条件
贸易保护　　关税和非关税壁垒　　世界贸易组织　　跨国公司
外汇和外汇市场　　国际收支平衡表　　经常项目和资本项目
固定汇率和浮动汇率　　管理浮动利率　　贬值和升值　　经济全球化
经济逆全球化

复习思考题

1. 给你关于缅甸与世界其他国家生产关系的下列信息:

	每蒲式耳稻米产出的投入	每码布产出的投入
缅　甸	75	100
世界其他国家	50	50

你可以作出几种李嘉图比较优势的假设:只有两种商品,无论稻米和布的产出水平如何,投入对产出的比率都不变,在所有市场上都存在竞争。

(1) 缅甸在生产稻米方面有绝对优势吗? 在生产布方面有绝对优势吗?

(2) 缅甸在生产稻米方面有比较优势吗? 在生产布方面有比较优势吗?

(3) 如果不允许进行国际贸易,在缅甸国内,稻米和布之间的价格比率是多少?

2. 某国拥有的资源禀赋(总供给)是20个单位的劳动和3个单位的土地,而世界其他国家拥有80个单位的劳动和7个单位的土地。问:该国的劳动充裕吗?土地充裕吗?

3. 下列哪一项交易会使美国国际收支的经常项目出现盈余?哪一项使美国总(官方清算)余额出现赤字?

(1) 波音公司以价值10亿美元的飞机换取希腊的价值10亿美元的希腊海岸旅馆服务。

(2) 美国从沙特阿拉伯借10亿美元的长期贷款来购买当年沙特10亿美元的石油。

(3) 美国向土耳其出售10亿美元喷气机,得到了10亿美元的银行存款。

(4) 美国政府以纽约银行存款形式给希腊政府1亿美元的赠与,对因土耳其战斗机攻击造成的受伤者给予补偿。

(5) 美国政府向德国出售10亿美元的长期公债,得到在德国的银行存款,并许诺在5年内偿还。

4. 国际收支平衡表为什么总是平衡的?既然国际收支平衡表总是平衡的,为什么还存在国际收支顺差和逆差?

5. 作为一个外汇交易员,当如下消息出现在新闻部的自动收录机磁带上时,你将对汇率变动如何作出反应?

(1) 墨西哥的石油储备已证明比早先吹嘘的少得多。

(2) 加拿大社会民主党在全国竞选中获胜,并许诺大幅度增加货币供应和信贷。

(3) 印尼的社会政治局势发生了剧烈动荡。

6. 判断下列论断是否正确,并说明理由。

(1) 发展中国家由于在各行业的生产技术水平都低于发达国家,因而它们在与发达国家的贸易竞争中不具有任何优势。

(2) 行业间贸易取决于各国在不同行业的比较优势,同时这种比较优势也决定了行业内部的贸易。

(3) 本国货币升值时,本国进口增加,出口减少。

(4) 在浮动汇率制下,国际收支可自动得到调节。

(5) 如果进出口对汇率变化非常敏感,就不会出现J曲线效应。

(6) 中央银行在外汇市场上购买美元时,本国(美国以外的其他国家)的货币供给量就减少了。

(7) 美国的利率越高,汇率就朝着美元贬值的方向变化,因此人们不愿意到美国投资。

7. 略述经济全球化、逆全球化的含义、原因、影响以及中国在新的全球化的地位、作用。

第十七章　中国在改革开放中富起来到强起来

第一节　中国在改革开放中富了起来

一、改革开放以来的巨大变化

众所周知,改革开放四十年来,我国社会经济面貌发生了翻天覆地的变化。改革开放初,我国 GDP 只有三千多亿元,按当时汇率计算也就一千多亿美元,位居全世界最不发达的低收入国家行列。如今,中国经济总量翻了 200 多倍,稳居世界第二,每年增量相当于一个中等发达国家的经济规模,每年经济增长给全世界经济增长贡献率达到 30％。1978 年中国人均 GDP 是 222 美元,2017 年就达到了 9 481 美元,为 1978 年的 42.7 倍。一批重大科技成果达到世界先进水平,包括上天的、下海的;社会生产能力在不少方面进入世界前列,工农业生产能力大幅度提高,主要工农业产品生产产量位居世界第一、第二位。广大人民的生活水平大大提高,不仅缺吃少穿的日子一去不复返了,而且精神文化生活开始丰富多彩。过去给外地亲戚朋友发个紧急信息要到邮局发电报,现在拿起手机立刻通话;过去北京到上海坐火车要整整一天甚至更长,现在高铁只要几个小时;过去只看到外国人到中国旅游,现在中国人到国内外旅游成风;人的寿命也大大延长(人均预期寿命在 1949 年是 35 岁,1981 年达到 68 岁,2006 年达到 76.34 岁);过去农村孩子上大学几里路范围才有一个,现在农村孩子几乎个个想上大学。所有这一切,都是每一个中国人都感受到的。

四十年来这巨大变化哪里来的？是改革开放使我国富了起来。为什么？因为改革开放从根本上改变了束缚生产力发展的经济体制，逐步实行了社会主义市场经济体制。

应当正确地认为，1949年中华人民共和国的成立使中国人民站起来了，从此中国不再受外国的摆布，这为以后富起来、强起来打下了坚实的基础。没有这个基础，中国要富起来、强起来，都不过是句空话。1949年以后，实现了社会主义改造，完成了从新民主主义到社会主义的过渡，确立了社会主义基本制度，发展了社会主义的经济政治和文化。从经济建设角度看，成就也是不小的。1949年时我国工农业总产值由于战争原因只有1936年一半，现代工业在工农业总产值中占比才17%，人均收入是27美元，相当于当时印度的一半，全国钢产量不到16万吨。到1952年，经过3年恢复，工农业总产值就恢复到新中国成立前最高的年份1936年的水平；1953—1957年的一五时期，苏联支持的156项重工业项目使我们的大批基础工业从无到有。二五时期即1957—1962年，浮夸风等种种原因造成了我国经济大起大落。即使如此许多大型钢铁、炼油企业也是建立起来了，打下了后来现代化建设的物质技术基础。"文革"时期，我国经济受到很大破坏和影响，但经济建设和科学技术方面也还是有成就的，两弹一星基本上都在那个时候上天的。总之，改革开放前的三十年，尽管经历了曲曲折折、反反复复，但经济建设的很大成就还是不可抹杀的。刚改革开放的1979年全国工业企业达到35万个，固定资产达到350亿元，相当于1949年前一百年积累起来的工业固定资产的25倍。因此，我们不能看到后来的飞速发展就完全否定改革开放前三十年的成绩。

当然，现在回过头来看，我国的经济本来完全能够发展得更快、更好一些。之所以没有能够这样，(1)因为这在三十年中，一直以阶级斗争为纲，不断搞政治运动，没有集中精力搞经济建设。就是在经济建设中，这些成绩的取得，其代价也是巨大的，经验教训是深刻的。优先发展重工业的经济建设模式牺牲了农业应有的发展，也牺牲了人民生活的相应改善。许多工人熬了二三十年，工资也只有40多元，这不能不挫伤人们积极性。然而，最大的经验教训还是高度集中的计划经济体制问题。这种体制通过国家计划配置资源,生产什么,为谁生产,如何生产,都由政府统一安排,以行政命令方式实现。企业名义上也称为"工厂""商店",实际上都是各级政府主管部门拨一拨动一动的算盘珠,不能自主经营,没有经济活力。企业和个人都吃国家大锅饭,经济效率低下,产品严重短缺。

为什么会实行这种经济体制?当然这也有多种原因,但最主要是长期以来,人们一直认为,计划经济是社会主义的基本特征和根本要求,只有资本主义才会真正实行市场经济体制。这种传统观念一直要到1978年党的十一届三中全会确立解放思想、实事求是的正确思想路线以后才逐步得到纠正。这次全会是中华人民共和国成立以来党的历史的伟大转折,不仅确立了正确的思想路线、政治路线,结束了"以阶级斗争为纲",作出了把党的工作重点转移到经济建设上来的根本战略转变,还作出了实行改革开放的伟大新决策。

那时的改革开放主要是经济领域的。改革就是要改变束缚生产力发展的经济体制,让原有的计划经济体制转变为市场经济体制。

二、市场化经济改革推动经济发展的原因

计划经济体制如何束缚生产力发展,已在前文讲过;市场经济体制为什么能够推动生产力发展?

从经济学角度看,生产发展无非是靠增加生产要素投入和提高要素效率这两个方面。先看改革开放如何使生产要素投入增加。生产要素最主要是劳动、资本和土地等自然资源。

1. 从劳动投入增加看

中国改革开放时,正值人口红利高峰到来,改革允许当时农业劳动力边际生产率几乎为零的农民工进城务工,不仅带来了大量新增劳动力,实现了劳动力从劳动生产率较低的传统农业到劳动生产率较高的工矿业的资源配置转变,而且促使工矿业企业原有职工增强了竞争压力,从而提高了劳动效率。劳动力质量也有所提高。改革开放以来教育事业的飞速发展为这种提高打下了基础,一支能使用先进技术的劳动队伍开始不断成长、壮大。

2. 从资本投入看

随着改革开放以来中国吸收外资的增长,伴随而来的是发达国家的资金和先进技术设备源源不断进入中国。由于企业吃国家大锅饭制度的废除,企业更新换代设备的动力、压力也大大增强。这都显著提高了生产能力。

3. 从自然资源的利用看

改革开放以后,本来许多荒废的山林、水面都逐步得到利用,种植水果、经济作物,饲养鱼虾等。这样,改革开放后长期困扰中国经济生活中的商品短缺问题才得到了解决,市场上商品琳琅满目,丰富多彩。

再看改革开放如何提高生产要素的效率。

(1) **市场化趋向的改革开放大大增强了生产者的积极性和主动性**。为什么?市场经济是一种产权明晰、自负盈亏、自担风险、自我发展的经济,也是一种优胜劣汰的竞争经济。产品在市场上认货不认人,你的产品质量好,购买者就把货币选票投给你,你就会在竞争中取胜。因此,市场化趋向的改革开放完全改变了计划经济中由大锅饭制度造成的"干多干少一个样、干好干坏一个样"局面。市场竞争给企业带来了竞争的动力和压力;劳动者也不再做一天和尚撞一天钟,而是尽心尽力干好活。经济活力大大增强。

(2) 改革开放大大促进了技术和管理的进步,使同样多投入的要素能带来更多更好产量,提供更多的服务。高速公路和铁路的运行,互联网技术的广泛使用,智能化管理的操作,也都使全要素生产率大大提高。

(3) 改革开放使中国面向了世界,特别是 20 世纪 90 年代进入世贸组织以来分享了全球化利益,充分发挥了中国的比较优势,给我国带来了莫大机遇和利益,包括挖掘劳动力和其他资源的巨大潜力,扩大了生产,又通过进出口扩大了市场需求;利用外资弥补了储蓄和外汇缺口,解决资金不足的问题;通过利用国外先进技术设备和管理经验,有效促进了经济增长,短短几年就大大缩小了与发达国家的经济差距。

不能低估的是,改革开放产生了中国各级政府在推动经济增长中的巨大作用。改革开放以前,考核各级政府领导的是阶级斗争和政治运动中表现,而改革开放后的考核指标变成了经济增长。因此,各级政府都千方百计要把经济搞上去。如果没有政府强有力的推动,如果没有一个稳定的社会秩序和不断改进的社会管理,要在短短几十年内取得如此惊人的发展和进步是不可能的。尽管中国在发展经济中一度出现过政府"越位"带来的一些问题,但不能因此忽视政府在经济增长中的作用。

总之,改革开放确实使中国经济迅速发展了起来,富了起来。说到这里,自然就会产生几个值得讨论的问题。

三、几点理性反思

(1) 如何正确认识对毛泽东在中华人民共和国成立后领导中国经济建设的评价问题。应当认为,1949年后,毛泽东为中国现代化作了探讨、走了弯路,留下了极其宝贵的经验教训。这一切为后来邓小平成功开创有中国特色社会主义道路奠定了基础。学习的一个最好方法,也许就是从所犯错误中学习。中国1957年反右派斗争、1958年人民公社化、大跃进、三年"自然灾害"以及"文化大革命"等,可能都是这种艰巨的探索。它说明,用阶级斗争思维处理社会主义社会的政治问题是行不通的,用群众运动而不按科学规律搞经济建设是不成功的,用"文化大革命"方式阻止党内领导干部腐败和蜕化变质也是行不通的,最重要的一条是在当代用计划经济办法搞社会主义必然失败。所有这些都是毛泽东时代对社会主义道路探索留给我们宝贵精神财富。教训是用高昂代价换得的。过去的经验教训告诉我们,想用革命战争年代的"群众运动"来搞社会主义经济建设的路走不通,必须另外寻找中国特色的社会主义道路。

(2) 如何正确看待改革开放带来的贫富差距扩大问题。确实,改革开放以后,中国社会的贫富差别是扩大了。改革开放以前的大锅饭时代,贫富差别很小,社会基尼系数长期在0.2左右;改革开放以来,差距不断扩大。联合国有关组织认为,基尼系数在0.3—0.4比较合理,而我国21世纪以来一直达到0.47左右。差别确实大了,须通过改革和发展来改善。但我们也不能因此否定一定差别存在的必要性。理论和实践告诉我们,市场经济的效率是建立在一定差别基础上的。劳动生产率是竞争中提高的。允许有经济利益上差别,才能有竞争和进步。不允许一部分人通过奋发图强先富起来,不允许企业通过改善经营管理自我发展,怎么会有进步和效率?

(3) 如何认识我国对外开放让外国人赚钱问题,甚至有人拿我国几百、几千吨某种商品换人家一架波音737飞机说事。不错,外国人来中国投资、做买卖是为了赚钱,中国对外开放是使外国人赚了不少钱。然而,我们的对外开放能指望外国人不是为了赚钱就来和我们打交道吗? 对外开放的实质其实就是把市场经济的范围扩大到国门之外。市场经济中,人们从事的经济活动都是一种交易。交易要成功,就得让对方能赚钱,有利可图。市场经济的大师亚当·斯密早就说过:"不论是谁,如果他要与旁人做买卖,他首先要这样提议。请给我以我所要的东西吧,同时,你也可以获得你所要的东西:这句话是交易的通义。"①邓小平同志说:"要实现四个现代化,就要善于学习,大量取得国际上的帮助。"②然而,这种帮助绝不是在恩赐中实现,而在是交易中实现的。通过跨国贸易,我们获得了资金、技术、管理和市场。

(4) 发展与生态环境问题。有些同志看到改革开放以来的高速发展恶化了许多地方的生态环境,就对过去改革开放带来的发展产生了怀疑甚至否定看法,说什么"早知今日,何必当初"。如何全面地历史地正确认识这个问题,确实很值得思考和研究。应当认为,通常一个国家或者地区在经济发展初期,大多优先考虑的是发展这个硬道理,因为人首先要吃饱肚子。发展,尤其搞工业,确实往往会影响生态环境。当年,英国伦敦也曾成为"雾都"。事实告诉我们,越是贫穷的时候和地方,越不会在意生态环境。后来我们经济上去了,但环境污染了,党中央就不失时机地提出"科学发展观"和"绿水青山就是金山银山",并且下大力气来解决这个问题。今天我们既不能因为要发展就不要生态环境,必须抓紧治理,但是也不能用今天的生态环境问题去否定当年的发展。

---

① 《国民财富的性质和原因的研究》上卷 p13,商务印书馆,1977 年。
② 《邓小平文选》第二卷 p133,人民出版社,1983 年。

第二节　中国要在改革开放中强起来

一、改革开放开辟了中国特色社会主义新时代

"改革开放以来我们取得的一切成绩和进步的根本原因,归结起来就是:开辟了中国特色社会主义道路,形成了中国特色社会主义理论体系,确立了中国特色社会主义制度,发展了中国特色社会主义文化①。

建设有中国特色社会主义是改革开放的总设计邓小平提出的。其中,中国特色社会主义道路,是指在中国共产党领导下,立足基本国情,以经济建设为中心,坚持四项基本原则,坚持改革开放,解放和发展社会生产力,建设有中国的特色社会主义市场经济、社会主义民主政治、社会主义先进文化、社会主义和谐社会、社会主义生态文明,促进人的全面发展,逐步实现全体人民共同富裕,建设富强民主文明和谐的社会主义现代化国家。"坚持四项基本原则"是我们立国之本,"坚持改革开放"是我们强国之路②。这两句话是中国特色社会主义道路的核心思想。

四项基本原则中最重要的是坚持中国共产党的领导。中国共产党的领导是中国特色社会主义最本质的特征,是中国特色社会主义制度的最大优势。党政军民学,东西南北中,党是领导一切的。党的领导必须要有一个核心。加强四个意识中,核心意识和看齐意识最重要。核心就是领袖,有了核心,必须要向核心看齐。马克思关于乐队必须听从指挥③,列宁关于群众、政党和领袖关系的那些重要论述④,必须牢记。尤其像我们这样一个大国,要实现两个一百年这样伟大事业和伟大的斗争,没有一个坚强的核心和领袖,是绝对不行的。今天,我们这个核心就是习近平同志为核心的党中央。

当今,中国进入了一个中国特色社会主义的习近平新时代。这个新

---

① 十九大通过的《中国共产党章程》。
② 党的十九大通过的《中国共产党章程》。
③ 《马克思恩格斯全集》第 23 卷(M)、北京、人民出版社:2001,P367。
④ 《列宁选集》,中文版,第 197 页。

时代是改革开放带来的、开辟的。没有改革开放，就不可能有这个新时代。

第一，改革开放为中国进入习近平新时代奠定了物质经济基础，使中国的发展站到了一个更高的历史方位上。1949年到1978年改革开放这近30年，尽管我国通过社会主义改造确立了社会主义基本制度，也取得了一定经济建设成就，但由于党的的指导思想和基本路线上的问题，社会经济面貌总体上还处于一个十分贫困落后的状态，"一穷二白"的面貌并没有真正改变。改革开放使中国这块长期沉睡的神州大地迅速焕发起生机活力，经济得到飞速发展，用短短三十多年时间变成世界第二大经济体，使中国特色社会主义进入了一个新的发展阶段，出现了许多新的特征，发展的环境和要求也有了新的变化。显然，这是改革开放带来的中国从站起来、富起来到强起来的伟大飞跃。

第二，改革开放促使中国进入新时代的重要标志和特征——社会主要矛盾发生了变化。习近平同志在十九大上作出中国特色社会主义进入新时代的重大论断，最关键的根据是我国社会主要矛盾已经从"人民日益增长的物质文化需要同落后的社会生产之间的矛盾"转化为"人民日益增长的美好生活需要和不平衡不充分发展之间的矛盾"。众所周知，中华人民共和国的建立尽管把中国人民从水深火热的灾难中解救了出来，但由于原来经济基础实在太差等种种原因，广大人民始终没有摆脱缺吃少穿的局面，当时大家要解决的问题首先是温饱问题，因此社会主要矛盾是人民日益增长的物质文化需要同落后的社会生产之间的矛盾。改革开放后经济的飞速发展，不仅人们缺吃少穿的局面改变了，温饱问题解决了，而且大家有了更高的需要层次，比如要求有更好的教育、更稳定的工作、更满意的收入、更可靠的社会保障、更好的医疗卫生服务、更舒适的住房、更优美的环境、更丰富的文化生活等；不仅如此，大家还从人的全面发展和社会进步角度提出了很多要求，包括民主、法治、公平、正义、社会安全等需要。这完全是一种规律性现象。任何人生活在世界上，首先总要满足吃饱穿暖的生存需要，然后才会向更高层次的需求拓展。改革开放后的发展才使我国人民有了上面这些美好生活需要，但面对这些新的社会需要，我国在供给方面还有很多差距，发展不平衡不充分成为满足人民日益增长的美好生活需要的主要约束因素。发展不平衡有地区的(如东南和西北部)、城乡发展的、供需结构的、人群之间的(如穷富差距)等。发展不充分指创新能力、发展水平还不够强,质量和效益不够高,发展方式也需要进一步转变等。完全可以理解,没有改革开放及其带来的发展,我国社会主要矛盾怎么可能变化呢?

第三,改革开放推动了我国"两个一百年"奋斗目标的步步实现。现在我们之所以说进入了一个习近平新时代,是因为我们从现在起到本世纪中叶,不但要实现全面建成小康社会,实现第一个一百年(建党一百年)奋斗目标,而且要实现第二个一百年(建国一百年)奋斗目标,把我国建成富强民主文明和谐美丽的社会主义现代化强国,因而这个新时代是全面决胜小康社会、进而建设社会主义现代化强国的新时代,是全体中国人民在党的领导下奋力拼搏实现中华民族伟大复兴中国梦的新时代。为什么过去我们能够步步逼近两个一百年奋斗目标?靠改革开放。现在,我们要用一百年时间走完发达国家几百年走过的现代化路程。我们前面还有不少路程要走,不少难关要过,靠什么?靠在党的领导下全面深化改革,进一步扩大开放,更坚定不移地走好改革开放这一强国之路。

二、进一步全面深化改革

我们要夺取新时代中国特色社会主义伟大胜利,必须全面深化改革,坚持扩大开放。全面深化改革包括政治、经济、文化等各个领域的改革。在经济领域可能特别要注重以下几个方面。

要加快完善社会主义市场经济体制,发挥市场对资源配置的决定性作用。目前我国的市场经济体制改革已经取得很大成绩,但是离开市场对资源配置起决定性作用,可能还要迈开更大步伐,尤其是如何完善产权制度和要素市场化配置问题。具体说来:

(1)要实现产权有效激励。我国公有制企业如何从根本上解决产权虚置、产权激励是一个长期存在的老问题,因为公有制企业特别是国有企业不像民营企业那样产权明晰。如果产权激励缺乏,就难以保值增值,长此以往,国有企业就无法生存与发展,更谈不上为公共利益服务。目前,国有企业在这方面可能要通过将国有资本、集体资本、非公有资本的交叉持股、相互融合的混合所有制作为基本经济制度的重要实现形式来解决问题。这种混合所有制企业，一方面具有弥补市场缺陷、考虑公共利益的功能；另一方面，又具有考虑盈利，使资本保值增值功能。

（2）要实现要素自由流动。如果没有要素的自由流动，资源配置由市场起决定性作用只是句空话，因为资源首先是指生产要素。目前，我国要素看起来可以自由流动，其实不然。人才和劳动力流动受到户籍制度的限制，土地是国有的，流动受政府控制。资金控制在银行手中，政府多次说商业银行要支持中小企业，但中小企业贷款难的问题始终难以解决，原因是给中小企业贷款风险大。诸如此类问题的解决都是要靠深化改革来解决。

（3）价格反应要灵活。价格对市场供求变化反应必须灵活，供过于求就跌，供不应求就涨，价格还要跟着成本走，资源配置才会跟市场走。但现在要真正做到这样还难。一方面，许多国有大企业垄断了市场和价格，如通讯的价格长期不变，因为价格是中国电信、中国移动、中国联通这三家垄断的，如果不是有微信出来，估计这三家垄断通讯大企业几十年的长途电话双向收费这种世界上少有怪现象还要继续下去。另一方面，政府在一些方面还要掌握一定的定价权，难以让商品价格跟着供求变化走。例如，一些药品市场上长期脱销，消费者明明需要，但国家有关部门怕涨价影响生病的消费者利益不让调整价格，生产企业不肯进行亏本生产，结果反而严重伤害了消费者利益。因此，价格如何反应灵活，也是改革中要解决问题。

（4）竞争要公平有序。市场经济中所有经济活动主体，包括生产者之间、消费者之间、生产者和消费者之间，都要公平有序竞争，市场经济才能健康发展。我国市场经济发展历史短，在公平有序竞争方面还存在许多问题有待解决。例如，国有的和民营的企业在许多方面目前还不可能有真正的公平待遇，这里面有诸多历史的和现实的因素。即使都是民营企业，在竞争中还要讲关系、走后门。竞争中无序问题也随之而来。在这里，说到底，可能还是政府部门的权力和影响太大。

（5）企业要优胜劣汰。过去，传统观念总认为，企业优胜劣汰是两极分化的资本主义现象，不懂得市场竞争中企业必然优胜劣汰，也必须优胜劣汰,否则经济就没有效率,社会也不会进步。但是在我国要真正做到这一点也比较难。比如,我们一些产能过剩的国有大企业,如果轻易关门,大量职工如何安置就是个大问题。再如,我们股市上许多劣质公司早就应该退市,但不仅不退市,甚至股价还会异常上涨。怪不怪呢?不奇怪,因为中国股市是个投机市,公司越劣质,人们越是预期马上会资产重组,从而获得追捧。

诸如此类问题说明,我国的经济体制改革还任重道远。至于政治、社会、文化、生态等领域的改革,任务同样很重,这都是全面深化改革要完成的任务。

要实现如此艰巨任务,必须要加强党的领导,更好地发挥政府作用。有人以为资源配置要让市场起决定性作用就是认为政府以后应该管得要越少越好。这完全是一种误解。实际上,现代市场经济中政府的作用非常重要,更何况在我们这个社会主义大国中。固然,政府剥夺市场配置资源功能的"越位"不行,但没有管好自己应该管的事的"缺位"同样不行。现在我们迎来了习近平新时代,比任何时候更有条件发挥有效政府的作用。例如,中央作出了我国经济进入新常态的正确判断,提出了五大发展理念的正确方向,制定了改革中结构性改革的正确策略。都体现了我国政府是一个有为、有效的政府。

三、推动形成全面开放新格局

在坚持扩大开放方面,党的十九大报告指出,要"推动形成全面开放新格局",强调"中国开放的大门不会关闭,只会越开越大"。这是以习近平同志为核心的党中央准确判断国际形势新变化、深刻把握国内改革发展新要求的重大战略部署。推动形成全面开放新格局,既包括广度上的开放范围扩大、领域拓宽,也包括深度上的开放方式创新、层次加深。关于广度上,应当说有几个方面:①在开放的国家对象上,不但要继续发展与发达国家经贸联系,继续扩大与它们的进出口贸易与其他经济联系,这有利于进一步学习它们先进技术与管理方法,同时还要积极扩大与广大发展中国家的经贸联系,这不但有利于扩大我国的国际影响力,还有利于构建人类命运共同体。总之,要坚持向发达国家开放和向发展中国家开放并重,扩大各方利益交汇点。②在开放的领域上,过去主要集中在制造业和实物贸易,今后将从制造业领域的实物贸易扩展到包括金融、保险、教育、咨询等在内的服务贸易,实现多领域对外开放,这不但有利于我国在这些领域的进一步深化改革,还有利于使我国更好融入国际经济体系。③在开放的空间上,要从过去主要是沿海开放,今后要拓展到沿海沿边开放,形成陆海内外联动、东西双向互济的开放格局,进而形成区域协调发展新局面。

从深度上理解,"全面开放"意味着开放的方式创新、层次加深,包括与更多国家更多地区建立自贸区。全面开放还有一个重大价值,体现在中国积极参与全球治理上,不仅应成为现行多边贸易体制的支持者、维护者,还应在国际规则制定、全球制度建设中有自己的贡献,努力使全球治理体制更加公平地反映大多数国家意愿和利益。

形成全面开放新格局的重要部署中要以"一带一路"建设为重点。正是"一带一路"建设为相对封闭的内陆提供了加快形成陆海内外联动、东西双向互济开放格局的新契机。因此,"一带一路"建设应是今后一段时期对外开放的工作重点,以此进一步谋求开放创新、包容互惠的良好发展前景。

像上面这样推动形成全面开放新格局,实际上就是要发展我国的更高层次的开放型经济,这有助于实现我国跨越由高速增长向高质量发展阶段的转变。当前全球范围内进行的产业重组、资本流动、要素转移、技术合作和人才流动,为我国利用外部资源加快经济结构调整、实施创新驱动发展提供了重大机遇。在进一步扩大开放过程中,通过深度融入国际分工体系,可更好利用国际国内两种资源和两种市场,包括通过引进更高端生产要素推动科技创新,通过走出去在全球范围内整合和利用优质资源推动经济发展,通过推进"一带一路"建设加强区域协调发展等,这对于实现经济结构调整和由要素驱动向创新驱动转变,都有着非常重大意义。

四、建设现代化经济体系

党的十九大报告提出,建设现代化经济体系。这里既有构建现代产业体系问题,也有形成现代市场经济体制问题。前者包括现代工业、现代农业、现代商业、现代金融、现代文化等各方面都相互协调的现代经济体系;后者主要指市场机制有效、微观主体有活力、宏观调控有度的经济体制。这里都不予叙述。这里想说明一下目前我国构建现代产业体系的关键是推动经济发展从高速度向高质量转变问题。

经济高质量发展实际上就是按五大理念来发展的经济。如何践行,在习近平同志的新常态、供给侧结构性改革等论述以及2018中央经济工作安排中都已显示得十分清楚,可能主要包括以下几方面:

(1) 速度。"高速度"发展的指向是数量或规模,是经济发展初级阶段目标,回答的是"快不快";"高质量"发展指向是质量和效益,是经济发展到一定阶段才会有的目标,回答的是"好不好"。

(2) 动力。经济发展初期主要靠增加劳动、资金和其他资源等生产要素投入,是一种粗放式发展方式,今后的发展主要靠制度和技术的"创新",聚焦总要素生产率,是一种可持续的内涵发展方式。

(3) 布局。这主要指产业之间、地区之间、城乡之间等的结构布局都要协调、合理,虽然各方面发展都会有快有慢,不可能齐头并进,但不能够长期严重不平衡,"过剩"要"去","短板"要"补",使整个社会经济能有条不紊地按比例协调发展。

(4) 生态。我们要建设的现代化是人与自然和谐共生的现代化。生态环境没有替代品,用之不觉,失之难存。天育物有时,地生财有限,因此要正确处理经济发展和生态环境保护的关系,像保护眼睛一样保护生态环境,像对待生命一样对待生态环境,坚决摒弃损害甚至破坏生态环境的发展模式,坚决摒弃以牺牲生态环境换取一时一地经济增长的做法,依靠更多更好的科技创新来建设天蓝、地绿、水清的美丽中国。

(5) 开放,即将我国经济纳入全球经济大格局中来发展,上面已经说明过。

(6) 共享。这是我们经济发展出发点和落脚点。让经济发展成果为全国人民共享,既是提高消费在经济发展的需求结构中需要,也是共产党的初心本意。现在全面实现小康、精准脱贫都体现了这点。

五、供给侧结构性改革

供给侧结构性改革是建设现代化经济体系的一条主线,也是适应和引领新常态的战略行动。我国经济增速自 2010 年以来下行持续时间已有 6 年多,经济运行呈现出不同以往的态势和特点。其中,供给和需求不平衡、不协调的矛盾和问题日益凸显,突出表现为供给侧对需求侧变化的适应性调整明显滞后。这就需要在适度扩大总需求的同时加快推进供给侧结构性改革,用改革的办法矫正供需结构错配和要素配置扭曲,减少无效和低端供给,扩大有效和中高端供给,促进要素流动和优化配置,实现更高水平的供需平衡。具体说是,需求结构已发生明显变化。一是"住""行"主导的需求结构发生阶段性变化。2013 年我国城镇常住人口户均达到 1 套房,2014 年每千人汽车拥有量超过 100 辆。于是,这个阶段"住""行"的市场需求发生了明显变化。2013 年后,我国新开工房屋面积、住房销售面积先后出现负增长,汽车销售进入低增长阶段。二是需求结构加快转型升级。随着收入水平提高和中等收入群体扩大,居民对产品品质、质量和性能的要求明显提高,多样化、个性化、高端化需求与日俱增。三是服务需求在消费需求中的占比明显提高。随着恩格尔系数持续下降、居民受教育水平普遍提高和人口老龄化加快,旅游、养老、教育、医疗等服务需求快速增长。四是产业价值链提升对研发、设计、供应链管理、网络营销、物流配送等生产性服务提出了更高要求。

然而供给侧明显不适应需求结构的变化。一是无效和低端供给过多。一些传统产业产能严重过剩,产能利用率偏低。2015 年钢铁产量出现自 2000 年以来的首次下降,水泥产量出现自 1990 年以来的首次负增长。二是有效和中高端供给不足。供给侧调整明显滞后于需求结构升级,居民对高品质商品和服务的需求难以得到满足,出现到境外大量采购日常用品的现象,造成国内消费需求外流。三是体制机制束缚了供给结构调整。受传统体制机制约束等影响,供给侧调整表现出明显的黏性和迟滞,生产要素难以从无效需求领域向有效需求领域、从低端领域向中高端领域配置,新产品和新服务的供给潜力没有得到释放。去产能、去库存就是减少无效和低端供给、提高经济运行效率的根本举措。当然,推动供给侧结构性改革仍要做好需求管理。供给和需求是宏观经济管理的两个方面。推进供给侧结构性改革并不意味着放弃需求管理。需求管理重在短期调控,重在引导市场预期。在国际金融市场动荡不定、国内面临经济下行压力的背景下,做好需求管理可以改善市场预期,增强人们对经济的信心,避免经济下行与市场悲观预期形成相互循环的放大效应,从而为改革有序推进创造条件。供给侧结构性改革也能发挥提振需求的作用。当前,供给侧结构性改革的主要任务是去产能、去库存、去杠杆、降成本、补短板,最终落脚点是实现更高水平的供需平衡。供给侧结构性改革不仅要做好"减法",还要做好"加法""乘法"和"除法"。做加法,就是要促进产业转型升级,培育新一代信息技术、新能源、生物医药、高端装备、智能制造和机器人等新兴产业,使新增长点汇聚成强大的增长动力。做乘法,就是要转向创新驱动,加大研发投入力度,加强知识产权保护,完善科技成果转化的激励机制,提高技术进步对经济增长的贡献率。做除法,就是要提高单位要素投入的产出率,通过加大人力资本投资、加强职业技术教育,提高劳动者技能和在劳动力市场的竞争能力,提高劳动生产率;通过能源资源价格形成机制改革,引入市场化交易机制,提高能源资源利用效率,增强经济的可持续增长能力。

可以坚信:过去,我们走好了改革开放这条富国之路;今后,在习近平同志为核心的党中央领导下,一定能走好改革开放这条强国之路。

关 键 词

改革开放　　习近平新时代　　中国特色社会主义　　全面开放新格局
现代化经济体系　　供给侧结构性改革

复习思考题

1. 传统的计划经济体制怎样束缚了社会生产力发展?
2. 我国市场化的经济体制改革为什么促进了我国经济迅速发展?
3. 为什么说中国特色社会主义新时代是改革开放带来的?
4. 当前我国在经济领域进一步改革可能会注重哪几个方面?

5. 我国如何推动形成全面开放新格局？
6. 怎样实现我国经济高质量的发展？
7. 为什么我国要实现中华民族伟大复兴的中国梦必须要加强党的领导,更好地发挥政府作用？

附录 部分章节复习思考题参考答案

第二章

10. （1）商品 X 的市场需求函数 $D=10\,000d=10\,000(12-2P)=120\,000-20\,000P$

商品 X 的市场供给函数 $S=1\,000s=1\,000\times 20P=20\,000P$

（2）由 $D=S$, $120\,000-20\,000P=20\,000P$, 得 $P=3$, $Q=20\,000P=60\,000$

（3）这时个人需求函数变为 $d'=d+2=12-2p+2=14-2P$, 市场需求函数相应变为 $D'=10\,000\,d'=10\,000\times(14-2p)=140\,000-20\,000p$, 于是, 由 $D'=S$, $140\,000-20\,000P=20\,000P$, 得 $P=3.5$, $Q=20\,000P=70\,000$

（4）这时个人供给函数变为 $s'=s+40=20P+40$, 市场供给函数相应变为 $S'=10\,000\,s'=10\,000\times(20P+40)=20\,000P+40\,000$, 于是, 由 $D=S'$, $120\,000-20\,000P=20\,000P+40\,000$, 得 $P=2$, $Q=20\,000\times 2+40\,000=80\,000$

第三章

5. 若 P_X 下跌, P_Y 不变, 由于 X 的需求弹性小于 1, 因此, 虽然 X 的购买量会增加, 但消费者用于 X 上的支出减少了, 而消费者的总支出没有变, 因此 Y 的购买量会增加。

6. 他的福利改善了, 因为消费者得到 240 元煤气价格补贴后, 可以用多消费电代替煤气某些用途如取暖等。

7. （1）$U=X^{0.4}\cdot Y^{0.6}$, $MU_x=0.4X^{-0.6}Y^{0.6}$

$MU_y=0.6x^{0.4}y^{-0.6}$

由于 $mu_x/mu_y=P_x/P_y$ 即 $0.4X^{-0.6}Y^{0.6}/0.6X^{0.4}Y^{-0.6}=2/3$

得 $y/x=2/3$ 将此代入 $X^{0.4}Y^{0.6}=9$

得 $X=Y=9$

(2) 最小支出为 $2\times 9+3\times 9=45$(元)

第四章

10. x_1 和 x_2 的平均产量函数和边际产量函数分别为：

$$APP_{x_1}=10x_2-2x_1-\frac{8x_2^2}{x_1}$$

$$APP_{x_2}=10x_1-\frac{2x_1^2}{x_2}-8x_2$$

$$MPP_{x_1}=10x_2-4x_1$$

$$MPP_{x_2}=10x_1-16x_2$$

11. $100Q=50\,000+50Q$ 得 $Q=1\,000$，即产量为 1 000 件时正好无盈亏。

第五章

3. (1) 已知厂商的短期成本函数为 $TC=Q^3-6Q^2+30Q+40$，则边际成本函数为 $MC=\frac{dTC}{dQ}=3Q^2-12Q+30$，又知 $P=66$，而利润极大时，$P=MC$，即 $66=3Q^2-12Q+30$，解方程得 $Q=6$ 和 $Q=-2$，显然 $Q=-2$ 不合理，故知 $Q=6$，这时利润为：$\pi=TR-TC=PQ-TC$，即 $\pi=66\times 6-(6^3-6\times 6^2+30\times 6+40)=176$。

(2) 由于市场供求发生变化，新的价格为 $P=30$(美元)，厂商是否会发生亏损，仍要根据 $P=MC$ 所决定的均衡产量计算利润为正还是为负。当 $P=MC$ 即 $30=3Q^2-12Q+30$ 时，得 $Q=4$，这时利润为：$\pi=TR-TC=PQ-(Q^3-6Q^2+30Q+40)=30\times 4-(4^3-6\times 4^2+30\times 4+40)=-8$。可见，当价格为 30 美元时，厂商会亏损 8 美元。

4. (1) 已知厂商产品需求函数为 $P=12-0.4Q$，则边际收益函数为 $MR=12-0.8Q$，又知总成本函数为 $TC=0.6Q^2+4Q+5$，可知边际成本函数为 $MC=1.2Q+4$，利润极大时 $MR=MC$，即 $12-0.8Q=1.2Q+4$，得均衡产量 $Q=4$，将 $Q=4$ 代入需求函数 $P=12-0.4Q$ 中可得：$P=12-0.4\times 4=10.4$，总利润 $\pi=TR-TC=PQ-(0.6Q^2+4Q+5)=10.4\times 4-(0.6\times 4^2+4\times 4+5)=11$。

(2) 总收益极大时，边际收益为零，即 $MR=12-0.8Q=0$，得 $Q=15$，当 $Q=15$ 时，$P=12-0.4\times 15=6$，这时总收益 $TR=PQ=15\times 6=90$，这时总利润为 $\pi=PQ-TC=90-(0.6\times 15^2+4\times 15+5)=-110$。

6. (1) 在两个市场上实行差别价格的厂商实现利润极大化的条件是：$MR_1=MR_2=MC$。

已知 $Q_1 = 32 - 0.4P_1$，即 $P_1 = 80 - 2.5Q_1$，则 $MR_1 = 80 - 5Q_1$，

已知 $Q_2 = 18 - 0.1P_2$，即 $P_2 = 180 - 10Q_2$，则 $MR_2 = 180 - 20Q_2$，

已知成本函数 $TC = Q^2 + 10Q$，可知 $MC = 2Q + 10$。

从 $MR_1 = MC$ 得 $80 - 5Q_1 = 2Q + 10$，即 $Q_1 = 14 - 0.4Q$。

从 $MR_2 = MC$ 得 $180 - 20Q_2 = 2Q + 10$，即 $Q_2 = 8.5 - 0.1Q$。

又因为 $Q = Q_1 + Q_2$，因此 $Q = 14 - 0.4Q + 8.5 - 0.1Q = 22.5 - 0.5Q$。

得 $Q = 15$，将 $Q = 15$ 代入 $Q_1 = 14 - 0.4Q$ 得 $Q_1 = 8$，将 $Q = 15$ 代入 $Q_2 = 8.5 - 0.1Q$ 得 $Q_2 = 7$。

将 $Q_1 = 8$ 代入 $P_1 = 80 - 2.5Q_1$ 得 $P_1 = 60$。

将 $Q_2 = 7$ 代入 $P_2 = 180 - 10Q_2$ 得 $P_2 = 110$。

这时利润总量为 $\pi = P_1Q_1 + P_2Q_2 - TC = 60 \times 8 + 110 \times 7 - 15^2 - 10 \times 15 = 875$。

(2) 若两个市场价格相同，即 $P_1 = P_2 = P$，

已知 $Q_1 = 32 - 0.4P_1$，$Q_2 = 18 - 0.1P_2$。

所以，$Q = Q_1 + Q_2 = 32 - 0.4P_1 + 18 - 0.1P_2 = 32 - 0.4P + 18 - 0.1P = 50 - 0.5P$。

从而 $P = 100 - 2Q$，则 $MR = 100 - 4Q$。

又从 $TC = Q^2 + 10Q$ 中得 $MC = 2Q + 10$。

利润极大时，$MR = MC$，即 $100 - 4Q = 2Q + 10$，得均衡产量 $Q = 15$，均衡价格 $P = 100 - 2Q = 70$，利润 $\pi = TR - TC = PQ - (Q^2 + 10Q) = 70 \times 15 - (15^2 + 10 \times 15) = 675$。

第六章

3. (1) A、B 间没有上策均衡，因为 B 取左时，A 认为上比下好；而 B 取右时，A 认为下比上好。

(2) A、B 间无纳什均衡，因为不存在一方定了某一策略，另一方也会定某一策略的情况。例如 A 定上时 B 要右，A 定下时 B 要左。

(3) 如果 A、B 间不是静态博弈，而是动态博弈，且 B 先行一步，该序列博弈的纳什均衡点是左下，因为 B 先行一步会取左下，A 也会取左下。

4. (1) 使 A 的最大可能损失为最小的策略是违背协议，至少可保证利润是 200 万美元，如果遵守协议，有可能损失 200 万美元。同样，B 也是这样。

(2) 如果我是 A，将选择违背协议，因为不管 B 遵守协议还是违背协议，A 选择违背协议都是最优的。

(3) 这一对策最可能出现的结果是 A 和 B 都选择违背协议,从而都得到 200 万美元利润,这是优势策略均衡。

第十一章

8. (1) 4 800－(800－300)＝4 300（NDP）

(2) 4 800－3 000－800－960＝40（NX）

(3) BS＝T－G,所以 T＝BS+G＝30+960＝990

(4) 4 300－990＝3 310（DPI）

(5) 3 310－3 000＝310（S）

9. (1) GDP＝40 万美元

(2) 开矿生产 10 万美元,制项链生产 30 万美元

GDP＝10＋30＝40 万美元

(3) 工资:7.5＋5＝12.5 万美元

利润:(10－7.5)＋(40－10－5)＝27.5 万美元

GDP＝12.5＋27.5＝40 万美元

10. (1) (5 000－3 000)＋(500－200)＋(6 000－2 000)＝6 300 万美元

(2) GDP＝2 800＋500＋3 000＝6 300 万美元(支出法)

(3) NI＝6 300－500＝5 800 万美元(国民收入)

第十三章

7. 技术进步对增长的贡献率为 20%。

第十五章

11. 10 亿美元,因为政府支出 10 亿美元,$\Delta y = kg \cdot \Delta G = \frac{1}{1-0.5} \times 10 = 20$ 亿美元,为保持利率不变,应增加货币 $\Delta M = k \cdot \Delta y = 0.5 \times 20 = 10$ 亿美元。

图书在版编目(CIP)数据

经济学基础教程/尹伯成主编.—3 版.—上海：复旦大学出版社,2018.8（2024.12 重印）
（复旦博学·经济学系列）
ISBN 978-7-309-12971-7

Ⅰ.经… Ⅱ.尹… Ⅲ.经济学-教材 Ⅳ.F0

中国版本图书馆 CIP 数据核字（2017）第 108176 号

经济学基础教程（第三版）
尹伯成　主编
责任编辑/戚雅斯

复旦大学出版社有限公司出版发行
上海市国权路 579 号　邮编：200433
网址：fupnet@fudanpress.com　http://www.fudanpress.com
门市零售：86-21-65102580　　团体订购：86-21-65104505
出版部电话：86-21-65642845
上海崇明裕安印刷厂

开本 787 毫米×960 毫米　1/16　印张 19.5　字数 276 千字
2024 年 12 月第 3 版第 4 次印刷

ISBN 978-7-309-12971-7/F·2369
定价：45.00 元

如有印装质量问题，请向复旦大学出版社有限公司出版部调换。
版权所有　侵权必究